CRIMES ECOLÓGICOS

CRIMES ECOLÓGICOS
aspectos penais e processuais penais
Lei n. 9.605/98

Heráclito Antônio Mossin

Advogado criminalista. Mestre em Direito Processual Penal. Professor de Direito Processual Penal da Universidade de Ribeirão Preto (Unaerp-SP), da Faculdade de Direito de São Carlos (Fadisc), do Centro Universitário de Rio Preto (Unirp), da Escola Superior de Advocacia (ESA) e da Fundação Armando Alvares Penteado (Faap), no setor de pós-graduação. Membro titular da Academia Ribeirão-pretana de Letras Jurídicas e da Academia Brasileira de Direito Criminal (ABDCrim).

© Editora Manole Ltda., 2015, por meio de contrato com o autor.

EDITOR-GESTOR: Walter Luiz Coutinho
EDITORA RESPONSÁVEL: Sônia Midori Fujiyoshi
PRODUÇÃO EDITORIAL: Rodrigo Botelho, Luiza Bonfim
EDITORA DE ARTE: Deborah Sayuri Takaishi
CAPA: Aurélio Camilo
PROJETO GRÁFICO: Departamento Editorial da Editora Manole
EDITORAÇÃO ELETRÔNICA: JLG Editoração Gráfica Ltda. ME

Este livro contempla as regras do Acordo Ortográfico da Língua Portuguesa de 1990, que entrou em vigor no Brasil em 2009.

Dados Internacionais de Catalogação na Publicação (CIP)
(Câmara Brasileira do Livro, SP, Brasil)

Mossin, Heráclito Antônio
　　Crimes ecológicos : aspectos penais e processuais penais: Lei n. 9.605/98/Heráclito Antônio Mossin. – Barueri, SP: Manole, 2015.

　　Bibliografia.
　　ISBN 978-85-204-4052-0

　　1. Crimes contra o meio ambiente – Brasil 2. Direito ambiental – Brasil 3. Direito penal – Brasil 4. Meio ambiente 5. Política ambiental – Brasil 6. Proteção ambiental – Leis e legislação – Brasil I. Título.

14-08109　　　　　　　　　　　　　CDU-343:349.6(81)

Índices para catálogo sistemático:

1. Brasil : Meio ambiente : Tutela penal : Direito
　　343:349.6(81)
2. Brasil : Tutela penal : Meio ambiente : Direito
　　343:349.6(81)

Todos os direitos reservados.
Nenhuma parte deste livro poderá ser reproduzida, por qualquer processo, sem a permissão expressa dos editores. É proibida a reprodução por xerox.

A Editora Manole é filiada à ABDR – Associação Brasileira de Direitos Reprográficos.

Edição – 2015

Editora Manole Ltda.
Avenida Ceci, 672 – Tamboré
06460-120 – Barueri – SP – Brasil
Tel.: (11) 4196-6000 – Fax: (11) 4196-6021
www.manole.com.br
juridico@manole.com.br

Impresso no Brasil
Printed in Brazil

Sumário

Introdução IX

Capítulo 1 – Parte geral 1
   1. Meio ambiente 1
   2. Crimes ambientais 6
   3. Autoria, coautoria, participação e omissão relevante 8
   4. Responsabilidade das pessoas jurídicas 11
   5. Aplicação da pena 15
   6. Autonomia e substituição da pena privativa de liberdade 17
   7. Modalidades de penas restritivas de direito 19
   8. Circunstâncias atenuantes 28
   9. Circunstâncias agravantes 31
   10. Suspensão condicional da pena 38
   11. Reparação de dano ambiental – *sursis* especial 40
   12. Cálculo da pena de multa 41
   13. Perícia do dano ambiental e fixação do prejuízo 42
   14. Valor mínimo para reparação do dano fixado na sentença condenatória ... 46
   15. Penas aplicáveis às pessoas jurídicas 48
   16. Liquidação forçada da pessoa jurídica 54
   17. Extinção da punibilidade 56
   18. Insignificância 59
   19. Erro sobre a ilicitude do fato 62

Capítulo 2 – Apreensão dos produtos e instrumentos do crime, ação e processo penal 69
   1. Apreensão dos produtos e instrumentos do crime 69

1.1. Providências posteriores à apreensão 70
2. Modalidade de ação penal.. 72
3. Processo penal 73
   3.1. Competência 73
   3.2. Juizado Especial Criminal (JECrim) e demais procedimentos afetos aos crimes ambientais 76
   3.3. Suspensão condicional do processo (*sursis* processual) 82

Capítulo 3 – Dos crimes contra o meio ambiente 85
1. Dos crimes contra a fauna 85
   1.1. Matar, perseguir, caçar, apanhar, utilizar espécime da fauna silvestre ... 85
   1.2. Exportação de pele e couro de anfíbios e répteis 99
   1.3. Introdução de espécimes animais no País 102
   1.4. Abuso, maus-tratos e mutilação de animais.. 105
   1.5. Provocação de perecimento de espécimes da fauna aquática............... 109
   1.6. Pesca em período proibido.. 114
   1.7. Meios proibidos de pesca 127
   1.8. Definição jurídica de pesca 128
   1.9. Permissão de abate de animais... 129
2. Dos crimes contra a flora 132
   2.1. Destruição ou danificação de florestas 132
   2.2. Destruição ou danificação de vegetação 141
   2.3. Corte de árvore 146
   2.4. Dano direto ou indireto às Unidades de Conservação 148
   2.5. Provocação de incêndio em mata ou floresta.. 158
   2.6. Fabricar, vender, transportar ou soltar balões.. 161
   2.7. Extração de pedra, areia, cal ou qualquer espécie mineral sem autorização 163
   2.8. Corte ou transformação em carvão de madeira de lei infringindo normas legais 166
   2.9. Compra ilegal de madeira, lenha, carvão e outros produtos de origem vegetal 170
   2.10. Impedir ou dificultar a regeneração de floresta e demais formas de vegetação 175
   2.11. Destruição, dano ou lesão de plantas ornamentais.............................. 178
   2.12. Destruição ou dano às florestas nativas ou plantadas ou à vegetação 180
   2.13. Desmatamento, exploração ou degradação de floresta 184
   2.14. Comercialização ou utilização de motosserra...................................... 187

2.16. Penetração em Unidade de Conservação conduzindo substâncias ou instrumentos sem autorização 190
2.17. Aumento da pena nos crimes contra a flora 193
3. Poluição e outros crimes ambientais 196
    3.1. Causar poluição de qualquer natureza 196
    3.2. Execução de pesquisa, lavra ou extração de recursos minerais sem autorização 210
    3.3. Substância tóxica, perigosa ou nociva 221
    3.4. Aumento da pena nos crimes dolosos 229
    3.5. Construção, reforma, ampliação, instalação ou funcionamento de obras ou serviços poluidores ilegalmente 231
    3.6. Disseminação de doença, praga ou espécies 235
4. Crimes contra o ordenamento urbano e o patrimônio cultural 237
    4.1. Destruição, inutilização, deterioração do patrimônio cultural 237
    4.2. Alteração do aspecto ou estrutura de edificação ou local especialmente protegido 246
    4.3. Promoção de construção em solo não edificável ou no seu entorno ... 249
    4.4. Pichação, conspurcação em edificação ou monumento urbano 252
5. Dos crimes contra a administração ambiental 256
    5.1. Afirmação falsa, enganosa, omissão e sonegação de informações por funcionário público 257
    5.2. Concessão, por funcionário público, de licença, autorização ou permissão em desacordo com as normas ambientais para atividades, obras ou serviços 262
    5.3. Não cumprimento de obrigação relevante de interesse ambiental 265
    5.4. Obstrução, dificultação na ação fiscalizadora do poder público 268
    5.5. Elaboração, apresentação de estudo, laudo, relatório ambiental falso ou enganoso 270

Referências bibliográficas 277

Índice alfabético-remissivo 279

Introdução

O meio ambiente, na atualidade, passou a ser objeto de preocupação em nível mundial, porquanto sua preservação e conservação são de máximo interesse coletivo, uma vez que contém em seu bojo um completo conjunto de unidades ecológicas que funcionam como um sistema natural, incluindo toda a vegetação, os animais, os microrganismos, o solo, as rochas, a atmosfera e os fenômenos e recursos naturais, a exemplo do ar, da água, do clima, da energia, da radiação, das descargas elétricas e magnéticas, que são geradas independentemente da atividade humana.

Em razão dessa magna relevância, o legislador, por intermédio de diploma próprio (Lei n. 9.605/98), estabeleceu figuras típicas punindo condutas e atividades lesivas ao meio ambiente. Trata-se, indubitavelmente, de reforço legislativo, tendente a estabelecer maiores mecanismos em defesa do meio ambiente.

O propósito desta obra jurídica é, inexoravelmente, realizar um estudo completo em torno dos crimes ecológicos, assim como dos aspectos processuais a eles inerentes.

No âmbito do direito penal, importante deixar assentado, não houve unicamente uma preocupação inicial no exame interpretativo dos delitos ecológicos, mas também de inspecionar a Parte Geral do direito penal (normas integrantes) que gravitam em torno deles.

Diante disso, estabeleceu-se um estudo direcionado à autoria, à coautoria, à participação e à omissão relevante nos crimes contra o meio ambiente, inclusive, de maneira bastante abrangente, dissertou-se sobre a responsabilidade criminal da pessoa jurídica, assunto jurídico esse que sempre foi objeto de discussão em nível doutrinário e que acabou sendo incluído nessas figuras delituosas.

O tema alusivo à aplicação da pena, que sempre se revela oportuno, qualquer que seja a modalidade de legislação criminal, também foi alvo de considerações doutrinárias. A exemplo do que ocorre na legislação comum, na ambiental, a *sanctio legis* pode ser privativa de liberdade, patrimonial (multa) e restritiva de direitos, quer a título de substituição à corporal, quer aplicada de maneira direta, quando se tratar de pessoa jurídica.

Além disso, o legislador especial também previu as chamadas circunstâncias atenuantes, aquelas que ostentam o condão de diminuir a *sanctio legis*, estabelecidas precipuamente para os delitos contra o meio ambiente, assim como foram enumeradas circunstâncias que agravam a sanção penal, que estabelecem um maior grau de reprovabilidade na conduta do agente, também construídas de forma específica para os crimes ecológicos, o que se mostra bastante oportuno e racional.

A suspensão condicional da pena (*sursis*) também foi prevista, aplicando-se quando a condenação à pena privativa de liberdade tiver pena de até três anos.

Ainda, também foi instituído o chamado *sursis* especial, que se verifica quando há a reparação do dano causado ao meio ambiente.

No que diz respeito à pena de multa, seu valor é estabelecido levando-se em consideração os critérios adotados pelo Código Penal (arts. 49 e seguintes). Porém, mesmo que tenha sido aplicada em seu valor máximo, poderá ser aumentada em até três vezes, levando-se em consideração a vantagem econômica auferida pelo autor do crime ecológico.

O cálculo da pena patrimonial terá como base o prejuízo causado ao meio ambiente, que deverá ser determinado por perícia específica. O valor em questão também servirá para a determinação do *quantum* da fiança, nos delitos em que couber essa contracautela.

O mencionado prejuízo também será utilizado para o estabelecimento do valor mínimo para a reparação do dano a ser determinado pela sentença condenatória.

No que tange às pessoas jurídicas, o legislador excepcional especificou que as penas podem ser de multa, restritiva de direitos e prestação de serviços à comunidade, mesmo porque, conforme será amplamente dissertado, não há como estabelecer pena privativa de liberdade a pessoas jurídicas.

Não bastasse isso, no campo penal ainda se faz abordagem da extinção da punibilidade, que se aplica a qualquer delito, quer codificado ou não. Assim, estudou-se a pertinência do princípio da insignificância em torno dos crimes ecológicos.

Ademais, o instituto do erro sobre a ilicitude do fato também é estudado.

De maneira específica e cronológica, foram esquadrinhados todos os tipos penais praticados contra a fauna, a flora, além da poluição e de outros crimes ambientais e aqueles contra o ordenamento urbano e o patrimônio cultural e também contra a administração ambiental.

No campo processual penal, desenvolvido em capítulo próprio, cuidou-se da apreensão dos produtos e instrumentos do crime de natureza ambiental.

Há também abordagem específica que gravita em torno da modalidade de ação penal em termos de crime ecológico, assim como enfoque sobre os delitos ambientais de menor potencial ofensivo (Juizado Especial Criminal) e os respectivos procedimentos criminais, que poderão ter o rito ordinário ou sumário.

Tema que também é alvo de atenção diz respeito à competência, mesmo porque, conforme exposto de maneira bastante circunstanciada, há bens de interesse de natureza ecológica que pertencem à União, bem como aqueles que guardam pertinência com os estados-membros. Logo, a competência para conhecer e julgar os processos criminais tanto pode ser da Justiça federal como da estadual.

Aplica-se, também, no âmbito dos delitos cuidados, a suspensão condicional do processo (*sursis* processual), consoante as normas que se encontram estampadas no art. 89 da Lei n. 9.099, de 26 de setembro de 1995.

Derradeiramente, acresce anotar que foi feita ampla pesquisa em torno da jurisprudência, colacionando-se, após o exame de cada tipo penal, as ementas a eles alusivas, o que implica entender que também tratou-se da interpretação judicial nesse vasto campo dos delitos ecológicos.

CAPÍTULO 1
Parte geral

1. Meio ambiente

O legislador constituinte, preocupado com o meio ambiente, traçou norma específica em torno dele:

> Todos têm direito ao meio ambiente ecologicamente equilibrado, bem de uso comum do povo e essencial à sadia qualidade de vida, impondo-se ao Poder Público e à coletividade o dever de defendê-lo e preservá-lo para as presentes e futuras gerações. (CF, art. 225, *caput*)

Sem dúvida, um meio ambiente saudável e equilibrado é o ideal, porquanto representa marco importante na qualidade de vida de seus habitantes. Esse interesse não é somente local, mas deve também compreender a vastidão de todos os países, que, de forma uníssona, devem concorrer e colaborar para que o meio ambiente seja sempre conservado e preservado.

Na esteira do que é lembrado por Vladimir Passos de Freitas e Gilberto Passos de Freitas,

> a preocupação com a preservação ambiental é antiga. Há muito tempo os cientistas vêm alertando a população para os malefícios de uma ocupação desordenada do solo, o esgotamento dos recursos naturais e a necessidade de atrelar o desenvolvimento a uma política conservacionista.[1]

---

1   *Crimes contra a natureza*, p. 20.

O termo "ecologia" deriva do grego *ecos* + *logos*, designando a ciência que estuda as relações dos seres vivos com o meio ambiente. É a denominada ciência do *habitat*. Procura ela estabelecer a existência dos seres vivos e a interação entre esses seres e seu meio. Diante disso, é forçoso convir que há íntima relação entre ecologia e meio ambiente, um completando o outro.

Abrindo parênteses dissertativo, antes de se ingressar no estudo do meio ambiente, nota-se no texto de regência que o legislador constituinte apontou de forma genérica que o ambiente ecológico devidamente equilibrado é direito de todos.

Nessa ordem de consideração, Alexandre de Moraes deixou consignado que:

> O meio ambiente como patrimônio comum da humanidade é a materialização dos interesses comuns da humanidade em relação a seus recursos naturais e à proteção do meio ambiente. Essa classificação possibilita uma conjugação de esforços de todos os Estados do mundo no sentido de sobrevivência da própria espécie humana. Esse patrimônio comum da humanidade é o resultado de uma evolução teórica do direito internacional, incorporada pelo texto constitucional de exploração dos recursos comuns por organismos internacionais. A necessidade de preservação dos recursos naturais e, consequentemente, a manutenção do equilíbrio mínimo necessário ao meio ambiente estarão sempre a exigir uma adaptação dos conceitos tradicionais do direito para fins de aplicação, pois, como bem ressalva Pascale Kromarek, existe a necessidade de uma adaptação de certos dispositivos para o combate à poluição da água e do ar.[2]

Por sua vez, entende-se por meio ambiente o espaço ocupado pelos seres vivos, assim entendidos as pessoas, os animais e as plantas. Seres vivos racionais e irracionais.

O meio ambiente, comumente denominado ambiente, tem um significado bastante amplo e uma incidência muito abrangente. Compreende em seu bojo todas as coisas vivas e não vivas que se mostram presentes no planeta Terra ou em alguma região dela, que afetam o ecossistema e a vida dos humanos.

A Lei n. 6.938, de 31 de agosto de 1981, que "Dispõe sobre a Política Nacional do Meio Ambiente, seus fins e mecanismos de formulação a aplicação", em seu art. 3º, I, entende como meio ambiente "o conjunto de condições, leis, influências e interações de ordem física, química e biológica, que permite, abriga e rege a vida em todas as suas formas".

---

2   *Constituição do Brasil interpretada*, p. 2.190-1.

Nessa ordem de consideração, pode-se verificar, no conceito de meio ambiente, um completo conjunto de unidades ecológicas que funcionam como um sistema natural, incluindo toda a vegetação, animais, microrganismos, solo, rochas, atmosfera e fenômenos naturais.

Também, no precitado conceito podem ser adicionados os recursos naturais e fenômenos físicos universais, sem a necessidade de haver um limite claro, a exemplo do ar, da água, do clima, da energia, da radiação, das descargas elétricas e magnéticas, que são geradas independentemente da atividade humana.

Traçando uma visão mais aberta e vasta em torno do conceito do meio ambiente, Édis Milaré assenta que:

> Meio ambiente é o conjunto de relações entre o mundo natural e o homem, que influem sobremaneira em sua vida e comportamento. O meio ambiente, promovido à categoria de bem jurídico, essencial à vida, à saúde, à felicidade do homem, é objeto de disciplina autônoma, a ecologia. [...] São apontadas três classes ou espécies de meio ambiente: o meio ambiente artificial, o cultural e o natural. O primeiro é o espaço urbano construído, que se integra pelo conjunto de edificações e pelas ruas, praças e áreas verdes, que compõem o espaço urbano aberto, no dizer de José Afonso da Silva. O segundo é constituído pelo patrimônio histórico, arqueológico e paisagístico. O restante é integrado pelo solo, água, ar atmosférico e flora.[3]

Sem qualquer espécie de dúvida, mostra-se imprescindível ter uma ótica bastante considerável sobre de que consiste o meio ambiente, mesmo porque, como será oportunamente estudado, há crimes contra o ordenamento urbano e o patrimônio cultural, fatos típicos esses que se enquadram no meio ambiente.

Meio ambiente, registre-se, é tudo aquilo que cerca o homem, os seres vivos em geral e os elementos naturais e que seja capaz de proporcionar-lhes uma vida ideal e adequada, o que leva a entender que não pode haver limitação quanto à sua incidência ou abrangência. O meio abordado é, indubitavelmente, um conjunto de condições naturais que não pode sofrer limitação.

Em nível de legislação comparada, na Declaração da Conferência das Nações Unidas sobre o Meio Ambiente Humano – 1972 (Declaração de Estocolmo), foram assentados os seguintes princípios:

---

3   *Direito penal ambiental*, p. 26.

1 – O homem tem o direito fundamental à liberdade, à igualdade e ao desfrute de condições de vida adequadas ao meio ambiente de qualidade tal que lhe permita levar uma vida digna e gozar de bem-estar, tendo a solene obrigação de proteger e melhorar o meio ambiente para as gerações presentes e futuras. A este respeito, as políticas que promovem ou perpetuam o *apartheid*, a segregação racial, a discriminação, a opressão colonial e outras formas de opressão e de dominação estrangeira são condenadas e devem ser eliminadas; 2 – Os recursos naturais da terra incluídos o ar, a água, a terra, a flora e a fauna e especialmente amostras representativas dos ecossistemas naturais devem ser preservados em benefício das gerações presentes e futuras, mediante uma cuidadosa planificação ou ordenamento.

Por seu turno, a Lei n. 19/2014, promulgada pela Assembleia da República Portuguesa, traz em seu cerne os seguintes componentes ambientais naturais: "A política de ambiente tem por objeto os componentes ambientais naturais, como o ar, a água e o mar, a biodiversidade, o solo e o subsolo, a paisagem, e reconhece e valoriza a importância dos recursos naturais e dos bens e serviços dos ecossistemas [...]" (art. 10, *caput*).

Precedentemente se fez menção ao termo "ecossistema" como integrante do conceito de meio ambiente, cumprindo neste momento analítico traçar a inteligência que sobre ele gravita.

Cuida-se de uma unidade natural envolvendo os chamados fatores bióticos, constituídos de todas as plantas, animais e microrganismos, funcionando em conjunto com todos os fatores físicos não vivos (abióticos) do ambiente.

De maneira mais pedagógica e explicativa, os ecossistemas, cujo conceito é fundamental em ecologia, são compostos por unidades, tendo os seguintes elementos inseparáveis:

> Um lugar e um agrupamento de seres vivos, que o ocupa. Ao primeiro dá-se o nome de *biótopo*, área geográfica com recursos suficientes para assegurar a conservação da vida, e o segundo se chama *biocenose*, constituída de seres vivos (animais, vegetais e microrganismos) ocupando aquela mesma área. A biocenose e seu biótopo – esclarece Dajoz – constituem portanto dois elementos inseparáveis que reagem um sobre o outro para produzir um sistema mais ou menos estável que recebeu o nome de *ecossistema*.[4]

---

[4] SILVA, José Afonso da. *Comentário contextual à Constituição*, p. 860.

Em um apanhado geral, tendo por norte os elementos que foram apontados, pode-se definir o meio ambiente ou ambiente como um conjunto de condições naturais ou de suas influências, com abrangência global, incidindo sobre os organismos vivos e seres humanos, no sentido de preservá-los, conceder-lhes saúde e bem-estar.

Enfim, o ambiente ideal é aquele que se integra com tudo aquilo que é vivo na natureza, conservando-o, dando-lhe qualidade de vida e, dessa maneira, contribuindo de forma decisiva e insubstituível para o conforto geral, para a qualidade de vida.

Seguindo os termos normativos consagrados constitucionalmente, o meio ambiente "ecologicamente equilibrado", ou seja, aquele que se mostra adequado, principalmente para a sobrevivência das pessoas, é interesse comum. Aliás, ao se fazer menção à ecologia pressupõe-se, naturalmente, a existência de um equilíbrio, em função da interação entre os seres vivos e o mencionado meio.

De outro lado, não basta apenas prever normativamente que o meio ambiente adequado é bem de uso comum, ou seja, de todas as pessoas indistintamente. Trata-se, sem dúvida, de bem público, destinado aos indivíduos de maneira geral. A natureza é de todos.

Todavia, não basta também haver essa previsão, que é de fundo natural, mas complementarmente a ela a sua defesa e conservação, que

> é de fundamental importância, porque compreende a preservação, a manutenção, a utilização sustentada, a restauração e melhoria do ambiente natural [...]. É nesse sentido que a Constituição prescreve que é dever do Poder Público e da coletividade defender e preservar o meio ambiente ecologicamente equilibrado para as presentes e futuras gerações. É igualmente nesse sentido que ela incumbe ao Poder Público preservar e restaurar os processos ecológicos essenciais e prover o manejo ecológico das espécies e ecossistemas. Assim como preservar a diversidade e a integridade do patrimônio genético do país.[5]

Tecidas essas considerações, é imprescindível deixar assentado que o meio ambiente pode ser dividido em quatro espécies: artificial, cultural, natural e do trabalho, não obstante a quem entenda que a última não integra o meio ambiente.

Na modalidade artificial, o meio ambiente "é relativo a tudo o que foi erigido pelo homem, que constitui obra deste",[6] a exemplo do que acontece com o espaço urbano: ruas, praças, avenidas, edifícios. Do ponto de vista cul-

---

5 Ibidem, p. 858.
6 DANTAS, Paulo Roberto de Figueiredo. *Curso de direito constitucional*, p. 868.

tural, é integrado pelo conjunto histórico, paisagístico, artístico, arqueológico e turístico.

Na espécie natural, o meio ambiente é representado pelo solo, água, ar, flora e fauna.

Finalmente, o meio ambiente do trabalho se refere ao local em que o indivíduo exerce sua atividade laboral, em quaisquer de seus níveis.

2. Crimes ambientais

O direito penal, na qualidade de ciência social, é informado por alguns princípios que constituem sua pilastra e, como consequência, justificam seu emprego.

Nessa ordem de consideração, o direito penal somente deve tipificar conduta que tenha certa relevância social, que seja adequadamente social, que esteja de acordo com a ordem social. Nesse particular, o tipo penal não deixa de ser exceção, posto que a regra é que as situações coletivas em conflito sejam solucionados por outros ramos do Direito.

O direito penal, à luz da realidade, somente deverá se preocupar com a tutela de bens de maior importância para a sociedade. É uma decorrência do princípio da adequação social. Sua intervenção deve ser mínima.

Seguindo as diretrizes que estão sendo traçadas, a intervenção a que se está referindo somente deverá ocorrer quando houver necessidade intangível de se combater ações ou omissões, ou seja, comportamentos que revelam séria gravidade aos interesses inerentes às atividades humanas, estatais e sociais.

Assim, em *ultima ratio*, o direito penal somente deverá intervir desde que os outros ramos do Direito se mostrem incapazes de proteger os bens sociais. Logo, ele deve ter função secundária, de reserva ou subsidiária.

Em circunstâncias desse matiz, nem todas as lesões a bens jurídicos devem ser protegidas e tuteladas pelo direito penal, mas somente aquelas que se mostrarem relevantes.

É de indubitável clareza que o direito penal, tendo por escólio inclusive sua consequência, que é a limitação da liberdade física individual, do direito de ir, vir e ficar, deve limitar-se a castigar as ações mais graves praticadas contra bens jurídicos relevantes (fragmentariedade).

Nas cercanias do meio ambiente, sua preservação e conservação são de magna importância, são de relevância para toda a sociedade não só local, mas também nacional. Há em torno dele interesse coletivo de todos os povos.

A degradação das condições naturais e a influência dela decorrente sobre os organismos vivos e os seres humanos recomendam combate severo em torno dela, sempre projetado no sentido da preservação do meio ambiente, da saúde e do bem-estar.

Em defluência do que está sendo sustentado e dissertado, justifica-se plenamente a edificação de normas penais visando à tutela do meio ambiente, do interesse coletivo que a ele se mostra incorporado.

A cominação da *sanctio legis* é mais um mecanismo que o Estado adotou e consagrou procurando manter um meio ambiente sadio, próspero, eficiente e adequado a todos os seres vivos, sem o que a vida deles corre grande risco de perecimento.

Assim é que as normas sancionatórias de caráter ambiental insculpidas pelo legislador se justificam de maneira plena, devendo, dessa maneira, ser limitada a liberdade física daquele cujo comportamento transgredir bem jurídico protegido na espécie comentada.

É de se deixar consignado, posto que imprescindível, que:

> A luta na defesa do meio ambiente tem encontrado no direito penal um de seus mais significativos instrumentos. Muitas são as hipóteses em que as sanções administrativas ou civis não se mostram suficientes para a repressão das agressões contra o meio ambiente. O estigma de um processo penal gera efeitos que as demais formas de repressão não alcançam.[7]

O aferidor da ação humana deve ser a sociedade, posto que ela sempre é a destinatária de seus efeitos. É assim que o legislador penal, ao pretender edificar uma norma punitiva, deve ter como referência a reprovabilidade social:

> Sempre que determinado comportamento torna-se objeto de maior reprovação social, por ofender ou ameaçar bens ou valores aos quais a sociedade passe a atribuir maior importância, tal comportamento, em regra, vem a ser proibido, também, sob ameaça de pena, como a mais eficaz técnica de proteção.[8]

Em arremate, a utilização do direito penal no campo do meio ambiente é medida legislativa que se mostra necessária e imprescindível.

---

7   FREITAS, Vladimir Passos de; FREITAS, Gilberto Passos de. *Crimes contra a natureza*, p. 33.
8   LOPES, Jair Leonardo. *Curso de direito penal*, p. 25.

3. Autoria, coautoria, participação e omissão relevante

O legislador ambientalista em norma própria previu a coautoria e participação nos crimes contra o meio ambiente:

> Quem, de qualquer forma, concorre para a prática dos crimes previstos nesta Lei, incide nas penas a estes cominadas, na medida da sua culpabilidade, bem como o diretor, o administrador, o membro de conselho e de órgão técnico, o auditor, o gerente, o preposto ou mandatário de pessoa jurídica, que, sabendo da conduta criminosa de outrem, deixar de impedir a sua prática, quando podia agir para evitá-la. (art. 2º, Lei n. 9.605/98)

A primeira parte do artigo repete o que se encontra esculpido no art. 29 do Código Penal. Cada autor, coautor ou partícipe receberá a pena dentro do grau de sua censurabilidade, na medida de sua reprovabilidade.

Os conceitos de autoria, coautoria e participação, *ex abundantia*, são os que podem ser emprestados pelo CP.

Autor é quem realiza a ação criminosa que configura o fato punível; é aquele que executa o núcleo do tipo (p. ex.: caçar – art. 29, impedir – art. 48, desmatar – art. 50-A, Lei n. 9.605/98).

Coautor é quem executa, juntamente com outros, a ação ou omissão que configura o delito (p. ex.: Tício e Caio caçam espécimes da fauna silvestre; Fernando e Joel degradam floresta).

Na coautoria há uma cooperação de trabalho entre os delinquentes. Juntos, eles concentram suas ações visando ao cometimento do fato típico. Há, dessa maneira, a conjugação de forças direcionadas a um fim comum, que é a transgressão do tipo penal ambiental.

Tangentemente à coautoria, lembra Antônio José Fabrício Leiria que:

> Há um *majus* de coordenação entre as vontades e as ações dos delinquentes, com um *minus* de subordinação entre estes. Daí dizer Welzel que a coautoria, em *ultima ratio*, é autoria com a particularidade de que apenas o domínio do fato é comum a mais pessoas. Afirma-se coautoria numa divisão mais ou menos equitativa de tarefas, ou seja, no princípio da divisão de trabalho.[9]

A cooperação mencionada também não passou despercebida por Reinhart Maurach, ao enfatizar que:

---

9   *Autoria e participação criminal*, p. 128-9.

Coautoria é o cooperar querido, ciente e com divisão de trabalho, de vários autores, para a consecussão de um mesmo resultado típico. Coautor pode ser quem seja autor idôneo, conforme o texto do tipo respectivo. Coautor é não só o cotitular do formal domínio do fato, como também o cotitular do material domínio de fato.[10]

Para Edmund Mezger, "coautor é aquele que, como autor imediato ou mediato, comete um fato punível conjuntamente com outros autores, isto é, em cooperação consciente e querida".[11]

Na linguagem de Franz Von Liszt, "coautor é aquele que toma parte na execução".[12]

Deve ficar esclarecido, por outro lado, que para se caracterizar a coautoria não se torna necessário que haja ajuste prévio, combinação anterior entre os praticantes do fato típico, bastando haver consciência de que um sujeito cooperava no empreendimento delituoso do outro.

No campo da autoria, esta pode se desdobrar na autoria **colateral** e na **mediata**.

Ocorre a **colateral** quando não há consciência da cooperação mútua (p. ex.: Tício e Mélvio danificam plantas de ornamentação de logradouro público – art. 49, Lei n. 9.605/98 –, ignorando um a ação do outro). *In casu*, cada um responderá isoladamente por sua ação típica.

Caracteriza-se a **mediata, intelectual** ou **ficta** quando o autor faz uso de terceiro para cometer a ação delituosa (p. ex.: uso de menor para soltar balões que possam provocar incêndio em florestas – art. 42, Lei n. 9.605/98 –; coação irresistível; obediência hierárquica).

Com efeito, "configura-se a autoria mediata quando um sujeito, valendo-se de um inimputável, usa-o à semelhança de um instrumento para dar expansão a seus propósitos maléficos e cometer um delito".[13]

Na doutrina traçada por Edmund Mezger, "o autor mediato é o que admite que outra pessoa, da qual se serve como instrumento, realize para si mesmo, total ou parcialmente, o tipo punível. O autor mediato não pode ser instigador ou cúmplice".[14]

A participação é a contribuição causal para o crime. O partícipe não realiza a conduta típica, só auxilia, coopera ou instiga outrem a realizá-la. Por exemplo:

---

10   *Tratado de derecho penal*, p. 331.
11   *Derecho penal*: Parte General, p. 311.
12   *Tratado de direito penal alemão*, p 359.
13   LEIRIA, Antônio José Fabrício. *Autoria e participação criminal*, p. 136.
14   *Derecho penal*: Parte General, p. 309.

a) Joaquim fica vigiando o local para que Pedro provoque incêndio em floresta (art. 41); b) Orlando oferece determinado valor econômico para que Joaquim promova pesca mediante o uso de explosivos (art. 35); c) Jamil instiga Raul à prática de maus-tratos de animal doméstico (art. 32, Lei n. 9.605/98).

O legislador, na norma penal esquadrinhada, previu a mesma *sanctio legis* a ser aplicada ao autor, coautor ou partícipe da infração ambiental ao diretor, administrador, membro de conselho administrativo e de órgão técnico, auditor, gerente, preposto ou mandatário de pessoa jurídica, nas condições especificadas no comando normativo de regência. Trata-se de situação envolvendo a relevância da omissão, a exemplo do que acontece com o que se encontra normatizado no art. 13, § 2º, do CP.[15]

Em primeiro lugar, é pressuposto da omissão sublinhada que o agente tenha conhecimento da conduta criminosa do autor, coautor ou partícipe. Indiscutivelmente, se alguma das pessoas mencionadas no tipo legal não tem o conhecimento por ele exigido, não há como determiná-lo a agir.

Em segundo lugar, não basta unicamente que o omitente tenha conhecimento da conduta delituosa em espécie, mas que, podendo agir para não permitir que ela ocorra, deixe de fazê-lo, ficando inerte, não procurando impedir o resultado danoso ao meio ambiente.

Omitir-se a impedir a prática delituosa equivale à participação no empreendimento delituoso, pois, de certa forma, mesmo que de maneira indireta, o agente coopera, contribui para que haja a transgressão típica. Trata-se de causalidade omissiva.[16]

A título de exemplo, posto que pedagógico: o proprietário de determinada área agrícola tem conhecimento de que empregado seu está danificando floresta nativa objetivando o aumento do espaço para plantio, mas permanece inerte, não impedindo o comportamento prejudicial ao meio ambiente de seu subordinado. É de indubitável clareza que o comportamento omissivo desse empregador coopera para o surgimento do resultado danoso em espécie, integrando o nexo causal entre esse comportamento negativo e o aperfeiçoamento da conduta proibida. É de nítida conclusão que se o agente que ostenta condição de impedir o resultado age nesse sentido, a ocorrência típica deixa de se verificar.

Verifica-se, portanto, em sentido bastante abrangente, que o legislador extraordinário procurou, por intermédio da consagração dessa omissão rele-

---

15 "A omissão é penalmente relevante quando o omitente devia e podia agir para evitar o resultado [...]."
16 MOSSIN, Heráclito Antônio; MOSSIN, Júlio César O. G. *Comentários ao Código Penal*: à luz da doutrina e da jurisprudência – doutrina comparada, p. 92.

vante, estabelecer mecanismo maior, visando à proteção ambiental, que seria menos tutelada caso se punisse somente aquele que com seu comportamento positivo praticasse delito em oposição ao meio ambiente.

Não se pode perder de norte, entretanto, que a omissão cuidada pode ser dolosa – quando o agente, de forma deliberada, deixa de agir – ou culposa – quando o omitente, por negligência, deixa de impedir o resultado prejudicial ao meio ambiente. Nesta última hipótese, ele somente poderá ser objeto de punição se o tipo penal prever a conduta culposa (princípio da reserva legal).

Outrossim, como aclara Silvio Maciel, "não há participação culposa em crime doloso e vice-versa (por falta de homogeneidade subjetiva)".[17]

4. Responsabilidade das pessoas jurídicas

Dispõe o art. 3º da legislação ambiental:

As pessoas jurídicas serão responsabilizadas administrativa, civil e penalmente conforme o disposto nesta Lei, nos casos em que a infração seja cometida por decisão de seu representante legal ou contratual, ou de seu órgão colegiado, no interesse ou benefício da sua entidade. Parágrafo único. A responsabilidade das pessoas jurídicas não exclui a das pessoas físicas, autoras, coautoras ou partícipes do mesmo fato.

Extrata-se do texto transcrito que a pessoa jurídica se alinha como sujeito ativo em crime ecológico. Cuida-se de questão normativa, uma vez que a rigor somente pode agir com dolo ou culpa a pessoa física e não a jurídica, posto ser uma ficção. *Societates delinquere non potest*. A rigor, a pessoa jurídica não tem vontade própria, não ostenta o ânimo de delinquir, o que poderia conduzir à responsabilidade objetiva.

A Constituição Federal, em seu art. 225, § 3º, prevê a pessoa jurídica como sendo infratora no campo do delito concernente ao meio ambiente: "As condutas e atividades consideradas lesivas ao meio ambiente sujeitarão os infratores, pessoas físicas ou jurídicas, a sanções penais e administrativas, independentemente da obrigação de reparar os danos causados".

Há doutrinadores entendendo que a pessoa jurídica não pode ser sujeito de crime ambiental, enquanto outros entendem em sentido contrário. Esse tema foi amplamente discutido, principalmente em nível de doutrina. Foram

---

17 *Legislação criminal especial*: ciências criminais, v. 6, p. 686.

dissertadas centenas de páginas, principalmente acentuando que a pessoa jurídica não pode praticar delito, mas somente a física.

Sem dúvida, o debate em torno desse assunto jurídico se revela estéril, sem nenhuma utilidade no campo prático, uma vez que as respeitáveis opiniões gravitando sobre essa situação de ordem excepcional, prevista na Magna Carta da República, não ostentam o condão de modificar ou conferir uma interpretação diversa do texto legal, quer em nível constitucional, quer em termos de legislação ordinária.

Embora, na esteira do que foi exposto, nas cercanias da ciência criminal somente a pessoa física possa praticar crime, o legislador constituinte admite que a pessoa jurídica também pode. Assim, por **questão normativa**, a precitada pessoa, embora seja uma ficção, pode ser autora de crime contra o meio ambiente.

Diante disso, é forçoso convir que relativamente à pessoa jurídica não se leva em consideração o tradicional critério subjetivo, que é próprio do dolo e da culpa, abrangendo unicamente a pessoa física, posto que dotada de vontade, mas o critério é normativo, é objetivo. Trata-se de forma diferenciada de responsabilidade criminal.

De outro lado, somente para efeito analítico em sentido estrito, o fator individualização da pena, constitucionalmente estabelecido ("a lei regulará a individualização da pena [...]" – art. 5º, XLVI), não se constitui óbice ou fundamento para tentar afastar a responsabilidade penal da pessoa jurídica.

O termo "individualização" tem nítido endereçamento à pessoa física. Foi exatamente com essa intenção que o legislador constituinte edificou esse comando superior.

Diante disso, essa garantia de cunho individual em nada altera ou conflita com a norma prevista no § 3º do art. 225 da Magna Carta da República. São regramentos distintos e independentes.

Outrossim, é imperioso deixar assentado que enquanto a sanção penal incide sobre a pessoa física, a mesma reprimenda somente se direciona à pessoa jurídica e não ao seu sócio ou dirigente.

Não bastasse isso, tendo por suporte o art. 21 da Lei Ambiental, às pessoas jurídicas somente serão impostas as sanções consistentes em multa, restritivas de direitos e de prestação de serviços à comunidade. Logo, fica afastada a aplicação de pena privativa de liberdade, que se reserva, única e exclusivamente, às pessoas físicas.

Essa diversificação de tratamento punitivo também se constitui escólio que contribui para a asserção de que a pessoa jurídica pode ser objeto de reprimenda legal.

Ademais, *ad argumentandum*, muitas vezes a alteração de algum critério penal consagrado no correr dos tempos se mostra necessário no atendimento da necessidade social, da defesa da comunidade e do próprio interesse político do Estado, o que recomenda nova diretriz legislativa, a exemplo do que ocorreu com o preceito constitucional em espécie. Isso porque é de relevância social que o legislador procure estabelecer mecanismos normativos que se revelem capazes e necessários para a preservação de determinado bem, como é o caso do meio ambiente. De forma indubitável, essa necessidade se justifica como fator de alteração de seguimentos tradicionais. O direito não pode ser inerte, deve ser dinâmico e acompanhar as necessidades comunitárias.

A responsabilidade penal da pessoa jurídica é possível quando o fato punível é praticado por decisão ou determinação do representante legal da empresa, por força contratual ou por decisão colegiada (diretores), no interesse ou benefício da sociedade. *In casu*, ele age em nome da pessoa jurídica e não de forma individual e própria (p. ex.: determinação de desmatamento em área de proteção ambiental para fins econômicos).

De se deixar ressalvado, se, embora o agente seja representante legal ou contratual de determinada entidade, age em seu nome e não da empresa, responderá pela infração como pessoa física, e não como jurídica.

Pelos próprios termos encontrados no preceito esquadrinhado, a responsabilidade da pessoa jurídica não exclui a da pessoa física. Assim, haverá coautoria ou participação entre elas.

Partindo-se da premissa de que a pessoa jurídica pode ser sujeito ativo de crime ambiental, nada impede que ela seja computada para os fins da organização criminosa a que faz alusão o art. 288 do Código Penal.

De outro lado, sempre deverá haver a continência *delictorum* entre a pessoa física e a jurídica, a título de coautoria ou participação, já que a pessoa física atua por determinação da pessoa jurídica. É caso de continência obrigatória.

É exatamente em defluência disso que o legislador deixou inserido no dispositivo de regência que "a responsabilidade das pessoas jurídicas não exclui a das pessoas físicas, autoras, coautoras ou partícipes do mesmo fato" (art. 3º, parágrafo único, Lei n. 9.605/98).

Aplica-se, na situação *sub examine*, o que a doutrina penal denomina teoria da dupla imputação ou imputação paralela, que foi copiada do modelo francês. Por ela, a responsabilidade penal da pessoa jurídica em crimes contra o meio ambiente é permitida desde que haja imputação simultânea da pessoa jurídica e da pessoa física que atua em seu nome ou em seu benefício.

Pelo que está sendo discursado, é impossível imputar o delito ambiental exclusivamente à pessoa jurídica, excluindo-se a física, que agiu por determinação daquela (ente moral).

Trata-se de situação jurídica que, no campo processual penal, pode ser chamada de continência obrigatória e incindível. Isso significa, em outros termos, que a denúncia deve incidir sobre a pessoa física e a pessoa jurídica. Se, por exemplo, houver somente o ajuizamento da ação penal sobre a pessoa física ou unicamente sobre a jurídica, a prefacial pública não poderá ser recebida, porquanto será tida como inepta.

Ademais, se eventualmente for proposta a ação penal contra a pessoa física e jurídica, se por qualquer motivo não for recebida a denúncia em relação à pessoa física, o procedimento criminal também deverá ser encerrado em torno da pessoa jurídica.

Deve ficar aclarado, por oportuno, que a imputação paralela não vincula a condenação da pessoa física ou jurídica. Pode haver, em relação a alguma delas, a improcedência da pretensão punitiva. O princípio incide somente sobre a *persecutio criminis*.

Em função do que está sendo exposto, o Superior Tribunal de Justiça lavrou o seguinte entendimento:

> Para a validade da tramitação de feito criminal em que se apura o cometimento de delito ambiental, na peça exordial devem ser denunciados tanto a pessoa jurídica como a pessoa física (sistema ou teoria da dupla imputação). Isso porque a responsabilidade penal da pessoa jurídica não pode ser desassociada da pessoa física – quem pratica a conduta com elemento subjetivo próprio.[18]

Ainda,

> Admitida a responsabilização penal da pessoa jurídica, por força de sua previsão constitucional, requisita a *actio poenalis*, para a sua possibilidade, a imputação simultânea da pessoa moral e da pessoa física que, mediata ou imediatamente, no exercício de sua qualidade ou atribuição conferida pelo estatuto social, pratique o fato-crime, atendendo-se, assim, ao princípio do *nullum crimen sine actio humana*. Excluída a imputação aos dirigentes responsáveis pelas condutas incriminadas, o trancamento da ação penal, relativamente à pessoa jurídica, é de rigor.[19]

---

18   STJ, RMS n. 37.293/SP, 5ª T., rel. Min. Laurita Vaz, *DJe* 09.05.2013.
19   STJ, RMS n. 16.696/PR, 6ª T., rel. Min. Hamilton Carvalhido, *DJU* 13.03.2006, p. 373.

Em repetição: "Excluindo-se da denúncia a pessoa física, torna-se inviável o prosseguimento da ação penal, tão somente, contra a pessoa jurídica dissociada da pessoa física, que age como elemento subjetivo próprio".[20]

Ademais, nos crimes ambientais, é necessária a dupla imputação, pois não se admite "a responsabilização penal da pessoa jurídica dissociada da pessoa física, que age como elemento subjetivo próprio".[21]

Por questão de oportunidade, embora este não seja o momento ideal e propício para se tecer considerações em termos de *habeas corpus*, porém visando a abrir um horizonte maior sobre o que está sendo discorrido, esse remédio constitucional não pode ser utilizado pela pessoa jurídica visando, por exemplo, ao trancamento da ação. Isso porque a tutela do *writ* constitucional somente incide sobre a pessoa física, tutelando sua liberdade de ir e vir:

> Segundo o ordenamento jurídico pátrio e a partir da Constituição, mesmo quando se encontra no polo passivo de ação penal, a pessoa jurídica não pode se valer do *habeas corpus*, uma vez que o bem jurídico por ele tutelado é a liberdade corporal, própria das pessoas naturais.[22]

5. Aplicação da pena

No art. 6º do Estatuto Ambiental, o legislador estabeleceu preceitos orientadores para efeito de fixação da pena pelo cometimento de crime contra a natureza:

> Para imposição e gradação da penalidade, a autoridade competente observará: I – a gravidade do fato, tendo em vista os motivos da infração e suas consequências para a saúde pública e para o meio ambiente; II – os antecedentes do infrator quanto ao cumprimento da legislação de interesse ambiental; III – a situação econômica do infrator, no caso de multa.

O legislador especial optou por estabelecer regramentos próprios para a imposição e graduação da pena por cometimento de infração ecológica. Entretanto, nada impede que, subsidiariamente, apliquem-se as normas do art. 59 do Código Penal, que estabelecem as circunstâncias judiciais, os vetores que

---

20   STJ, RMS n. 27.593/SP, 6ª T., rel. Min. Maria Thereza de Assis Moura, DJe 02.10.2012.
21   STJ, RHC n. 24.239/ES, 6ª T., rel. Min. Og Fernandes, DJe 01.07.2010.
22   STJ, *HC* n. 180.987/RS, 5ª T., rel. Min. Laurita Vaz, DJe 18.09.2013.

devem ser observados para efeito de fixação da pena. Há, inclusive, preceito específico a respeito encravado no art. 79 da lei que regula os crimes ambientais. Com efeito,

> no âmbito penal, não obstante o CP preveja critérios próprios para a fixação da pena, tanto da privativa de liberdade como da de multa (arts. 59 a 76), o legislador, nesta Lei n. 9.605/98, optou por trazer critérios próprios, que deverão ser observados, com preferência, pela autoridade responsável pela aplicação da penalidade. Não obstante, a aplicação subsidiária das regras do CP continua, à evidência, válida, sendo perfeitamente possível desde que não haja confronto com as normas trazidas por esta lei especial.[23]

A exemplo do que acontece no Código Penal, em sede de crime contra a natureza, também será adotado o critério trifásico.

Em primeiro lugar, deverá ser fixada a pena base.

Em segundo lugar, deverão ser observadas as atenuantes e agravantes, previstas, respectivamente nos arts. 14 e 15 da Lei Ambiental. Em virtude disso, não se aplicam os arts. 61 a 66 do Código Penal, porém, por falta de previsão legal na lei especial de regência, aplica-se o art. 67 do mencionado Código, quando se cuidar do concurso de atenuantes e agravantes.

Em terceiro lugar, deverão ser verificadas as causas de aumento e diminuição (p. ex.: metade, dobro, um a dois terços, concurso formal, material etc.).

Atendendo ao vetor gravidade do fato, quando da determinação da pena base, entre o mínimo e o máximo abstratamente cominados, o juiz deve levar em consideração também a extensão do dano causado ao meio ambiente e à saúde pública (p. ex.: não pode ser conferido o mesmo tratamento penal àquele que suprime pouca quantidade de vegetação e àquele que degrada consideravelmente uma floresta). Neste caso, à evidência, a reprovabilidade de conduta se revela mais acentuada, o que recomenda a imposição de uma reprimenda legal mais severa. É questão de proporcionalidade.

No que diz respeito aos antecedentes do condenado, também para efeito de fixação da sanção de piso, deve ser computado o passado do agente em termos de crime ambiental.

De outro lado, levando-se em consideração que o legislador faz uso de "ao cumprimento da legislação de interesse ambiental" (art. 6º, II), cujo sentido é amplo, é forçoso convir que, caso tenha o agente descumprido comando dessa

---

23 DELMANTO, Roberto; DELMANTO JUNIOR, Roberto; DELMANTO, Fábio M. de Almeida. *Leis penais especiais comentadas*, p. 504.

natureza e por via de consequência tenha sido objeto da respectiva autuação, esse fator também deve ser considerado para fins de conceituação dos maus antecedentes.

A situação financeira do acusado também será levada em consideração para efeito da fixação da pena pecuniária, assunto jurídico esse que será objeto de esquadrinhamento específico quando da abordagem do art. 18 da Lei Ambiental.

Assiste razão a Silvio Maciel ao anotar que:

> Além da situação econômica, o juiz deve levar em conta também o valor do prejuízo causado pela infração. Isso porque o art. 19 da Lei prevê que eventual fixação dos prejuízos ambientais, no laudo pericial, será considerada para cálculo da multa. São dois, portanto, os critérios preponderantes para o juiz fixar a multa penal ambiental: situação econômica do infrator e valor do prejuízo causado pela infração.[24]

Reforçando o que já foi externado, a pessoa jurídica não está sujeita à pena privativa de liberdade individual. Logo, somente sofre a incidência da sanção de multa, restritiva de direitos ou prestação de serviços à comunidade, conforme previsão encontrada no art. 21 da Lei Ambiental.

Como é de evidência cristalina, as sanções de multa e restritiva de direitos também deverão ser determinadas obedecendo padrão legal. Diante disso, o magistrado deverá fazer uso dos mesmos critérios que devem ser atendidos para a determinação da pena privativa de liberdade nos moldes preconizados pelo regramento legal *sub examine*:

> Porém, para atingir o montante cabível (restritiva de direitos e prestação de serviços), o juiz deve fazer o cálculo como se fosse aplicar a pena privativa de liberdade para, depois, substituí-la por restritiva de direitos ou prestação de serviços à comunidade (esta última, no entanto, não deixa de ser uma restritiva de direitos). Quanto à multa, o procedimento é o mesmo seguido para a pessoa física, conforme previsto no Código Penal (dias-multa).[25]

6. Autonomia e substituição da pena privativa de liberdade

O tema jurídico anunciado foi objeto de conteúdo normativo específico pelo legislador especial:

---

24 *Legislação criminal especial*: ciências criminais, v. 6, p. 708.
25 NUCCI, Guilherme de Souza. *Leis penais e processuais penais comentadas*, p. 845.

As penas restritivas de direitos são autônomas e substituem as privativas de liberdade quando: I – tratar-se de crime culposo ou for aplicada a pena privativa de liberdade inferior a 4 (quatro) anos; II – a culpabilidade, os antecedentes, a conduta social e a personalidade do condenado, bem como os motivos e as circunstâncias do crime indicarem que a substituição seja suficiente para efeitos de reprovação e prevenção do crime. Parágrafo único. As penas restritivas de direitos a que se refere este artigo terão a mesma duração da pena privativa de liberdade substituída. (art. 7º, Lei n. 9.605/98)

Seguindo as diretrizes determinadas pelo art. 44 do Código Penal, o legislador especial também deixou consignado, no preceito sob exame, que as penas restritivas de direito são autônomas e substituem as privativas de liberdade.

Sem dúvida, pela sistemática atual da legislação penal pátria, todas as penas, quer sejam privativas da liberdade individual, pecuniárias, quer se tratem de restritivas de direitos, são autônomas, independentes, mesmo quando tenham somente a finalidade de substituição.

As sanções restritivas são penas alternativas às privativas de liberdade. Têm por meta evitar que autores de determinadas infrações tidas como de média ou pequena monta sejam encarcerados. Pressupõe-se que as restritivas sejam capazes de recuperar o condenado.

O primeiro critério utilizado pelo legislador, de cunho objetivo, diz respeito ao tipo do crime: culposo e doloso, já que em termos ambientais é admitida a prática delitiva dolosa e culposa, conforme especificado no tipo penal em espécie (princípio da legalidade ou da reserva legal).

A exemplo do que acontece com o art. 44 do CP, sendo culposo o crime contra o meio ambiente, independentemente da quantidade da pena aplicada, a suspensão tem emprego.

Tratando-se de pena corporal, a troca sob consideração tem emprego quando a sanção aplicada for inferior a quatro anos. Outrossim, em caso de reincidência, a lei ambiental não a prevê como forma de não se admitir a substituição.

Além desses pressupostos objetivos, a substituição da pena privativa de liberdade pela restritiva de direitos se submete a outros requisitos de caráter subjetivo. Diante disso, deve ser avaliada a culpabilidade do condenado, que, em última análise, é implicativa de reprovabilidade social do fato praticado e da conduta de seu autor.

No que diz respeito aos antecedentes do acusado, só devem ser considerados os processos criminais condenatórios com trânsito em julgado.

A conduta social do agente deve ser verificada em sentido amplo, compreendendo em seu bojo seu comportamento social, profissional e familiar.

Pertinentemente à personalidade do acusado, deve ser verificada se ela é boa ou má, responsável ou irresponsável etc.

Deve haver ainda a avaliação do motivo ou das razões que levaram o agente a praticar o delito ecológico.

Ademais, também devem ser considerados os fatores que envolvem a prática do delito, desde que não estejam contidos no tipo básico e não se constituam causa de aumento ou diminuição da pena.

Mediante uma análise bastante ponderada de todos os elementos objetivos que foram apontados, o magistrado sentenciador, de maneira motivada, deve decidir se a conjugação desses fatores é indicativa ou não da substituição da pena corporal pela restritiva de direitos de forma suficiente para efeito de reprovação e prevenção do crime contra o meio ambiente.

Na esteira do assinalado por Guilherme de Souza Nucci, "a análise conjunta dos elementos apresentados no inciso II deste artigo fornece ao juiz condições de verificar o merecimento do réu para que sua pena privativa de liberdade seja substituída por restritiva de direitos".[26]

Deve ficar estabelecido, de outro lado, que a duração da pena restritiva cuidada deve ser a mesma da pena corporal que foi substituída.

7. Modalidades de penas restritivas de direito

O legislador, no art. 8º da Lei Ambiental, elencou as penas restritivas de direito que podem ser objeto de substituição: "I – prestação de serviços à comunidade; II – interdição temporária de direitos; III – suspensão parcial ou total de atividades; IV – prestação pecuniária; V – recolhimento domiciliar".

Deve ficar registrado, *ab initio*, que a hipótese examinada somente se aplica à pessoa física, uma vez que as restritivas alusivas à pessoa jurídica estão previstas nos arts. 21 a 23 da Lei n. 9.605/98.

De maneira bastante precisa, clara e suficiente, o legislador definiu em norma própria no que consiste cada uma das modalidades de penas restritivas por ele elencadas.

Nessa ordem de consideração, a teor do art. 9º do Diploma pertinente,

> A prestação de serviços à comunidade consiste na atribuição ao condenado de tarefas gratuitas junto a parques e jardins públicos e unidades de conservação,

---

26 Ibidem, p. 846.

e, no caso de dano da coisa particular, pública ou tombada, na restauração desta, se possível.

Procurando decompor o preceito trasladado, a prestação sob referência diz respeito a trabalho sem remuneração.

Partindo-se da premissa de que qualquer pena, no âmbito de sua independência, tem caráter não apenas punitivo como também educativo, o legislador escorreitamente previu que esse trabalho comunitário deve ser realizado em parques, assim entendidas as áreas arborizadas.

Também essa atividade pode ser desenvolvida em jardins públicos, ou seja, em lugares de cultivo de plantas ornamentais.

As denominadas unidades de conservação, que são constituídas pelo poder público para a preservação da natureza, também poderão ser utilizadas para efeito de desconto da pena restritiva de direito.

Havendo dano a coisa particular, pública ou tombada (bem imóvel ou móvel colocado sob a guarda do Estado para efeito de proteção e conservação, tendo em vista seu valor histórico, arqueológico, bibliográfico, artístico, etnográfico, que justifique o interesse público), a pena restritiva implica a recuperação do estrago causado, desde que seja possível, a exemplo do que ocorre com a falta de habilidade do acusado em promover a restauração ou quando não há condição de se recuperar a coisa.

No que concerne às penas de interdição temporária de direitos, estas são

> a proibição de o condenado contratar com o Poder Público, de receber incentivos fiscais ou quaisquer outros benefícios, bem como de participar de licitações, pelo prazo de 5 (cinco) anos, no caso de crimes dolosos, e de 3 (três) anos, no de crimes culposos. (art. 10, Lei n. 9.605/98)

Interdição temporária, como o próprio nome está a indicar, implica a proibição do condenado quanto ao exercício de atividade por determinado tempo.

A vedação diz respeito a contratar com o poder público em situações em que é dispensado o procedimento licitatório (p. ex.: aquele que é punido por crime ambiental não pode locar seu imóvel para a administração pública). Entretanto, se quando da condenação já estiver em curso o contrato, este deve ser respeitado.

Também a título de interdição, o condenado está proibido de receber incentivos fiscais e outros benefícios, que, em última análise, é implicativo de redução ou isenção da carga tributária, por exemplo: doação para o desenvolvimento de projeto cultural (Lei n. 8.313/91); prorrogação de licença-maternidade (Lei n. 11.770/2008).

Nas duas situações examinadas, a vedação é medida pelo tempo da pena corporal imposta ao condenado. Assim, vencido o espaço temporal da *sanctio legis*, a interdição desaparece automaticamente, não havendo, por conseguinte, a necessidade de declaração judicial.

Outro óbice diz respeito à participação em certame licitatório, em quaisquer de suas modalidades. Trata-se de procedimento legal utilizado pelo poder público para o contrato visando a compra ou realização de serviço, a exemplo da concorrência pública, convite, tomada de preço, pregão.

Diferentemente do que acontece com as hipóteses anteriormente enfocadas, *in casu*, a vedação é pelo prazo de cinco anos, em se cuidando de crime doloso, e de três anos, em se tratando de crime culposo. Logo, para ser mais claro e pedagógico, o fator quantitativo da pena corporal que foi objeto de substituição em nada influi na restrição que está sendo cuidada.

No que diz respeito à suspensão de atividades, esta será aplicada quando não houver obediência às prescrições legais (art. 11, Lei n. 9.605/98).

A suspensão sob comento pode ser total ou parcial, além do que a situação normativa abordada somente incide sobre a pessoa física, uma vez que, em se cuidando de pessoa jurídica, a suspensão em espécie está normatizada no inciso I do art. 22 da Lei Ambiental.

Diante disso, é forçoso convir que a pena restritiva sob análise incide sobre ambas as pessoas e não unicamente sobre a pessoa jurídica. Isso porque o exercício de atividade que possa percutir sobre o meio ambiente pode ser levado a efeito também pela pessoa física, como acontece com o empresário individual, que é pessoa física nos termos da legislação civil e empresarial.[27]

É oportuno deixar assentado que o empresário individual, que antes da vigência do Código Civil de 2002 chamava-se firma individual, é pessoa física que exerce pessoalmente atividade de empresário, assume responsabilidade ilimitada e em caso de falência responde com seus bens pessoais. O empresário individual não tem personalidade jurídica, ou seja, mesmo tendo registro no CNPJ, não é considerado pessoa jurídica.

De outro lado, ressalte-se, o empresário individual pode transformar-se em sociedade empresária limitada, atendendo aos requisitos estabelecidos para as sociedades limitadas. Após o seu registro, passa a ter personalidade jurídica,

---

27 MACIEL, Silvio. *Legislação criminal especial*: ciências criminais, v. 6, p. 682.

enquadrando-se como microempresa ou empresa de pequeno porte, atendidas as exigências legais.

Nos termos do art. 966 do Código Civil, "Considera-se empresário quem exerce profissionalmente atividade econômica organizada para a produção ou a circulação de bens ou de serviços". Nesse conceito, enquadram-se o empresário individual, aquele que exerce em nome próprio atividade empresarial, e o empresário coletivo, que é a sociedade empresarial. Enquanto o primeiro é pessoa física, o segundo é jurídica.

À evidência, não obstante a matéria jurídica em questão tenha sido tratada em preceitos diferentes, de forma indubitável, tanto a pessoa física como a jurídica não podem exercer atividade que venha a lesar o meio ambiente, a exemplo do que acontece com o pescador profissional e com o lenhador, motivo pelo qual o legislador previu para ambos a pena restritiva de direitos consistente na suspensão parcial ou total de atividades. A vedação em análise é pelo tempo da pena privativa de liberdade, que foi trocada pela restritiva de direitos.

Derradeiramente, a pena restritiva somente pode ser imposta se o crime ambiental pelo qual o réu foi condenado tiver ligação com sua atividade.

No que diz respeito à prestação pecuniária, o legislador tratou desse assunto jurídico no art. 12 do Estatuto de regência:

> A prestação pecuniária consiste no pagamento em dinheiro à vítima ou à entidade pública ou privada com fim social, de importância, fixada pelo juiz, não inferior a 1 (um) salário mínimo nem superior a 360 (trezentos e sessenta) salários mínimos. O valor pago será deduzido do montante de eventual reparação civil a que for condenado o infrator.

Pelo que se observa e constata, a pena restritiva objeto de considerações de cunho doutrinário consiste no pagamento em dinheiro, a que fica obrigada a pessoa física que foi condenada por crime ecológico.

Por motivo de oportunidade e no próprio interesse da matéria jurídica esquadrinhada, no rol das pessoas jurídicas não está prevista essa modalidade de pena restritiva, consoante se verifica dos termos normativos contidos no art. 22 da Lei Ambiental.

Toda pena restritiva de prestação financeira deve ter um destinatário. No caso, o valor arrecadado deve ser enviado à vítima, ou entidade pública ou privada, com fins sociais. A entidade a ser beneficiada, preferencialmente, deve ser aquela ligada à proteção do meio ambiente.

Sem dúvida, a mencionada prestação financeira se constitui autêntica forma de antecipação de eventual indenização no campo civil. Tanto isso é verdade que o legislador previu a dedução do valor da pena restritiva do montante do valor da condenação no juízo cível.

Para fixação do valor da supradita prestação, o juiz deverá levar em consideração a situação financeira do condenado, a exemplo do que acontece para a determinação do *quantum* da pena de multa, nos termos traçados pelo art. 6º da Lei Ambiental.

Concernentemente à pena restritiva de direito consistente no recolhimento domiciliar, o legislador especial também insculpiu regramento legal específico:

> O recolhimento domiciliar baseia-se na autodisciplina e senso de responsabilidade do condenado, que deverá, sem vigilância, trabalhar, frequentar curso ou exercer atividade autorizada, permanecendo recolhido nos dias e horários de folga em residência ou em qualquer local destinado a sua moradia habitual, conforme estabelecido na sentença condenatória. (art. 13, Lei n. 9.605/98)

Para efeito argumentativo, o recolhimento em questão tem feição de pena privativa de liberdade, e não restritiva de direitos.

O local para o cumprimento dessa pena é a residência (local onde a pessoa mora de forma permanente) ou a moradia habitual (lugar onde a pessoa não fica de forma permanente (p. ex.: casa de praia, rancho).

O recolhimento em espécie deve ocorrer nos dias e horários em que o condenado não estiver trabalhando, exercendo qualquer atividade ou frequentando qualquer tipo de curso.

Sua duração deve ser correspondente ao tempo da pena privativa de liberdade imposta.

Nunca é demais relembrar que, embora haja regramento especial em torno de determinado instituto, a exemplo do que acontece com as penas restritivas de direitos, nada impede que, subsidiariamente, sejam aplicadas normas gerais de forma complementar, desde que não haja conflito com as regras especiais.

Em função do princípio da especialidade e da própria legalidade, somente poderão ser utilizadas as penas restritivas de direitos que foram elencadas pelo legislador excepcional. Assim, as penas restritivas atinentes à perda de bens e valores e limitação de fim de semana (art. 59, II e VI, CP) em hipótese alguma podem ser adotadas em tema de crime ecológico.

Entretanto, outras regras ou preceitos que não invadam o princípio da especialidade podem ser aproveitados a título de acréscimo.

Nessa ordem de consideração, o § 2º do art. 44 do Código Penal prevê a chamada substituição simples e cumulativa, que pode ser aplicada em sede de crime ambiental. Diante disso, na condenação igual ou inferior a um ano, a substituição pode ser feita por multa ou por uma pena restritiva de direitos; se superior a um ano, a pena privativa de liberdade pode ser substituída por uma pena restritiva de direitos e multa ou por duas restritivas de direitos, a critério do juiz do processo de conhecimento.

Outro instituto que deve ser obrigatoriamente adotado relativamente às penas restritivas de direitos nos delitos ecológicos é a conversão prevista na Lei de Execução Penal e no Código Penal. Isso porque essa modalidade de sanção, quanto à sua execução, subordina-se ao cumprimento de algumas obrigações impostas ao condenado, que, uma vez não obedecidas, podem dar ensejo à conversão da restritiva em privativa de liberdade originariamente imposta.

No que concerne à pena de prestação de serviços à comunidade, haverá a conversão encimada, nos termos do § 1º do art. 181 da Lei de Execução Penal, quando o condenado: a) não for encontrado por estar em lugar incerto e não sabido, ou desatender a intimação por edital; b) não comparecer, injustificadamente, à entidade ou programa em que deva prestar serviço; c) recusar-se, injustificadamente, a prestar o serviço que lhe foi imposto; d) praticar falta grave; e) sofrer condenação por outro crime a pena privativa de liberdade, cuja execução não tenha sido suspensa.

O verbo "será", contido no encimado dispositivo, significa que, ocorrendo alguma das situações por ele enumeradas, que são tarifárias, isto é, constitutivas de *numerus clausus*, o juiz da execução está obrigado a promover a conversão da pena restritiva de prestação de serviços à comunidade em privativa de liberdade.

Outrossim, como tal mudança é altamente prejudicial aos interesses de liberdade física do condenado, antes de o magistrado decidir o incidente quanto ao mérito, deverá propiciar-lhe o direito à ampla defesa e ao contraditório.

Quanto ao fato de não ter sido o condenado encontrado, a finalidade de sua procura está condicionada à sua intimação para comparecer ao local em que deverá prestar serviço à comunidade, bem como para ficar ciente dos dias e horários para essa finalidade laboral. Portanto, o assunto jurídico cuidado tem vínculo com o que se encontra disposto no art. 149, II, da Lei de Execução Penal (Lei n. 7.210/84), cuja redação é a seguinte: "Caberá ao Juiz da execução: [...] II – determinar a intimação do condenado, cientificando-o da entidade, dias e horário em que deverá cumprir a pena".

Outro motivo que pode gerar a mudança aqui analisada, envolvendo o desatendimento do condenado por meio editalício, representando uma forma subsidiária para essa efetiva comunicação, ocorre quando ele não tiver sido encontrado pelo oficial de justiça, ou quando tiver sido declarada sua revelia no decorrer do processo de conhecimento de natureza condenatória.

No edital respectivo, deverão constar a data e o horário em que o condenado deverá iniciar o cumprimento da pena restritiva, bem como o local onde deverá prestar o serviço à comunidade.

Outra razão que pode dar ensejo à alteração da pena restritiva para a corporal se dá quando, embora ciente de que deve cumprir a reprimenda legal, o condenado, voluntariamente, deixa de fazê-lo, não comparecendo, portanto, à entidade judicialmente indicada para esse fim punitivo – que, como visto, deve estar ligada a parques e jardins públicos e unidades de conservação –, ou, no caso de dano a coisa particular, pública ou tombada, deixa de restaurá-la, desde que isso seja possível.

De outro lado, pode acontecer também que, iniciada a execução, com o comparecimento do acusado ao local indicado, este deixe de comparecer nos dias determinados para o cumprimento da sanção penal.

Nas situações descritas, se houver justo motivo para a ausência do condenado, nada impede que o magistrado da execução o acolha e deixe, por conseguinte, de promover a conversão. Tudo deve ser examinado no âmbito da situação concreta, sempre a critério do juiz da execução, devendo, previamente, ser ouvido o órgão do Ministério Público.

Pode acontecer que o condenado, embora estando presente no lugar onde deverá prestar o serviço a favor da sociedade, recuse-se a fazê-lo, sem que haja a respeito justificativa idônea e plausível (p. ex.: por questão de saúde ou de falta de aptidão, o condenado não pode executar determinado serviço). Assim, se não houver motivo capaz de justificar a recusa em questão, cumpre ao magistrado da execução fazer a conversão da pena restritiva de direitos para a privativa de liberdade individual.

A prática de falta grave também constitui razão para que haja a conversão em espécie. O rol das faltas graves é arrolado no art. 50 da Lei de Execução Penal.

Finalmente, também poderá ocorrer a mudança da pena restritiva, que no caso é a prestação de serviços à comunidade, para a corporal, quando o agente sofrer condenação por outro crime à pena privativa de liberdade, desde que ele não seja beneficiário da suspensão condicional de sua execução.

É de se observar que só no caso de ter havido condenação à pena privativa de liberdade é que pode ser viabilizada a troca em espécie, e desde que não tenha sido concedido o benefício do *sursis*. Logo, fica afastada de sua incidência a condenação por pena de multa.

Ademais, diante do exposto, se não for concedido o *sursis*, como é de cristalina evidência, o condenado deverá ser recolhido para cumprir a reprimenda legal e com isso não poderá continuar prestando serviços à comunidade. Em razão disso é que o legislador fez a ressalva no que diz respeito à suspensão condicional da execução da *sanctio legis*.

Outra pena restritiva de direitos que pode ser objeto de conversão é a de interdição temporária de direitos, conforme previsto no § 3º do art. 181 da Lei de Execução Penal: "A pena de interdição temporária de direitos será convertida quando o condenado exercer, injustificadamente, o direito interditado ou se ocorrer qualquer das hipóteses das letras *a* e *e* do § 1º deste artigo".

As referidas alíneas dizem respeito aos casos em que o condenado não tenha sido encontrado por estar em lugar incerto e não sabido, ou desatender intimação por edital, bem como sofrer condenação por outro crime à pena privativa de liberdade, cuja execução não tenha sido suspensa.

De regra, se o condenado não obedecer às proibições constantes no art. 10 da Lei n. 9.605/98, anteriormente mencionadas, desrespeitando dessa maneira a interdição oposta, ele estará sujeito a ter sua pena restritiva de direitos convertida em corporal.

Não deve remanescer nenhuma dúvida de que, se o condenado que foi beneficiado com a substituição da *sanctio legis* corporal pela restritiva de direitos promover contrato com o poder público, receber incentivos fiscais, assim como participar de licitações no limite de vedação previsto no dispositivo de regência, deverá ter a pena referida convertida.

Nas situações enumeradas, é bom que se reconheça, dificilmente o condenado poderá justificar de modo pleno e concebível que teve necessidade de exercer o direito interditado, o que não impede, entretanto, que lhe seja conferida a oportunidade em fazê-lo mediante manifestação nos autos.

Em sintonia com o que está sendo discorrido, o § 4º do art. 44 do Código Penal deixa enfatizado que "A pena restritiva de direitos converte-se em privativa de liberdade quando ocorrer o descumprimento injustificado da restrição imposta. [...]". Logo, a oitiva do condenado se mostra imprescindível.

Pela redação conferida ao § 5º do art. 44 do Código Penal, "[...] o juiz da execução penal decidirá sobre a conversão, podendo deixar de aplicá-la se for possível ao condenado cumprir a pena substitutiva anterior".

O "podendo", que compõe o texto legal, é uma faculdade condicionada. Dessa forma, se houver possibilidade de serem cumpridas cumulativamente a pena privativa de liberdade (aplicada por outro crime) e a restritiva de direitos (que estava sendo cumprida), é facultado ao magistrado não fazer a conversão (p. ex.: a nova pena privativa de liberdade deverá ser cumprida em regime inicial aberto). Isso ocorrendo, evidentemente, o condenado pode cumprir ambas as sanções penais.

Em sentido contrário, se a nova reprimenda legal importa regime inicial fechado para o cumprimento da pena privativa de liberdade, o condenado que cumpre, por exemplo, pena restritiva de direitos de prestação de serviços à comunidade não poderá, ao mesmo tempo, descontar ambas as sanções. Isso ocorrendo, o magistrado da execução deverá promover a conversão. Por esse motivo é que se fez, anteriormente, menção à faculdade condicionada.

De outro lado, nota-se que o legislador, ao fazer uso da frase "sobrevindo condenação a pena privativa de liberdade" (art. 44, § 5º, CP), não subordinou eventual alteração ao trânsito em julgado da nova sentença que acolheu a pretensão punitiva. Portanto, para efeito da conversão ou não da pena restritiva de direitos para a corporal, basta que tenha surgido condenação por outro delito-tipo.

Em se cuidando de conversão da pena restritiva para a privativa de liberdade, que se mostra mais gravosa ao condenado, deve ser conferido a ele o direito à ampla defesa e ao contraditório.[28]

In casu, decidiu o Superior Tribunal de Justiça que:

> Conforme orientação há muito sedimentada nesta Corte Superior, a conversão da pena restritiva de direitos em privativa de liberdade poderá ocorrer, se durante a execução da reprimenda, em razão de nova condenação, tornar-se incompatível seu cumprimento na forma anteriormente determinada.[29]

No que diz respeito à suspensão parcial ou total de atividades, que também, como visto, figura como pena restritiva de direitos aplicável às pessoas físicas que exercem atividade empresarial (empresário individual), também pode ser objeto de conversão, uma vez que ela é imposta substitutivamente à pena privativa de liberdade.

Em defluência do que se encontra normatizado no § 4º do art. 44 do Código Penal, "A pena restritiva de direitos converte-se em privativa de liberdade quando ocorrer o descumprimento injustificado da restrição imposta".

Do ponto de vista processual, como a Lei de Execução Penal, em seu art. 181, não faz alusão à modalidade de pena restritiva dissertada, aplica-se em

---

28   *RJDTACrim* 6/201.
29   *HC* n. 111.649/RS, 5ª T., rel. Min. Arnaldo Esteves Lima, *DJe* 07.06.2010.

relação a ela o procedimento adotado para a conversão da pena de interdição temporária de direitos, que precedentemente foi objeto de considerações.

No que tange ao recolhimento domiciliar, considerado sanção restritiva de direitos, sua aplicabilidade decorre da substituição da pena privativa de liberdade. Por essa razão, caso não sejam cumpridas as exigências impostas pela sentença condenatória, ela será convertida em pena corporal, a exemplo do que acontece com qualquer pena restritiva de direitos.

Considerando-se que essa modalidade de sanção restritiva não está compreendida no art. 181 da Lei de Execução Penal, aplica-se, no que couber, o procedimento previsto para a prestação de serviços à comunidade.

8. Circunstâncias atenuantes

O legislador excepcional estabeleceu, acertadamente, um rol de atenuantes que se dirigem diretamente à conveniência do meio ambiente.

Assim é que, no art. 14 do Diploma de regência, deixou normatizado que:

> São circunstâncias que atenuam a pena: I – baixo grau de instrução ou escolaridade do agente; II – arrependimento do infrator, manifestado pela espontânea reparação do dano, ou limitação significativa da degradação ambiental causada; III – comunicação prévia pelo agente do perigo iminente de degradação ambiental; IV – colaboração com os agentes encarregados da vigilância e do controle ambiental.

Sob o enfoque jurídico, o termo "circunstância", derivado do latim *circunstantia*, de *circumstare*, implica tudo o que está ao redor, que cerca, que vem anexo ao fato ou ao direito.

Idêntico ao que ocorre com as circunstâncias agravantes, que serão posteriormente apontadas e analisadas, as atenuantes também são acidentais relativamente ao tipo penal *simplex*. Isso significa, por consequência, que a figura delitiva existe independentemente de incidir ou não a causa de diminuição da sanção penal abordada. Do ponto de vista típico, o tipo penal fundamental é independente.[30]

De outro lado, a exemplo do que acontece com as agravantes,

---

30 MOSSIN, Heráclito Antônio; MOSSIN, Júlio César O. G. *Comentários ao Código Penal*: à luz da doutrina e da jurisprudência – doutrina comparada, p. 384 e segs.

para que se apliquem as circunstâncias legais, é necessário que elas não sejam constitutivas do crime e que tampouco o qualifiquem ou o tornem privilegiado. Se fossem, em tal caso, consideradas as agravantes ou atenuantes, haveria dupla valoração, o que é inadmissível.[31]

Nessa ordem de consideração, se a circunstância legal é tida como privilégio e o crime contém em seu bojo também privilégio, a pena não pode ser diminuída por duas vezes. A exemplo da agravante, é vedado o *bis in idem*. Reconhecido o privilégio, a pena só pode ser decrescida uma única vez.

Em linhas gerais, as atenuantes visam diminuir a *sanctio legis*. São, dessa forma, circunstâncias que beneficiam o condenado. Ostentam o condão de modificar a *sanctio poenalis* imposta.[32]

A existência das atenuantes se prende à singular circunstância de que a ação ou o comportamento do autor do fato punível merece menor reprovabilidade, censurabilidade.

A atenuante suaviza a culpabilidade. Logo, a atenuante acaba tendo dupla função e, por consequência, decresce a reprimenda legal, levando em consideração a diminuição da culpabilidade do agente.

Anota, com razão, Francesco Antolisei, a respeito das circunstâncias cuidadas:

> São de particular valor moral os motivos nobres, distinguidos, e mais concretamente, os motivos que a consciência ética do povo aprova em determinado momento histórico, pela razão agora indicada (por exemplo: o amor paterno ou a honra familiar); de particular valor social são os que respondem às diretivas e finalidades da comunidade organizada (por exemplo: espírito patriótico).[33]

Como se isso não bastasse, verificada a atenuante, o magistrado está obrigado a decrescer a reprimenda legal, desde que a pena base fixada seja superior ao mínimo abstratamente cominado, uma vez que, na hipótese das atenuantes, a *sanctio iuris* não pode ser determinada aquém do mínimo previsto no preceito penal violado: "A incidência da circunstância atenuante não pode conduzir à redução da pena abaixo do mínimo legal" (STJ, Súmula n. 231).

31　FRAGOSO, Heleno Cláudio. *Lições de direito penal*: Parte Geral, p. 327.
32　LISZT, Von. *Tratado de direito penal alemão*, v. 1, p. 450.
33　*Manual de derecho penal*: Parte General, p. 321.

Lecionam Heleno Cláudio Fragoso[34] e Galdino Siqueira[35] que a lei não fixou o *quantum* do decréscimo, deixando a critério do magistrado o seu estabelecimento.

As atenuantes arroladas no dispositivo de regência passarão a ser examinadas de forma individualizada.

A sanção penal deverá ser objeto de atenuação quando o nível de instrução ou escolaridade do acusado for baixo. Presume-se, no caso, que o agente não tem condição suficiente para conhecer o tipo penal por ele transgredido, no que diz respeito ao alcance da proibição visando à proteção do meio ambiente. Há aqui menor reprovabilidade.

No que diz respeito ao arrependimento do infrator, este poderá ser **posterior**, se após a consumação do crime ambiental o agente, de forma espontânea, procurar reparar o dano ambiental por ele causado (p. ex.: plantio de vegetação ou a diminuição significativa da degradação ambiental). Nesse caso, sua pena será atenuada.

É também possível que o arrependimento cuidado seja **eficaz**. Assim, se o agente, de modo voluntário, desistir de prosseguir com sua ação na causação do dano ambiental ou impedir que esse prejuízo se consolide, só responderá pelos atos já praticados, a teor do que se encontra normatizado no art. 15 do Código Penal, que se aplica extensivamente à hipótese dos crimes ecológicos.

Assiste plena razão a Roberto Delmanto et al., ao afirmarem que:

> Tal circunstância tem razão de ser em virtude de que o objetivo maior da Lei n. 9.605/98 é, sem dúvida, o de buscar a preservação do meio ambiente, sendo de todo salutar a criação de instrumentos que estimulem a reparação do dano ambiental causado pelo infrator, ficando a punição criminal relegada a um segundo plano (exemplo disso é a exigência da prévia composição do dano material para o oferecimento da transação – art. 27).[36]

No que diz respeito à mencionada comunicação prevista no regramento legal esquadrinhado, com esse comportamento, o agente visa a evitar ou minorar sua ação da degradação ocorrida, o que serve de elemento para atenuar a sua reprovabilidade. É uma situação envolvendo arrependimento.

Outrossim, concernentemente à colaboração do autor do crime ecológico com os agentes encarregados da vigilância e do controle ambientais, verifica-se

---

34 *Lições de direito penal*: Parte Geral, p. 327.
35 *Tratado de direito penal*: Parte Geral, v. 2, p. 630.
36 *Leis penais especiais comentadas*, p. 513.

também arrependimento pelo estrago ambiental causado, passando o agente a ser colaborador com os órgãos governamentais para que essa modalidade delitiva não mais venha a ocorrer, o que concorre para o decréscimo da *sanctio legis*.

9. Circunstâncias agravantes

Nos termos normativos encampados pelo art. 15 da lei de regência,

> São circunstâncias que agravam a pena, quando não constituem ou qualificam o crime: I – reincidência nos crimes de natureza ambiental; II – ter o agente cometido a infração: *a)* para obter vantagem pecuniária; *b)* coagindo outrem para a execução material da infração; *c)* afetando ou expondo a perigo, de maneira grave, a saúde pública ou o meio ambiente; *d)* concorrendo para danos à propriedade alheia; *e)* atingindo áreas de unidades de conservação ou áreas sujeitas, por ato do Poder Público, a regime especial de uso; *f)* atingindo áreas urbanas ou quaisquer assentamentos humanos; *g)* em período de defeso à fauna; *h)* em domingos ou feriados; *i)* à noite; *j)* em épocas de seca ou inundações; *l)* no interior do espaço territorial especialmente protegido; *m)* com o emprego de métodos cruéis para abate ou captura de animais; *n)* mediante fraude ou abuso de confiança; *o)* mediante abuso do direito de licença, permissão ou autorização ambiental; *p)* no interesse de pessoa jurídica mantida, total ou parcialmente, por verbas públicas ou beneficiada por incentivos fiscais; *q)* atingindo espécies ameaçadas, listadas em relatórios oficiais das autoridades competentes; *r)* facilitada por funcionário público no exercício de suas funções.

As *circunstâncias agravantes* ou *legais* são os fatos que cercam a realização de um crime, em virtude dos quais a lei manda que se aplique pena mais severa.

É de se deixar assentado, por outro lado, que as circunstâncias agravantes somente se agregam ao tipo penal, sem contudo alterar sua essência, porém "produzindo efeitos e consequências relevantes".[37]

À luz da realidade penal, tendo em vista o que está sendo dissertado em torno de circunstâncias, estas "são elementos, acidentais e acessórios, que se põem em derredor do tipo, influindo apenas na quantificação penal".[38]

As circunstâncias estudadas, também denominadas legais pela doutrina, podem ser de cunho subjetivo, quando se ligam diretamente à pessoa do autor

---

37 NORONHA, E. Magalhães. *Direito penal*, v. 1, p. 255.
38 COSTA JR., Paulo José da. *Curso de direito penal*, p. 200.

do crime ou da vítima, ou objetivo, quando gravitam em torno de fato que concorre também para o acréscimo da reprimenda legal.

O fator primário que o legislador teve em mente ao estabelecer as circunstâncias capazes de operar o crescimento da *sanctio legis* foi a maior reprovabilidade, maior censurabilidade atribuída à prática delitiva, tornando-a mais gravosa. É um *plus* na gravidade da conduta daquele que cometeu o fato punível. Há dupla reprovabilidade: aquela que decorre da prática do crime, que é, portanto, inerente ao próprio dispositivo penal, e aquela que emerge da reprovabilidade do modo de proceder do sujeito ativo do fato punível.

Sob outro modo analítico, o legislador do regramento legal comentado usa a expressão "que agravam". Isso significa, no campo do Direito, que, havendo a constatação da circunstância dissertada, o aplicador da norma sancionatória está obrigado a aumentar a reprimenda legal. Trata-se de norma cogente, e não facultativa.

Nota-se que o legislador, por meio de seletiva redação legislativa, ao expor que as circunstâncias abordadas "agravam a pena", acaba determinando de forma primorosa e oportuna a seguinte exceção: "quando não constituem ou qualificam o crime".

Nessa ordem de consideração, se a causa determinante da exacerbação da *sanctio legis* for elementar do tipo penal, ela não pode, também, concorrer para agravar a pena do autor do fato punível. Isso implicaria em *bis in idem*, o que é vedado. Assim, a maior reprovabilidade já se encontra ínsita na própria *sanctio legis* prevista no tipo legal.

Pelo que está sendo exposto, de forma conclusiva, somente é admitida a agravante em se cuidando do delito em sua fórmula básica, *simplex*.

Com efeito, observa Francesco Antolisei que: "Como se tem assinalado, variação tem que referir-se à pena cominada para o delito simples, para a figura-base, e pode ser não só quantitativa (agravação ou atenuação da mesma espécie de pena), senão também qualitativa".[39]

Sob outro aspecto, como forma de garantia ligada, pelo menos indiretamente, ao princípio da legalidade, as situações enumeradas pelo legislador no preceito de regência são constitutivas de *numerus clausus*, ou seja, o acréscimo da reprimenda legal básica somente pode ocorrer nas situações previamente fixadas e determinadas pelo legislador.

De outro lado, tal como ocorreu com as circunstâncias atenuantes, o legislador deixou de prever na norma de regência o *quantum* da reprimenda

---

39   *Manual de derecho penal*: Parte General, p. 310.

legal que pode ser acrescido, ficando a critério do aplicador do preceito sancionatório fixar o respectivo valor.

Entretanto, sem o menor resquício de dúvida, a quantidade do aumento não poderá ser arbitrária. O juiz deverá fazer um exame conjunto entre as circunstâncias judiciais que determinaram a aplicação da pena base acima do mínimo legal abstratamente cominado e a circunstância legal que deverá ser aplicada.

É certo afirmar, outrossim, que em hipótese alguma o acréscimo da reprimenda legal pode ser superior ao máximo da pena abstratamente cominada, posto que, se assim não fosse, estaria sendo indevidamente invadido o princípio da legalidade: *nulla poena sine praevia lege*.

Por questão de simetria, se a atenuante não pode conduzir a sanção penal aquém do mínimo abstratamente cominado, também a agravante não pode impor a *sanctio legis* além do máximo ameaçado.

Em arremate, a agravante é causa de aumento da pena. Há maior reprovabilidade em relação à conduta do agente. No caso, a pena é elevada dentro dos limites mínimo e máximo. Incide ela, portanto, sobre a pena base na segunda fase de sua fixação.

Feitas essas considerações genéricas, resta analisar as espécies de majorantes arroladas no preceito sob consideração.

O legislador previu como causa de aumento a reincidência nos crimes de natureza ambiental. Trata-se de recidiva específica. Diante da disposição especial, não se pode considerar a reincidência em termos amplos, compreendida no art. 61, I, do Código Penal.

Portanto, "se o agente for reincidente em outra modalidade de crime, será defeso ao juiz agravar a pena com fundamento neste dispositivo".[40]

De outro lado, é importante deixar enfatizado que a expressão "crimes", utilizada no texto sob referência, deve ser tida no sentido estrito, excluindo, portanto, de sua incidência a contravenção penal de cunho ambiental:

> A condenação anterior por contravenção ambiental também não gera reincidência, já que esta lei refere-se a crimes de natureza ambiental. Aliás, o próprio CP exige condenação anterior por crime para o reconhecimento da agravante da reincidência (art. 63 do CP).[41]

---

40 DELMANTO, Roberto et al. *Leis penais especiais comentadas*, p. 515.
41 MACIEL, Silvio. *Legislação criminal especial*: ciências criminais, v. 6, p. 713.

Em torno do tempo da reincidência, em termos supletivos, deve ser aplicado o comando legal que se encontra inserto no inciso I do art. 64 do Código Penal:

> O dispositivo examinado mitiga sobremaneira a caracterização da reincidência, dela retirando a perpetuação da condenação anterior, sua efetiva permanência. O reconhecimento da recidiva, sem dúvida, deve ficar limitado temporalmente. Passado o período que se encontra encravado em lei, presume-se (*iuris tantum*) que o condenado se emendou e por isso não deve ser considerado reincidente, na oportunidade em que vier a praticar novo fato típico. Nos termos legais, a condenação anterior perde sua eficácia para efeito do reconhecimento da agravante, desde que decorrido tempo superior a cinco anos, tendo como termo *a quo* a data do cumprimento ou da extinção da pena relativamente ao cometimento do novo crime, do delito subsequente. Logo, se, decorrido mais de um quinquídio, o agente reincidente não vier a cometer novo delito, passa à condição de primário, para todos os efeitos de cunho legal. Deve-se entender por cumprimento da pena quando o condenado a desconta, dentro ou fora do presídio; e por sua extinção, quando ocorrer algum fato determinante da extinção da punibilidade, conforme o elenco contido no art. 107 do Código.[42]

Enfim, também no que se refere a delitos de índole ecológica, ultrapassado o tempo mencionado, se o agente vier a praticar outro delito dessa natureza, não poderá ser considerado reincidente, e, como consequência, não poderá ter sua reprimenda legal majorada, caso ocorra provimento à pretensão condenatória.

O motivo que levou o agente a cometer a infração ecológica também pode ser motivo de acréscimo da *sanctio legis*. Assim é que a vantagem econômica ou pecuniária é causa de aumento da pena. Logo, o legislador pune com mais rigor o agente que pratica crime ecológico visando a alcançar lucro, vantagem financeira. Sua conduta é considerada mais reprovável.

Deve ficar observado, por outro lado, que se o tipo penal envolver vantagem econômica (p. ex.: venda ou exposição à venda; comercialização), a agravante não pode incidir por ficar caracterizado o *bis in idem* (p. ex.: exposição à venda de espécimes da fauna silvestre – art. 29, III; comercialização de motosserra – art. 51, Lei n. 9.605/98).

A coação de qualquer pessoa para que esta venha a praticar crime ecológico também é motivo para o acréscimo da reprimenda legal.

---

[42] MOSSIN, Heráclito Antônio; MOSSIN, Júlio César O. G. *Comentários ao Código Penal*: à luz da doutrina e da jurisprudência – doutrina comparada, p. 382-3.

Essa modalidade de agravante já existe no art. 62 do Código Penal. Cuida-se de coação moral ou física, impondo à pessoa a execução do crime (núcleo do tipo). Quem determina a execução responde como coautor. A teor do que está sendo esquadrinhado,

> quem coagir outra pessoa, física ou moralmente, à execução material (prática efetiva dos atos), além de ser considerado coator, responsável pelo delito na forma de autoria mediata, ainda sofrerá punição mais elevada com a incidência desta agravante.[43]

De outro lado, se a coação for irresistível, só responderá pelo crime o coator de modo agravado, sendo certo que o coagido tem a seu favor causa excludente da culpabilidade, nos termos do art. 22 do Código Penal.

A majorante também terá incidência quando a conduta do agente estiver afetando ou expondo a perigo, de maneira grave, a saúde pública ou o meio ambiente.

O verbo *afetar* é indicativo de atingir, lesar, enquanto *expor* é submeter, colocar em situação de risco (perigo) a saúde pública ou o meio ambiente.

Outrossim, é necessário esclarecer que a afetação e o perigo somente serão tidos como elementos para aumentar a pena quando eles forem sérios.

De outro lado, não se pode perder de horizonte que o art. 6º, I, da Lei Ambiental prevê, na fixação da pena base, a "gravidade do fato". Logo, essa circunstância não poderá ser adotada duplamente para também acrescer a reprimenda legal que deverá ser concretamente imposta. Não se admite, em hipótese nenhuma, o *bis in idem*.

É de se deixar também assentado que a agravante examinada se aplica tanto ao crime doloso como ao culposo.

O fato de o agente concorrer para danos à propriedade alheia não pode ser circunstância majorante da prática delitiva. Isso porque, se o agente tiver contribuído para a ocorrência típica, também deve responder pelo crime ambiental a título de participação, e, se for o caso, em concurso com o crime de dano (art. 163, CP).

A hipótese examinada só se aplica em sede de crime doloso, já que, em relação ao culposo, o resultado não é desejado. De qualquer forma, entretanto, se o dano for elementar do tipo, não terá incidência a agravante.

---

43   NUCCI, Guilherme de Souza. *Leis penais e processuais penais comentadas*, p. 856.

Outra situação que conduz ao exacerbamento se mostra patenteada quando o comportamento do agente atinge áreas de unidades de conservação ou áreas sujeitas, por ato do poder público, a regime especial de uso.

Portanto, se o comportamento delituoso do autor do delito ecológico tocar unidade de conservação sujeita a regime especial de uso, por ato do poder público (preservar a natureza, sendo admitido apenas o uso indireto dos seus recursos naturais), incidirá a agravante.

Deve, entretanto, ser observado o *ne bis in idem*. Assim, quando for elementar do tipo penal o dano a áreas de unidade de conservação ou áreas sujeitas a regime especial de uso, a exemplo do que acontece com o crime capitulado no art. 40, *caput*, a pena não poderá ser agravada levando-se em consideração o mencionado dano. Ademais, também se configura causa majorante da *sanctio legis* quando a ação criminosa do sujeito atinge áreas urbanas ou quaisquer assentamentos humanos. Assim sendo, se o autor do crime ambiental, com sua conduta, provocar dano em local situado na cidade (área urbana) ou em lugar onde as pessoas residem (assentamento humano), a agravante tem incidência, em face do perigo que esse crime proporciona às pessoas.

Todavia, se a área ou o assentamento for elementar do tipo, não incide na causa determinante do aumento da pena, em face da proibição do *bis in idem*.

Também é situação que obriga o acréscimo da reprimenda legal quando a infração típica envolvendo o meio ambiente é levada a efeito em período de defeso à fauna, assim entendida a época do ano em que é proibida a caça, normalmente para efeito de procriação.

Trata-se de medida de maior rigor no campo punitivo, visando a permitir que haja o aumento da fauna (termo coletivo para designar a vida de uma determinada região ou de um período de tempo).

O acréscimo da pena também deverá ser observado quando o delito ecológico for praticado em domingos ou feriados, o que se justifica porquanto nesses dias há uma diminuição sensível da vigilância e fiscalização dos bens ambientalmente protegidos.

A prática do delito durante a noite também se eleva à condição necessária para o aumento da pena, uma vez que dificulta sobremaneira a vigilância sobre os bens tutelados pelas normas que regem o meio ambiente. Entretanto, se o critério noite for elementar do tipo, a exemplo do que acontece com a caça noturna – art. 29, § 4º, III, Lei n. 9.605/98 –, não terá aplicação a causa de aumento estudada, em face do *ne bis in idem*.

Se o crime ecológico for praticado em épocas de seca ou inundações, a sanção penal aplicada deve ser aumentada. Isso porque, por se encontrar o ecossistema mais debilitado, torna-se mais acentuadamente reprovável a conduta do agente. Exemplo: em época de estiagem, soltar balões é mais perigoso para efeito de incêndio em floresta (art. 42, Lei n. 9.605/98).

É também situação implicativa do acréscimo da reprimenda legal a infração ecológica praticada no interior do espaço territorial especialmente protegido, assim entendido aquele reservado pelo poder público para efeito da conservação da natureza.

É de se deixar aclarado que a circunstância abordada, de forma geral, já se encontra embutida na agravante da alínea *e* – áreas de unidades de conservação ou sujeitas a regime especial de uso (art. 15, II, *e*, Lei n. 9.605/98).

Outra circunstância agravante consiste no emprego de métodos cruéis para abate ou captura de animais. Deve-se entender por métodos cruéis aqueles que infringem maior sofrimento ao animal.

Deve ficar ressaltado que não se emprega a agravante em apreço quando a crueldade é elementar do tipo (p. ex.: ferir ou mutilar animais domésticos – art. 32).

A utilização da fraude ou abuso de confiança também conduz ao acréscimo obrigatório da *sanctio iuris*. A fraude é vista no aspecto de ardil ou artifício tendente a enganar a pessoa (p. ex.: passando por veterinário, a pessoa ingressa em área de conservação e abate animais).

Por seu turno, abuso de confiança pressupõe relação entre pessoas. Ocorre quando a pessoa vai além daquilo que lhe foi confiado. É uma modalidade de traição (p. ex.: patrão deposita confiança em seu empregado para a proteção de determinada área de preservação ambiental e este promove o desmatamento, danificando área de floresta nativa, com objetivo de lucro).

A prática delitiva mediante abuso do direito de licença, permissão ou autorização ambiental é também fator determinante do acréscimo da pena.

Abuso é implicativo de mau uso, utilização exorbitante, além do legalmente permitido ou deferido pelo Estado (p. ex.: extrair mineral em quantidade além da que foi autorizada).

É de se considerar, por outro lado, que, em função do *ne bis in idem*, se o abuso tiver sido previsto como causa especial de aumento da pena, não pode ser considerada a agravante, a exemplo do que ocorre com o crime de caça, quando há abuso de licença (art. 29, § 4º, III).

Eleva-se também à condição de agravante o fato de o crime ser praticado por pessoa jurídica (empresa), ou por terceiros em seu nome ou sob sua determinação, sustentada por dinheiro público, total ou parcialmente, ou que tenha obtido verbas públicas ou sido beneficiada por incentivos fiscais (isenção ou menor carga tributária). É uma espécie de traição.

A majorante objeto de considerações também deverá ser computada na reprimenda legal quando a ação do agente atingir espécies ameaçadas, listadas em relatórios oficiais das autoridades competentes. Entende-se por espécies ameaçadas aquelas que se encontram listadas em relatórios (norma penal em branco). São aquelas sujeitas à extinção. A agravante se dá em virtude da raridade das espécies.

Deve ficar assentado, entretanto, que não incidirá a agravante se esta já estiver prevista como causa especial de aumento da pena (p. ex.: matar espécie rara da fauna silvestre – art. 29, § 4º, I). É vedado o *bis in idem*.

A agravante também terá emprego quando a ação delitiva do particular for facilitada por funcionário público no exercício de suas funções. Isso ocorre quando o funcionário público permite, é conivente com a prática delitiva.

O motivo do aumento da *sanctio legis* é que, havendo a adesão do servidor para que seja levada a efeito a infração ecológica, figurando como sujeito ativo o particular, torna-se muito mais difícil a proteção aos bens ambientalmente protegidos; sua vulnerabilidade é muito mais acentuada.

De outro lado, tendo em vista o espírito do legislador lavrado na circunstância agravante comentada, o mencionado servidor tem de atuar na área ambiental, pois figura como pressuposto da causa do acréscimo o exercício da função.

Nessa situação, o servidor público poderá responder por corrupção ou por coautoria em crime ambiental. Todavia, se o autor do crime ambiental for acusado também de crime de corrupção ativa, a agravante não incidirá: *ne bis in idem*.

10. Suspensão condicional da pena

A suspensão condicional da pena (*sursis*) está normativamente tratada no art. 16, com a seguinte redação: "Nos crimes previstos nesta Lei, a suspensão condicional da pena pode ser aplicada nos casos de condenação a pena privativa de liberdade não superior a 3 (três) anos".

O legislador especial estabeleceu fórmula temporal diferente no que diz respeito à suspensão condicional da reprimenda legal, fixando o marco de até três anos de sanção corporal.

De outro lado, por ausência de comando legal específico, devem ser aplicados, no que couber, os dispositivos que se encontram encartados no art. 77 do Código Penal.

Nota-se que, no comando legal ambiental abordado, o legislador somente determinou que o instituto do *sursis* se aplica no patamar por ele indicado, porém não estabelece qual é o espaço temporal da suspensão.

Diante disso, é forçoso convir que deve ser aplicado de forma supletiva o tempo suspensivo determinado pelo dispositivo acima mencionado do Código Penal, que é de 2 a 4 anos. Nesse sentido, há inclusive apoio da jurisprudência, consoante pode ser observado no bojo do acórdão indicado em rodapé, que serve de paradigma.[44]

De outro lado, deve ficar aclarado que também ostentam aplicação, em sede de crime ecológico, para efeito da suspensão condicional da pena, os regramentos legais que se encontram agrupados nos incisos I, II e III do art. 77 do supradito Código.

Em relação ao inciso III, para efeito de menção expressa, a aplicação da pena restritiva de direitos prevalece sobre o *sursis*:

> Conforme pode ser observado no preceito objeto de considerações doutrinárias, o legislador, de forma enfática, prescreve que: "não seja indicada ou cabível a substituição prevista no art. 44 deste Código". Logo, se tiver cabimento a troca da pena privativa de liberdade pela restritiva de direito, esta deve prevalecer. Sem dúvida, a substituição acima mencionada é mais favorável ao condenado. Por essa razão deve ela prevalecer em detrimento da suspensão condicional da pena. Diante disso, a execução da pena privativa de liberdade somente poderá ser suspensa quando for incabível sua substituição por pena restritiva de direitos.[45]

Saliente-se, por oportuno, que há decisão judicial amparando plenamente o que está sendo dissertado em tema de crime ambiental, *verbis*:

> No tocante ao delito previsto no art. 41 da Lei n. 9.605/98, a M.M. Juíza concedeu o *sursis* da pena, pelo prazo de 02 (dois) anos, mediante o cumprimento de condições impostas. Ocorre que, conforme o disposto no art. 77, III, do CP, a suspensão condicional da pena é subsidiária à substituição da sanção corporal por medidas restritivas de direitos e, no presente caso, tenho que o apelante preenche os requisitos previstos no art. 44, do CP. Dessa forma, substituo a pena privativa de liberdade por duas restritivas de direitos, sendo uma prestação pecuniária no valor de 02 (dois) salários mínimos e outra de prestação de serviços à entidade pública.[46]

---

44 TJMG, Ap. n. 1.0568.08.008007-6/001, 4ª Câm. Crim., rel. Des. Herbert Carneiro, publ. súmula 06.12.2012.
45 MOSSIN, Heráclito Antônio; MOSSIN, Júlio César O. G. *Comentários ao Código Penal*: à luz da doutrina e da jurisprudência – doutrina comparada, p. 435.
46 TJMG, Ap. n. 1.0568.08.008007-6/001, 4ª Câm. Crim., rel. Des. Herbert Carneiro, publ. súmula 06.12.2012.

Outrossim, também deve ter incidência em torno dos crimes contra o meio ambiente o denominado *sursis* etário, o que se verifica quando o agente, na época da condenação, é maior de 70 anos e a *sanctio legis* efetivamente aplicada é no importe superior a quatro anos. *In casu*, a pena corporal será suspensa por 4 a 6 anos (art. 77, § 2º, CP).

Da mesma forma, poderá ser aplicado o denominado *sursis* humanitário, assim compreendido quando, da oportunidade do pronunciamento jurisdicional, o condenado se encontrar em situação de saúde precária, grave, devidamente comprovada por intermédio de documento médico.[47] É o que também se encontra disciplinado no mencionado parágrafo do Código Penal, prevalecendo, portanto, o tempo de pena que o permite, bem como o prazo de suspensão, na esteira do que foi exposto.

Outrossim, as situações demarcadas pelo legislador ordinário, no que diz respeito à revogação obrigatória (art. 81, CP), revogação facultativa (art. 81, § 1º, CP), prorrogação do período de prova (art. 81, § 2º, CP), bem como à extinção da pena privativa de liberdade em decorrência do cumprimento das condições (art. 82, CP), também ostentam aplicabilidade no *sursis* envolvendo crimes ecológicos.

11. Reparação de dano ambiental – *sursis* especial

O tema jurídico que passará a ser abordado se encontra inserido no art. 17 da Lei de Crimes Ambientais, com o seguinte dispositivo: "A verificação da reparação a que se refere o § 2º do art. 78 do Código Penal será feita mediante laudo de reparação do dano ambiental, e as condições a serem impostas pelo juiz deverão relacionar-se com a proteção ao meio ambiente".

Essa modalidade de suspensão (*sursis* especial) pressupõe a reparação do dano, salvo se houver a impossibilidade de fazê-lo. Nesse caso, o condenado não está sujeito a prestar serviços à comunidade ou submeter-se à limitação de fim de semana (art. 78, § 2º). Assim, ficará ele sujeito apenas à proibição de frequentar determinados lugares, ausentar-se da comarca onde reside sem autorização do juiz e será obrigado a comparecer pessoalmente a juízo, mensalmente, para justificar suas atividades.

Em sede de crimes ambientais, também tem emprego o *sursis* especial, no caso de condenação não superior a três anos, desde que tenha havido a reparação do dano, o que deverá ser demonstrado por meio de laudo de reparação

---

[47] MOSSIN, Heráclito Antônio; MOSSIN, Júlio César O. G. *Comentários ao Código Penal*: à luz da doutrina e da jurisprudência – doutrina comparada, p. 433.

do dano ambiental, ou que se demonstre a impossibilidade de reparação do prejuízo.

No que diz respeito às condições do período de prova, é imperioso deixar assentado que não se trata daquelas do *sursis* especial comum (art. 78, § 2º), consistente nas proibições anteriormente mencionadas, mas devem guardar alguma relação com o meio ambiente, o que fica a critério do juiz.

Com plena razão Roberto Delmanto et al. ao deixarem assentado:

> Porém, como consta deste art. 17, as condições impostas para a concessão do *sursis* deverão relacionar-se com o meio ambiente, podendo consistir na própria reparação, mitigação do dano ambiental causado, o que tem total pertinência com o espírito da lei, já que, em sede de infrações ambientais, urge alcançar o quanto antes a reparação do dano ambiental; além disso, mostra-se mais razoável que as condições do *sursis* estejam relacionadas à proteção do meio ambiente. Este é o sentido desta lei: educação e preservação ambiental para evitar o dano; caso este ocorra, busca-se a reparação ou ao menos a diminuição de suas consequências.[48]

O legislador agiu com acerto ao deixar para o magistrado, segundo sua discricionariedade, estabelecer as condições pertinentes; assim, o magistrado tem a possibilidade de adequá-las ao bem ecológico violado, já que há uma multiplicidade de eventos típicos envolvendo o meio ambiente.

Ademais, a exemplo do que acontece com o *sursis* simples, no especial também são adotadas regras contidas no Código Penal sobre revogação obrigatória, facultativa, prorrogação da prova e extinção da pena privativa de liberdade, tendo em vista o cumprimento das condições impostas, respectivamente nos arts. 81 e 82 do supradito Estatuto.

12. Cálculo da pena de multa

Em torno do cálculo da pena de multa, o legislador determinou que fossem seguidas as regras encravadas no Código Penal, podendo elas, entretanto, sofrer aumento de maneira específica, como se encontra previsto no art. 18 da Lei n. 9.605/98: "A multa será calculada segundo os critérios do Código Penal; se se revelar ineficaz, ainda que aplicada no valor máximo, poderá ser aumentada em até três vezes, tendo em vista o valor da vantagem econômica auferida".

---

48 *Leis penais especiais comentadas*, p. 521.

Em termos de valor, a sanção pecuniária será fixada no mínimo de 10 e no máximo de 360 dias-multa, sendo o valor do dia-multa não inferior a 1/30 do valor do salário mínimo vigente na época do fato e não superior a cinco vezes esse salário. É o que normatiza o art. 49 do Código Penal.

Para a determinação dos dias-multa, o juiz deverá levar em consideração as circunstâncias judiciais previstas no art. 59 do Código Penal, e para o estabelecimento do valor respectivo deverá ser considerada a capacidade financeira do condenado (art. 6º, III, Lei n. 9.605/98), tudo devidamente fundamentado conforme as provas encontradas nos autos.

Ademais, também deverá pesar no cálculo da reprimenda financeira o montante do prejuízo causado pela ação delitógena do agente em face do que se encontra disposto no art. 19, *in fine* (cálculo de multa), cujo dispositivo será examinado em momento próprio. Na esteira do que será posto quando da análise do mencionado dispositivo, se da ação do agente que cometeu crime ambiental não resultar prejuízo, nenhuma influência haverá quanto à determinação do montante da pena de multa.

De maneira especial foi previsto no dispositivo de regência o aumento do valor da sanção patrimonial em até três vezes, tendo em vista o valor da vantagem econômica auferida pelo condenado. Logo, o acréscimo pressupõe lucro.

Pela dicção do texto legal esquadrinhado, o legislador estabeleceu o acréscimo em "até". Isso significa, do ponto de vista hermenêutico, que o aplicador da norma deverá sopesar, tendo como parâmetro o lucro auferido pelo agente, o *quantum* do aumento da sanção pecuniária, cujo acréscimo mínimo será de uma vez, e o máximo, de três vezes.

Sem dúvida, em razão da própria proporcionalidade e reprovabilidade, em termos financeiros, não pode ser conferido o mesmo tratamento sancionatório àquele que não obteve nenhum lucro com o delito ambiental e àquele que teve proveito relativamente ao empreendimento criminoso. Ora, se o agente obteve vantagem financeira com a transgressão do delito ecológico, com maior razão merece um tratamento penal em termos econômicos mais rigoroso.

13. Perícia do dano ambiental e fixação do prejuízo

O regramento legal que trata do tema jurídico em exposição dispõe:

> A perícia de constatação do dano ambiental, sempre que possível, fixará o montante do prejuízo causado para efeitos de prestação de fiança e cálculo de multa. Parágrafo único. A perícia produzida no inquérito civil ou no juízo cível po-

derá ser aproveitada no processo penal, instaurando-se o contraditório. (art. 19, Lei n. 9.605/98)

A exemplo do que acontece em todo crime que deixa vestígios, no ambiental também é exigida a perícia visando a constatar o dano produzido no meio ambiente (art. 158, CPP). É a constatação do *corpus delicti*, ou seja, dos vestígios deixados pela prática delitiva.

Registre-se que, no Estado de São Paulo, quem realiza a perícia é o Departamento Estadual de Proteção de Recursos Naturais (DEPRN), órgão da Secretaria do Meio Ambiente.

Além de o perito fazer a constatação dos vestígios deixados pelo crime, cumpre-lhe, também, fixar o montante do dano causado.

A finalidade da fixação do valor a ser encontrado influi na prestação da fiança no que diz respeito ao seu *quantum* e ao cálculo da multa.

O critério para a prestação da garantia real será aquele previsto no art. 325 do Código de Processo Penal (conforme a pena máxima abstratamente cominada, sendo calculada com base no salário mínimo, entre um mínimo e um máximo).

Encontrado o devido valor, este poderá ser aumentado em até mil vezes, consoante o art. 325, § 1º, III, do Código de Processo Penal, tendo em vista a situação econômica do autor do crime ou diminuído de até o máximo de 2/3 (art. 325, § 1º, II, CPP).

Na hipótese de delito ecológico, o critério é o valor encontrado no dano ambiental. Assim, o juiz fixará a fiança conforme a importância econômica estabelecida pelo perito, podendo sofrer aumento ou diminuição conforme anteriormente apontado. Enfim, o juiz, com base no montante do dano ambiental, fixará o valor da fiança, que deverá ser expresso ou não em salários mínimos:

> O art. 19 trouxe uma novidade em nosso ordenamento jurídico, estabelecendo que a perícia, além de constatar a materialidade delitiva, sempre que possível, fixe o valor do prejuízo causado pelo dano ambiental, que será utilizado como parâmetro para o cálculo do valor da fiança e da multa.[49]

Não estando pronta a perícia, o valor deve ser determinado pelos regramentos exclusivos do Código de Processo Penal. Se, posteriormente, o *quantum*

---

49 MACIEL, Silvio. *Legislação criminal especial*: ciências criminais, v. 6, p. 718.

do dano for constatado por perícia, nada impede, se for o caso, de o juiz determinar o reforço da garantia real.

Em arremate, para os fins do estabelecimento da quantidade financeira da fiança, deverão ser observados todos os dispositivos que se encontram alinhados no Código de Processo Penal, porém sua fixação deverá ser feita levando-se em consideração o prejuízo causado pelo autor do crime ecológico.

Há de se estabelecer exceções em torno do que está sendo discursado. Em primeiro lugar, se não tiver sido avaliado pericialmente o estrago causado pelo agente que cometeu crime ambiental, a fiança deverá ser arbitrada pelo critério geral encontrado no Código de Processo Penal (art. 325). Em segundo lugar, existe crime ecológico que não faz decorrer dano ambiental (p. ex.: caça de espécimes da fauna; comercialização de motosserra; maus-tratos de animais), o que não permite a aplicação do dispositivo examinado, mas sim do Código precitado, quer pela autoridade policial, quer pelo magistrado.

A perícia produzida no inquérito civil ou na ação civil poderá ser utilizada na ação penal, conforme previsto no regramento legal sob inspeção.

Por se tratar de prova emprestada, para ter eficácia no campo criminal, deve ter sido produzida entre as mesmas partes, com a participação de ambas.

No caso da ação civil pública, se a prova for produzida em seu bojo, deverá haver necessariamente a participação efetiva do autor da ação, que é o Ministério Público, e do réu, aquele que é acusado de ter praticado dano de natureza ambiental.

Todavia, no caso do inquérito civil, se a perícia for produzida unilateralmente pelo Ministério Público, ela não poderá ser utilizada como prova emprestada.

De forma bastante esclarecedora, anota Guilherme de Souza Nucci:

> A prova emprestada é aquela que migra de um processo a outro, com as mesmas partes. Discute-se a validade de utilização da mesma, em face do contraditório e da ampla defesa. Não há óbice algum em se utilizar a prova emprestada do processo civil no feito criminal, desde que sejam as mesmas partes e, portanto, tenham ambas participado da sua produção pessoalmente.[50]

O uso da prova emprestada, indubitavelmente, não exclui o emprego do contraditório. Assim, se não tiver havido o desaparecimento dos vestígios, nada impede que se proceda a nova perícia, facultando-se às partes a indicação de quesitos (art. 176, CPP).

---

50 *Leis penais e processuais penais comentadas*, p. 861.

Nessa ordem de consideração,

De fato, salvo nas hipóteses em que a realização da perícia se dá durante o inquérito policial, *não sendo possível repeti-la* em face das suas características – hipótese em que se terá o chamado "contraditório diferido", que consiste em que possam as partes, durante a instrução, questionar aquela prova já realizada, o que, convenhamos, jamais será a mesma coisa do que participar de sua produção, havendo, na verdade, uma mitigação do contraditório –, toda prova pericial há de ser produzida sob o crivo do contraditório (art. 5º, LV, da CF), sob pena de nulidade absoluta [...]. Com efeito, salvo a hipótese em que a perícia feita no inquérito policial ou em procedimento administrativo não pode ser repetida (pelo desaparecimento dos vestígios, por exemplo), sempre que for possível a perícia deverá ser realizada novamente na fase judicial, sob o contraditório. Mesmo que já tenha sido feita na esfera administrativa sem a participação das partes, pelo órgão ambiental responsável (que no Estado de São Paulo é o Departamento Estadual de Proteção de Recursos Naturais, órgão da Secretaria do Meio Ambiente – DEPRN), tendo as partes dele conhecimento geralmente com a lavratura do auto de infração e imposição de multa, caso seu desfazimento seja viável, haverá o juiz de determinar nova produção da prova, com o oferecimento de quesitos pelas partes e nomeação de assistente técnico. Somente assim é que estará observado o princípio constitucional do contraditório.[51]

É indispensável deixar assentado que, na prática, pelo menos no Estado de São Paulo, o DEPRN, órgão da Secretaria do Meio Ambiente, normalmente faz a prova pericial envolvendo dano ambiental. Nesse caso, deve ser tida como válida a prova produzida por via administrativa, a exemplo daquela levada a efeito pela Polícia Científica (Instituto de Criminalística – IC) em termos de inquérito policial, principalmente quando ela não puder ser repetida, aplicando-se extensivamente o art. 155 do Código de Processo Penal.

De outro lado, se for impossível a nova inspeção, a parte poderá requerer que o perito preste esclarecimentos judiciais, podendo fazer previamente as questões que deverão ser respondidas.

Nunca é demais lembrar, outrossim, que a autoridade policial que está apurando crime ambiental deve determinar a prova pericial (arts. 158 e segs., CPP), objetivando a constatação da materialidade delitiva (*corpus delicti*). O dispositivo *sub examine* não tem o condão de causar óbice a essa providência probatória, notadamente e porque, sendo adotadas pela Polícia Judiciária

---

51 DELMANTO, Roberto et al. *Leis penais especiais comentadas*, p. 523-4.

providências no sentido da coleta dessa prova indiciária, concorre ela de forma bastante oportuna para que não desapareçam os vestígios deixados pelo cometimento do crime ecológico.

Não bastasse isso, desaparece eventual preocupação com o uso da denominada prova emprestada e do contraditório que a ela é inerente, porquanto nos termos do art. 155 do Código de Processo Penal, o contraditório judicial fica afastado, para efeito de o magistrado formar seu livre convencimento, em face da prova não repetível, o que acontece quando existe a impossibilidade de verificação pericial *a posteriori* por não mais existirem vestígios da prática delitiva. Assim, *in casu*, a prova produzida em sede de *informatio delicti* é plenamente eficaz, produzindo regularmente seus efeitos.

14. Valor mínimo para reparação do dano fixado na sentença condenatória

O legislador especial, a exemplo do que ocorreu com o ordinário, em termos de Código de Processo Penal (art. 387, IV), também previu a fixação de valor mínimo no édito que acolheu a pretensão punitiva:

> Art. 20. A sentença penal condenatória, sempre que possível, fixará o valor mínimo para reparação dos danos causados pela infração, considerando os prejuízos sofridos pelo ofendido ou pelo meio ambiente. Parágrafo único. Transitada em julgado a sentença condenatória, a execução poderá efetuar-se pelo valor fixado nos termos do *caput*, sem prejuízo da liquidação para apuração do dano efetivamente sofrido.

Consoante matéria já discorrida, nos termos do art. 19, o perito deverá determinar o valor do dano ambiental, que poderá ser usado para estabelecer também o valor para reparação do prejuízo sofrido pelo ofendido ou pelo meio ambiente.

Tratando-se de dano causado ao meio ambiente, normalmente os próprios órgãos estatais se incumbem de apurar sua extensão, a exemplo do que acontece no Estado de São Paulo com o já mencionado Departamento Estadual de Proteção de Recursos Naturais (DEPRN), cuja inspeção também pode ser elaborada por perito da Polícia Científica.

No caso de o dano alcançar a pessoa do particular, a exemplo da destruição ou danificação de plantas ornamentais em propriedade privada alheia (art. 49, *caput*), cuidando-se de crime material, também deve haver a comprovação dos vestígios deixados pela prática delitiva, o que deverá ser feito, em princípio, pela Polícia Científica (Instituto de Criminalística), que determinará, possivelmente, o valor do prejuízo causado.

A teor do que se encontra vertido na própria norma que está sendo alvo de apreciação doutrinária, o valor determinado pelo pronunciamento jurisdicional condenatório não será absoluto, mas mínimo posto que tanto o poder público como o particular poderão, no juízo cível, em sede de execução, postular por um valor maior, que é o real.

Com efeito,

> não obstante o valor determinado por sentença, nada impede que a vítima faça no juízo cível a liquidação da sentença condenatória penal transitada em julgado para a apuração do dano efetivamente sofrido. Enfim, o magistrado está somente obrigado a fixar o valor mínimo para efeito indenizatório, ficando a critério da vítima ou de seu representante legal se conformar ou não com ele.[52]

O mesmo entendimento deve ser esposado quando a vítima de dano for entidade estatal.

A lição professada, inclusive, mostra-se harmônica com o que se encontra contemplado normativamente pelo parágrafo único do preceito abordado, uma vez que a sentença condenatória preclusa pode ser liquidada, procurando-se determinar o valor real que deverá ser objeto da reparação do dano ambiental.

Enfim, para ser mais claro, a execução levada a efeito no juízo cível poderá se embasar no valor posto pela sentença condenatória transitada formalmente em julgado (título líquido, certo e exigível), ou promover-se liquidação para a apuração do prejuízo efetivamente sofrido.

Deve ficar assentado, outrossim, que o juiz somente determinará o valor mínimo para efeito de execução do título penal acobertado pela *res iudicata* quando o particular ou órgão público postular e houver nos autos prova de este ter sofrido o dano cuja indenização pode ser pleiteada no juízo cível, o que poderá ser verificado por intermédio de prova pericial. Em razão disso é que o regramento legal em espécie usa a condicionante "sempre que possível".

Esse entendimento se impõe, porquanto deve ser dada a oportunidade para que o acusado de crime ecológico exerça seu direito de defesa, o que deixará de existir se quem sofreu o prejuízo não postular pela fixação de um valor mínimo em consonância com as provas produzidas nos autos.

---

52 MOSSIN, Heráclito Antônio. *Comentários ao Código de Processo Penal*: à luz da doutrina e da jurisprudência – doutrina comparada, p. 889.

Sob um outro enfoque analítico, a respeito do regramento legal estudado,

é oportuno observar e considerar que a preocupação primária do legislador, e nisso se mostrou ele escorreito, foi exatamente procurar velar pela aplicação do art. 91 do CP, cujo preceito integrante prevê como efeito da condenação tornar certa a obrigação de indenizar o dano causado pelo crime.[53]

15. Penas aplicáveis às pessoas jurídicas

Em consonância com o art. 21, "As penas aplicáveis isolada, cumulativa ou alternativamente às pessoas jurídicas, de acordo com o disposto no art. 3º, são: I – multa; II – restritivas de direitos; III – prestação de serviços à comunidade".

Como as pessoas jurídicas não podem ser passíveis de pena privativa de liberdade, o legislador, em regramento legal próprio, enumera de modo taxativo (reserva legal) as sanções que podem ser suportadas por essa pessoa.

As penas de multa, restritivas de direitos e prestação de serviços à comunidade (que também são restritivas) são aplicadas de forma isolada, cumulada ou alternada. Embora as expressões sejam claras, não é demais dizer, até mesmo para efeito de esclarecimento, que a aplicação da *sanctio legis* de forma isolada implica entender que é imposta uma única pena; de maneira cumulativa significa que são determinadas duas ou mais sanções e de modo alternativo, quando há a adoção de uma outra pena.

É de se deixar assentado, para que não haja dúvida, que essa forma de aplicação que está sendo objeto de discurso, por força do princípio da legalidade, somente diz respeito às penas enumeradas no preceito transcrito.

Diante disso, a critério do magistrado, na oportunidade do édito condenatório, pode ele, por exemplo, aplicar unicamente a pena de multa, restritiva de direitos ou de prestação de serviços à comunidade. É admissível, entretanto, que se cumule a sanção pecuniária com a restritiva de direitos ou prestação de serviços à comunidade.

No que diz respeito à aplicação da *sanctio legis* de forma alternativa, o magistrado, quando houver previsão expressa a respeito, poderá adequar, a seu critério e de acordo com o que for mais conveniente para efeito de punição e reeducação, uma das penas. Exemplo típico dessa situação é o que se encontra inserido no inciso I do art. 22 da Lei de Crimes Ambientais: "suspensão parcial

---

53   Ibidem, p. 889.

ou total de atividades". A conjunção "ou" é indicativa de alternatividade. Logo, o magistrado aplica a suspensão parcial *ou* total de atividade. É vedada a adoção de ambas.

No que concerne à pena de multa, o legislador não estabeleceu regra específica em torno de sua adequação à pessoa jurídica. Em razão disso, devem ser aplicados *in totum* os dizeres normativos que se encontram encravados no art. 18 precedentemente comentado.

De maneira indubitável, não existe razão plausível para o estabelecimento diferenciado entre a sanção pecuniária imposta à pessoa física e à jurídica. As consequências de ordem legal e prática são as mesmas.

Quanto às penas restritivas de direitos, o legislador, de maneira correta, arrolou no art. 22, de maneira taxativa, no que consiste essa sanção. Trata-se da aplicação do princípio da reserva legal ou da legalidade.

Ab initio, não se deve descurar que não se cuida de sanção imposta a título de substituição de pena privativa de liberdade por restritiva de direitos, mesmo porque em relação à pessoa jurídica não existe punibilidade a título de sanção corporal. Portanto, inaplicáveis na espécie os arts. 43 e seguintes do Código Penal, porquanto pressupõem a imposição de pena privativa de liberdade para efeito de troca com as restritivas de direitos.

Nessa ordem de consideração, a sanção restritiva é aplicada diretamente na sentença condenatória, posto ser a única forma de punição da pessoa jurídica.

De maneira taxativa, o legislador, no preceito de regência, enumerou as penas restritivas de direitos que poderão ser impostas à pessoa jurídica, que a seguir serão indicadas e comentadas.

A primeira sanção indicada no rol respectivo diz respeito à "suspensão parcial ou total de atividade" (art. 22, I).

É pressuposto da sanção sob cotejo analítico que o crime praticado pela pessoa jurídica deve guardar relação com a desobediência de "disposições legais ou regulamentares, relativas à proteção do meio ambiente", a teor do que se encontra previsto no § 1º do art. 22 da Lei de Crimes Ambientais.

Portanto, a sanção restritiva prevista alternativamente guarda um liame muito estreito com a falta de cumprimento, pela empresa, de normas legais ou regulamentares em termos de meio ambiente, o que revela a pertinência da sanção cominada com a proteção do meio ambiente.

Para que não remanesça dúvida, em face da aplicação do princípio da legalidade, a pena restritiva de direitos sob consideração somente poderá ser aplicada quando a atividade da empresa estiver em desacordo com preceitos que dizem respeito ao meio ambiente.

De maneira genérica, a suspensão, a título de pena autônoma, tem por objeto não só punir a pessoa jurídica como também procurar evitar que esta, com sua atividade, pratique novo crime ambiental.

Questão que deve ser posta em discussão é sobre o tempo da suspensão. É mais racional e providencial que o espaço temporal em apreço seja calculado em conformidade com o mínimo e máximo da pena abstratamente cominada ao crime pelo qual responde a pessoa jurídica em concurso com a pessoa física. Isso porque ter-se-á um parâmetro para efeito dessa avaliação, não permitindo ao aplicador da norma ser excessivo ou muito benevolente sobre o tempo em questão.

Diante da lição posta por Guilherme de Souza Nucci,

> se o delito possuir, em tese, pena de seis meses a um ano de detenção, o magistrado deve suspender, parcial ou totalmente, as atividades da empresa pelo período que elegeu – dentro do mínimo de seis meses ao máximo de um ano, conforme os critérios gerais de aplicação da pena.[54]

A respeito do assunto jurídico abordado, enfatiza Sílvio Maciel:

> Como a lei não prevê o limite dessa sanção, o juiz deverá fixá-la dentro dos parâmetros da pena privativa de liberdade cominada para a infração, considerando ainda a necessária individualização da pena, para que ela não seja aplicada de forma excessiva e além do limite do necessário.[55]

Outra *sanctio legis* prevista para a pessoa jurídica que comete crime ecológico é a "interdição temporária de estabelecimento, obra ou atividade" (art. 22, II).

Pela dicção do comando normativo transcrito, a sanção restritiva de direitos, levando-se à guisa de consideração a conjunção alternativa "ou", pode incidir em uma das situações indicadas pelo legislador.

A expressão *interdição* é implicativa de proibição do exercício de atividade da empresa por tempo determinado.

A exemplo do que acontece com a suspensão de atividade da empresa, o tempo da interdição deve ser calculado em conformidade com o mínimo e o máximo da pena corporal abstratamente ameaçada ao crime pelo qual responde a pessoa jurídica em concurso com a pessoa física.

---

54 *Leis penais e processuais penais comentadas*, p. 864.
55 *Legislação criminal especial*: ciências criminais, v. 6, p. 722.

Por expressa disposição de ordem normativa, a interdição tratada será aplicada "quando o estabelecimento, obra ou atividade estiver funcionando sem a devida autorização, ou em desacordo com a concedida, ou com violação de disposição legal ou regulamentar" (art. 22, § 2º).

Verifica-se, pelos termos constantes do regramento legal em espécie, que a sanção de interdição de direitos se aplica relativamente à empresa que, para exercer sua atividade, necessita de autorização do poder público. Nesse caso, a empresa funciona sem estar devidamente autorizada ou, havendo a devida permissão, ela opera descumprindo aquilo que foi admitido para seu funcionamento ou, então, ela transgride norma legal ou regulamentar, sempre voltada à proteção ecológica.

Assiste razão a Guilherme de Souza Nucci, quando assevera:

> Nesse caso, não se suspende a atividade da pessoa jurídica total ou parcialmente, como previsto no inciso I, mas pode o juiz interditar um dos estabelecimentos da pessoa jurídica, ou uma das obras que venha conduzindo, ou ainda, uma das suas atividades e não o conjunto delas. Enfoca-se um ponto de sua atividade, justamente aquele que estiver operando sem autorização ou em desacordo com a concedida, bem como com violação de disposição legal ou regulamentar, conforme prevê o § 2º.[56]

A lição colacionada deve prosperar, mesmo porque, tornando a aduzir o que foi dito anteriormente, o dispositivo é muito claro quando subordina a interdição a estabelecimento, obra ou atividade de maneira alternativa (*ou*). Isso significa, por conseguinte, que a proibição pode incidir em uma daquelas circunstâncias enumeradas pelo legislador, ou seja, exatamente naquela que cometeu a violação.

Não se pode perder de horizonte que existe uma quantidade de atividade empresarial que somente pode ser realizada com autorização do poder público e com obediência às normas de regência, que, uma vez descumpridas, caracterizam delito de natureza ambiental.

Exemplos do que está sendo posto se encontram alinhados em crimes contra a flora (arts. 38 e segs., Lei n. 9.605/98). Nessa ordem de consideração, são tidos como delitos ecológicos a utilização de floresta de preservação permanente com infringência das normas de proteção (art. 38), o corte de árvore em floresta considerada de preservação permanente, sem permissão da autoridade competente (art. 39), a extração de floresta de domínio público ou

---

[56] *Leis penais e processuais penais comentadas*, p. 864.

considerada de preservação permanente, sem prévia autorização, a extração de pedra, areia, cal ou qualquer espécie de minerais (art. 40).

Outra punição que pode ser suportada pela pessoa jurídica é a "proibição de contratar com o Poder Público, bem como dele obter subsídios, subvenções ou doações" (art. 22, III).

A atividade contratual em espécie, envolvendo a pessoa jurídica e o poder público pode advir de procedimento licitatório, ou quando o certame, por expressa previsão contida nas normas que regem a licitação (Lei n. 8.666/93), for dispensado.

Subsídio, subvenção ou doação se constituem formas de ajuda, de cooperação, feitas pelo poder público às empresas.

O legislador, de maneira taxativa, estabeleceu o marco máximo para a pena restritiva de direitos que está sendo dissertada: "A proibição de contratar com o Poder Público e dele obter subsídios, subvenções ou doações não poderá exceder o prazo de 10 (dez) anos" (art. 22, § 3º).

De outro lado, a duração do prazo de vedação até o limite previsto legalmente deve se embasar no mínimo e no máximo da pena corporal abstratamente cominada no crime ambiental cometido pela pessoa física ou jurídica.

Deve-se entender, outrossim, que o tempo máximo de dez anos é relativo à punição por um único delito. Assim, se houver o concurso material de crimes ambientais, quando as penas deverão ser somadas, o tempo de proibição poderá superar esse limite.

Não se deve esquecer, de outro lado, que as penas restritivas apontadas são por tempo determinado, em face da vedação de imposição de pena perpétua (art. 5º, XLVII, *b*, CF).

Concernentemente à pena de prestação de serviços à comunidade, o legislador erigiu dispositivo próprio a respeito, conforme os dizeres normativos que se encontram consubstanciados no art. 23:

> A prestação de serviços à comunidade pela pessoa jurídica consistirá em: I – custeio de programas e de projetos ambientais; II – execução de obras de recuperação de áreas degradadas; III – manutenção de espaços públicos; IV – contribuições a entidades ambientais ou culturais públicas.

Observando-se o rol que se encontra arrolado no art. 21, o legislador separou a sanção penal sob comento das restritivas de direitos. Isso não significa, entretanto, que essa pena não se enquadra entre as restritivas.

De maneira incontrastável, a pena de prestação de serviços à comunidade tem natureza jurídica restritiva, porquanto também visa a não permitir que o condenado seja submetido a cárcere. É a chamada sanção alternativa.

Pelos termos legais contidos no preceito de regência, verifica-se que a prestação *in casu*, como não poderia deixar de ser, está diretamente subordinada a programa ou assunto envolvendo o meio ambiente.

No que diz respeito ao "custeio de programas e de projetos ambientais", este implica o sustento de atividades envolvendo o "meio ambiente", no que diz respeito a planos ambientais, objetivando a sua melhoria ou mantença.

O tempo destinado a esse custeio deve ser determinado levando-se em consideração o tempo abstratamente previsto para a pena privativa de liberdade destinada à pessoa física, que responde em coautoria ou participação com a pessoa jurídica, cominado entre seu mínimo e máximo.

Com pertinência à "execução de obras de recuperação de áreas degradadas", tem ela por escopo tornar efetivas obras, o trabalho de execução da recomposição do estado original dos locais destruídos, estragados, cujo tempo deverá ser medido tendo em consideração o mínimo e o máximo da pena privativa de liberdade abstratamente cominada para o crime que fez nascer a prestação de serviços pertinente.

No que concerne à "manutenção de espaços públicos", seu objetivo é impor à pessoa jurídica a obrigação de conservar os locais de uso comum e posse de todos, porém voltado ao interesse de cunho ambiental. Assim, esses espaços podem ser as praças ou jardins públicos, áreas de vegetação, como bosques (certas formações florestais com árvores, arbustos e outras plantas, menores que uma floresta) e outras de interesse ecológico.

O tempo da manutenção em apreço será determinado levando-se em consideração o mínimo e o máximo da pena privativa de liberdade prevista abstratamente pelo crime, do que resulta a imposição da pena restritiva.

Atinentemente às "contribuições a entidades ambientais ou culturais públicas", a pessoa jurídica que foi objeto de condenação está obrigada, durante o espaço temporal fixado na sentença que acolheu a pretensão punitiva – calculado tendo por suporte o tempo mínimo e máximo da *sanctio legis* abstratamente ameaçada no tipo criminal de cunho ecológico, do qual houve o reconhecimento da responsabilidade criminal por parte da referida pessoa –, a colaborar com as mencionadas entidades.

De maneira mais ampla e elucidativa, essa cooperação consiste em participar de trabalho ou programa voltado ao meio ambiente em seus múltiplos aspectos, desempenhado por determinados segmentos, públicos ou privados, visando a melhorar a vida como um todo, para tanto procurando desempenhar atividades de interesse geral no amplo campo dos ecossistemas.

Ademais, de maneira alternativa, o magistrado pode impor à pessoa jurídica a prestação de serviços a entidades culturais, ou seja, aquelas que visam a divulgar, propagar atividades de conhecimento, preferencialmente de fundo ambiental, que é o propósito básico e fundamental da pena restritiva de direitos abordada.

É de se deixar assentado, posto que oportuno, que a contribuição a que faz alusão o legislador jamais pode ser de fundo financeiro, mas exclusivamente deve convergir ao desempenho de atividade laboral, que é o fim colimado pela sanção restritiva de direitos.

16. Liquidação forçada da pessoa jurídica

O dispositivo que versa sobre o assunto jurídico enfocado se encontra disposto no art. 24:

> A pessoa jurídica constituída ou utilizada, preponderantemente, com o fim de permitir, facilitar ou ocultar a prática de crime definido nesta Lei terá decretada sua liquidação forçada, seu patrimônio será considerado instrumento do crime e como tal perdido em favor do Fundo Penitenciário Nacional.

Ab initio, observando os dizeres normativos do preceito transcrito, conclui-se que ele somente terá incidência se a pessoa jurídica for constituída ou utilizada primando pela permissão, facilitação ou ocultação da prática de crime contra o meio ambiente. É o que se deduz da expressão "com o fim de".

Abrindo uma análise mais ampla e melhor explicativa sobre o conteúdo normativo *sub examine*, a legislação prevê a punição da pessoa jurídica com a liquidação forçada quando ela for constituída, ou seja, formada visando a praticar a conduta vedada pelo legislador.

Da mesma maneira, se, embora a empresa individual ou social não tenha sido constituída para os fins não admitidos, no correr de suas atividades ela passa, de maneira preponderante, a realizar os comportamentos vedados, a punição a ela se aplica.

O verbo "permitir", compreendido no texto legal, é indicativo de autorizar ou tolerar. Assim, a pessoa jurídica autoriza a prática de crime ecológico. Nesse caso, a conduta é praticada por um terceiro.

De outro lado, o verbo "facilitar" é implicativo de acolitar, proporcionar, dar ensejo ao cometimento de crime ambiental. Trata-se de colaboração direta da pessoa jurídica objetivando a transgressão típica de natureza ambiental.

Outrossim, o verbo "ocultar" é indicativo de esconder, encobrir a realização do delito ambiental, o que pressupõe conduta realizada por terceira pessoa.

Entende-se por liquidação forçada da firma individual ou de sociedade mercantil aquela que é imposta por lei, devendo ser determinada pelo Poder Judiciário (liquidação judicial).

Para se ter uma ideia mais ampla sobre a dissolução da pessoa jurídica, ela pode ocorrer de pleno direito, por decisão judicial, por decisão da autoridade administrativa competente, nos casos e forma previstos em lei.

A liquidação de forma geral, incluindo, como é evidente, a voluntária (amigável), consiste no conjunto de atos destinados a realizar o ativo, pagar o passivo e destinar o saldo que houver (líquido), respectivamente, ao titular ou, mediante partilha, aos componentes da sociedade, na forma da lei, do estatuto ou do contrato social. Todavia, em termos do comando normativo que está sendo esquadrinhado, o patrimônio da empresa deverá ter destino diverso, posto que será considerado instrumento do crime, razão pela qual deverá ser perdido em favor do Fundo Penitenciário Nacional.

Essa é uma efetiva medida de alta gravidade, posto que, encerrada a liquidação da pessoa jurídica, ocorre a extinção desta, quer se cuide de firma individual, quer se trate de sociedade mercantil. Trata-se do perecimento da organização decorrente da decisão judicial, promovendo obrigatoriamente a desvinculação dos elementos humanos e materiais que dela faziam parte. Dessa despersonalização do ente jurídico decorre a baixa dos respectivos registros, inscrições e matrículas nos órgãos competentes.

Outra situação de cunho jurídico que deve ser enfrentada diz respeito a se o regramento legal estudado pode ser aplicado de forma independente, ou seja, sem a existência do processo criminal, ou se sua adoção se subordina à ação penal.

Nada impede, em princípio, sobretudo diante da inexistência da ação penal, que o órgão do Ministério Público ingresse com ação civil pública buscando conseguir a liquidação forçada da empresa.

Sob outro vértice de atenção, o que *ab initio* se sugere como sendo mais racional é que, juntamente com a ação penal, o Ministério Público faça pedido cumulativo, ou seja, pleiteie não somente a condenação da pessoa jurídica à pena de multa, restritiva de direitos ou prestação de serviços à comunidade, assim como a liquidação forçada, devendo descrever na peça acusatória o fato constitutivo da transgressão alinhada no art. 24 da Lei dos Crimes Ambientais.

O que está sendo dissertado se impõe, porquanto a sanção consistente na liquidação forçada tem natureza acessória. Por essa razão, deve haver menção expressa na denúncia, permitindo que a pessoa jurídica acusada tenha a oportunidade do exercício da ampla defesa e do contraditório.

Ad argumentandum, a decretação da liquidação forçada não se constitui efeito da condenação, mas pedido autônomo, que deve ser apreciado pelo magistrado, de maneira motivada, independentemente do mérito envolvendo a procedência ou improcedência da ação penal.

17. Extinção da punibilidade

Independentemente da modalidade delitiva, sempre se aplica o instituto da extinção da punibilidade.

Por questão de política criminal, o *ius puniendi* estatal não pode ser por tempo indeterminado, pois tem sua limitação demarcada por lei:

> O direito de punir do Estado (*ius puniendi in concreto*) de forma ampla deve se aperfeiçoar da maneira mais rápida possível. Assim, em certo imediatismo deve ser proposta a ação penal, bem como deve também de maneira rápida ser julgado o pedido nela contido, acolhendo ou não a pretensão punitiva.[57]

Cuidando-se de pena privativa de liberdade em termos de crime ecológico, são aplicados os regramentos contidos nos arts. 107 e seguintes do Código Penal.

De maneira bastante objetiva, não deixando de considerar que os institutos da anistia, graça, indulto, morte do agente se aplicam também aos delitos ambientais, o centro de interesse doutrinário gravita em torno da prescrição.

Em conformidade com o art. 109 do Código Penal, há a prescrição da ação ou da pretensão punitiva, que se divide em retroativa (art. 110, § 1º, *in fine*, c/c art. 109, CP), prescrição superveniente, intercorrente ou subsequente (art. 110, § 1º, c/c art. 109, CP). Tais formas de extinção da punibilidade, *ex abundantia*, aplicam-se aos crimes ecológicos. Essas modalidades prescribentes ocorrem antes do trânsito em julgado da decisão condenatória.

A prescrição da pretensão executória, que se verifica após a preclusão das vias recursais para a acusação (art. 110, *caput*, CP), também ostenta adoção nos mencionados fatos puníveis.

---

57 MOSSIN, Heráclito Antônio; MOSSIN, Júlio César O. G. *Prescrição em matéria criminal*, p. 33.

Com respeito à extinção da punibilidade, no que diz respeito à prescrição, nas suas várias modalidades, que foram precedentemente apontadas, o cálculo é computado levando-se em consideração o máximo da pena abstratamente ameaçada ou a quantidade da reprimenda penal imposta.

Tema jurídico que deve ser debatido e enfrentado, para efeito de reconhecimento da prescrição, diz respeito à natureza jurídica de determinados crimes ambientais: permanente ou instantâneo de efeito permanente.

Antes de ingressar no debate do tema jurídico proposto, observando-se a multiplicidade de crimes que ofendem o meio ambiente, constata-se que há crimes materiais (aqueles que produzem um resultado naturalístico, deixando vestígios), formais ou de simples atividade (não exigem a produção de um resultado estranho ou externo à ação do agente) e, segundo posição doutrinária e pretoriana, existe também crime instantâneo (quando se exaure com o resultado a que está subordinado) com efeito permanente, que é uma das características de determinados crimes, a exemplo do furto, do homicídio.

Retornando ao cerne da questão a ser solucionada, no crime permanente, sua consumação se prolonga no tempo, enquanto o delito instantâneo se consuma com a prática da conduta vedada, em um único momento. Sua consumação não se prolonga. A afetação do bem jurídico é instantânea. Pode ocorrer que os efeitos do crime instantâneo se protraiam no tempo. Diante disso, é de inconcussa constatação que não se pode confundir crime permanente com delito de efeito permanente.

Naquilo que guarda pertinência com a extinção da punibilidade a título de prescrição, tratando-se de crime permanente, o prazo prescricional somente começa a fluir a partir do momento em que cessa a situação de permanência, ou seja, quando a execução é interrompida, a teor do que se encontra normatizado no art. 111, III, do Código Penal. Para melhor entender o que está sendo dissertado, no caso do sequestro, que é típico delito permanente, cessa a permanência com a soltura da pessoa sequestrada. É exatamente a partir desse momento que se inaugura o termo *a quo* do prazo prescricional. Logo, enquanto a vítima estiver em poder do sequestrador não haverá o início da computação do espaço temporal prescribente.

De outro lado, em crime instantâneo de efeito permanente, o prazo prescricional começa a fluir a partir da consumação da prática delitiva, e não de quando cessada a permanência.[58] Assim, a regra para a contagem dessa forma delitiva é a geral.[59] Portanto, delito permanente e delito instantâneo de efeito

---

58 RT 791/537 e 822/528.
59 MOSSIN, Heráclito Antônio; MOSSIN, Júlio César O. G. *Prescrição em matéria criminal*, p. 69.

permanente não se confundem nem do ponto de vista conceitual, ou mesmo de natureza delitiva, nem em termos de extinção da punibilidade a título prescricional.

Em nível de crime ecológico, *ex abundantia*, não existe a forma permanente, quando muito pode-se admitir, por exemplo, que o delito previsto no art. 48 da Lei dos Crimes Ambientais tenha efeito permanente.

A teor do que está sendo exposto, nos crimes ecológicos, em nível de prescrição são aplicadas as regras comuns, e não as atinentes aos delitos permanentes.

Aliás, *ad argumentandum*, assentar inteligência de forma adversa é consagrar a imprescritibilidade dos crimes ambientais, o que não se coaduna com a Constituição Federal, que prevê em seu bojo a imprescritibilidade unicamente em torno dos delitos de racismo, ação de grupos armados, civis ou militares, contra a ordem constitucional e o Estado Democrático de Direito (art. 5º, XLII e XLIV).

No que tange às penas restritivas de direitos, impostas a título de troca ou substituição das penas privativas de liberdade (art. 44, CP), o legislador penal estabeleceu em dispositivo próprio o seguinte regramento jurídico: "Aplicam-se às penas restritivas de direito os mesmos prazos previstos para as privativas de liberdade" (art. 109, parágrafo único).

Com efeito,

> embora tais reprimendas legais também se elevem à condição de pena principal, a exemplo da sanção de multa (art. 32, CP), em relação às mesmas não existe de forma independente qualquer *quantum*, inclusive para efeito de reconhecimento da prescrição. Isso acontece porque têm elas caráter de substituição: "as penas restritivas de direitos são autônomas e substituem as privativas de liberdade". (art. 44, CP)[60]

Na hipótese de crime ambiental cometido por pessoa jurídica, as penas restritivas de direitos e de prestação de serviços à comunidade – que também se insere na categoria da primeira –, são aplicadas diretamente, e não em termos de substituição da corporal (art. 22, Lei n. 9.605/98).

In casu, para fins de aplicação do instituto da prescrição, também deve ser adotado o dispositivo contido no parágrafo único do art. 109 do Código Penal, prevendo que as penas restritivas de direitos prescrevem nos prazos previstos para as privativas de liberdades, não fazendo distinção se em sede de substituição ou de aplicação direta. Logo, a regra deve ser utilizada para ambas as situações.

---

60 Ibidem, p. 43-4.

De se salientar, por outro lado, que as regras gerais de extinção da punibilidade contidas no Código Penal são aplicadas em relação aos delitos ecológicos, mormente porque o legislador especial não erigiu nenhum comando normativo a respeito. Logo, há de se adotar, subsidiariamente, as regras contidas no predito Diploma, conforme, aliás, previsão contida no art. 79 da lei que rege os crimes ambientais.

Outro regramento legal que diz respeito à extinção da punibilidade se encontra encravado no art. 60 do Código Florestal:

> A assinatura de termo de compromisso para regularização de imóvel ou posse rural perante o órgão ambiental competente, mencionado no art. 59, suspenderá a punibilidade dos crimes previstos nos arts. 38, 39 e 48 da Lei n. 9.605, de 12 de fevereiro de 1998, enquanto o termo estiver sendo cumprido.

Os crimes em referência, que dizem respeito à flora, consistem na destruição ou danificação de floresta (art. 38), devendo nesse rol ser inserido o crime previsto no art. 38-A, que pune a danificação ou destruição de vegetação, o corte de árvore (art. 39) e o ato de impedir ou dificultar a regeneração de floresta e demais formas de vegetação (art. 48).

Visando a impedir que com o tempo de suspensão da pretensão punitiva venha a ocorrer sua prescrição, o legislador previu de forma expressa que, no fluir desse espaço temporal, a prescrição ficará interrompida (art. 60, § 1º, Código Florestal). Isso significa, em outros termos, que a partir da data em que foi assinado o compromisso pertinente, o espaço prescribente para de correr, somente iniciando nova contagem (*ex novo*) após o vencimento do período de suspensão.

Na eventualidade de ser cumprida a regularização de imóvel ou posse rural perante o órgão ambiental competente, extingue-se a punibilidade do autor do crime contra a flora.

18. Insignificância

Nada impede que se aplique aos crimes ecológicos o princípio da insignificância, a exemplo do que ocorre com a captura de uma borboleta, de um pássaro que caiu do ninho, da pesca de um peixe. Há aqui causa excludente supralegal da tipicidade. O fato é atípico.

Embora possa haver, em relação a este assunto, vozes dissidentes, independentemente do apontamento de fontes específicas, posto que dispensável, a verdade incontrastável é que, havendo a constatação de menor reprovabilidade na conduta do agente e insignificante ou nenhum dano ao meio ambiente, que se aplique a insignificância, mesmo porque a própria punição perde seu sentido e significado.

Na linha doutrinária que está sendo posta, o julgamento mencionado a seguir confere a dimensão exata do que se está exortando:

> A aplicação do princípio da insignificância nos crimes contra o meio ambiente, reconhecendo-se a atipicidade material do fato, é restrita aos casos onde a conduta do agente expressa pequena reprovabilidade e irrelevante periculosidade social. Afinal, o bem jurídico tutelado é a proteção do meio ambiente, direito de natureza difusa assegurado pela Constituição Federal, que conferiu especial relevo à questão ambiental. Verifica-se que se insere na concepção doutrinária e jurisprudencial de crime de bagatela a conduta do recorrente – sem antecedentes criminais, a quem não se atribui a pesca profissional ou reiteração de conduta –, que não ocasionou expressiva lesão ao bem jurídico tutelado, já que foi apreendido apenas petrecho (rede), sem, contudo, nenhum espécime ter sido retirado do local, o que afasta a incidência da norma penal.[61]

No mesmo diapasão pretoriano:

> [...] Nessa ocasião, o recorrente já havia pescado 10 (dez) peixes, conhecidos popularmente como lambari, totalizando 240 (duzentos e quarenta) gramas de pescado, apreendidos e, posteriormente, descartados. A aplicação do princípio da insignificância nos crimes contra o meio ambiente, reconhecendo-se a atipicidade material do fato, é restrita aos casos onde a conduta do agente expressa pequena reprovabilidade e irrelevante periculosidade social. Afinal, o bem jurídico tutelado é a proteção do meio ambiente, direito de natureza difusa assegurado pela Constituição Federal, que conferiu especial relevo à questão ambiental. Verifica-se que se insere na concepção doutrinária e jurisprudencial de crime de bagatela a conduta do recorrente, surpreendido em virtude de pesca com apenas uma vara de pescar retrátil e 240 (duzentos e quarenta) gramas de peixe. Recurso ordinário provido para, aplicando-se o princípio da insignificância, determinar o trancamento da ação penal n. 0056.12.012562-2.[62]

Em sentido diverso:

---

61 STJ, RHC n. 35.122/RS, 5ª T., rel. Min. Laurita Vaz, DJe 09.12.2013.
62 STJ, RHC n. 39.578/MG, 5ª T., rel. Min. Laurita Vaz, DJe 19.11.2013.

O trancamento da ação penal, por ser medida de exceção, somente é cabível quando se demonstrar, à luz da evidência, a atipicidade da conduta, a extinção da punibilidade ou outras situações comprováveis de plano, suficientes para o prematuro encerramento da persecução penal, o que não ocorre no caso em tela. Tendo o acórdão registrado que "existe a necessidade de provas de que o paciente habite a região ribeirinha que vive da caça e pesca" (fls. 87) e que "os relatórios deixaram de verificar as condições econômicas e de instrução do paciente" (fls. 87), para se acolher a tese defensiva seria indispensável a incursão nas premissas fáticas estabelecidas pelas instâncias ordinárias, bem como o revolvimento das provas coligidas na instrução criminal, providência incabível na estreita via cognitiva do *habeas corpus*. No caso, não há como reconhecer o reduzido grau de reprovabilidade ou a mínima ofensividade da conduta, de forma a ser possível a aplicação do princípio da insignificância, pois o paciente foi surpreendido transportando 14 (quatorze) trairões, 2 (dois) paraquês, 4 (quatro) piranhões, 1 (um) jacaré, 4 (quatro) pacas e 2 (dois) mutuns, animais que pesavam, no total, 199 (cento e noventa e nove) quilos. Com efeito, o valor monetário e o peso da carga apreendida impedem o reconhecimento da insignificância penal.[63]

Pondere-se, é de importância incontestável a preservação e manutenção do meio ambiente, posto ser ele indispensável para a vida animal, em sua vasta dimensão, e da flora. É um interesse de toda a coletividade.

Todavia, no campo penal, há outros fatores que também devem ser levados à guisa de consideração, não só no seu caráter retributivo, bem como no campo educativo, o que implica entender e compreender que sua aplicação se constitui *ultima ratio*.

Diante disso, se o comportamento do agente, do ponto de vista ecológico, não altera a grandiosidade do meio ambiente, é integralmente insignificante para sua manutenção e preservação, não há porque tender a punir aquele que cometeu um fato que em princípio é atípico, uma vez que essa punição jamais terá qualquer finalidade pedagógica. Em tais situações, o interesse do Estado deve ser resolvido e solucionado no campo administrativo, e não no repressivo.

Sem dúvida,

em consonância com a diretriz da intervenção mínima, aliada às características da fragmentariedade, subsidiariedade e intervenção mínima, ao direito penal somente cabe intervir em situações nas quais a vida comunitária é atingida de

---

[63] STJ, RHC n. 41.468/AP, 5ª T., rel. Min. Marco Aurélio Bellizze, DJe 14.10.2013.

forma consideravelmente grave, ficando excluídas de sua incidência, como é evidente, as pequenas ofensas aos bens jurídicos. De maneira indubitável, as agressões leves aos diversos bens pertencentes aos indivíduos ou ao Estado não podem, *ex abundantia*, constituir preocupação nuclear do legislador penal, pois se mostram sem relevância para o fins de cunho sancionatário. O direito penal somente deve ingerir-se em situações que reclamam interesse punitivo real, o que somente se verifica quando as outras áreas do direito se mostram ineficazes para a tutela desejada. Trata-se de adequação da própria evolução do conceito formal para o material do crime, tendo por meta o significado lesivo da conduta humana capaz de fazer incidir a *sanctio poenalis* pela ofensa concreta ao bem jurídico tutelado. Isso, exclusivamente, justifica-se quando houver comprovada gravidade do resultado obtido ou que se pretendia alcançar.[64]

É de solar evidência, insista-se, que a insignificância, por ser critério básico em qualquer sistema penal, também deve ser adotado nos crimes ecológicos. Sua aplicação deve ser consolidada de maneira indistinta.

19. Erro sobre a ilicitude do fato

Este assunto jurídico, subordinado ao tema objeto de discussão, encontra sua vertente legislativa no art. 21 do Código Penal, que registra a seguinte norma:

> O desconhecimento da lei é inescusável. O erro sobre a ilicitude do fato, se inevitável, isenta de pena; se evitável, poderá diminuí-la de um sexto a um terço. Parágrafo único. Considera-se evitável o erro se o agente atua ou se omite sem a consciência da ilicitude do fato, quando lhe era possível, nas circunstâncias, ter ou atingir essa consciência.

Erro sobre a ilicitude do fato, ou de proibição, é aquele que versa sobre a ilicitude do fato, ou seja, sua antijuridicidade. Difere do erro de tipo, posto que neste o engano incide sobre os elementos que compõem o tipo penal.

Na hipótese do erro dissertado, o agente não tem a representação ou, se a tem, esta é falsa no sentido de que sua conduta é ilícita, antijurídica, contrária ao Direito (*contra ius*).

Assim sendo, o agente supõe lícita sua ação; imagina que ela não é proibida. Logo, age com consciência e voluntariedade (dolosamente), como se sua

---

[64] MOSSIN, Heráclito Antônio. *Habeas corpus*, p. 243-4.

conduta não fosse vedada, não fosse antijurídica, mas admitida pelo Direito. Supõe, plenamente, que seu comportamento se amolda àquilo que o direito penal lhe permite. Consoante doutrina perfilada por Júlio Fabbrini Mirabete,

> o erro sobre a ilicitude do fato, como o denomina a lei, ocorre quando o agente, por erro plenamente justificado, não tem ou não lhe é possível o conhecimento da ilicitude do fato, supondo que atua licitamente. Atua ele voluntariamente e, portanto, com dolo, porque seu erro não incide sobre elementos do tipo; mas não há culpabilidade, já que pratica o fato por erro quanto à antijuridicidade de sua conduta. Para haver culpabilidade, é bastante que o agente saiba que seu comportamento contradiz as exigências da vida social e que, por conseguinte, se acha proibido juridicamente.[65]

Na precisa advertência de Paulo José da Costa Jr. et al.:

> [...] não se poderá censurar o agente que não tenha tido meios de imaginar que estivesse agindo contrariamente ao direito. Em outras palavras: a censurabilidade pressupõe que o agente tenha tido a possibilidade de tomar consciência da ilicitude, ao menos profana, de sua conduta. Aquele que se conduz convicto de não estar agindo contra o direito, se estiver em verdade cometendo algo ilícito, erra sobre a ilicitude do fato. O erro recai sobre aquilo que imagina não estar proibido, daí chamar-se "erro de proibição".[66]

Consoante lição de Celso Delmanto et al.:

> Assim, fica estabelecido o chamado erro sobre a ilicitude do fato (ou erro de proibição), que ocorre quando o sujeito, embora agindo com vontade (dolosamente), atua por erro quanto à ilicitude de seu comportamento, que afeta, portanto, a reprovabilidade ou culpabilidade de sua conduta.[67]

Conforme ensina Guilherme de Souza Nucci sobre o erro comentado: "o agente atua sem consciência de ilicitude, servindo, pois, de excludente de culpabilidade".[68]

---

65 *Código Penal interpretado*, p. 198.
66 *Código Penal comentado*, p. 128.
67 *Código Penal comentado*, p. 163.
68 *Código Penal comentado*, p. 218.

É oportuno lembrar, posto que compatível com o assunto jurídico dissertado, a seguinte ementa provinda do Tribunal de Justiça do Estado de São Paulo:

[...] o erro de proibição, previsto no art. 21 do CP, constitui erro sobre a ilicitude do fato delituoso, eis que o agente supõe lícita sua conduta, acreditando inexistir regra de proibição. É inevitável ou escusável, quando não era possível ao agente, nas circunstâncias, ter ou atingir o conhecimento sobre a ilicitude do fato, ficando, deste modo, excluída sua culpabilidade, isentando-o de pena [...].[69]

Afirma o legislador, no início do dispositivo examinado, que "o desconhecimento da lei é inescusável".

A advertência feita por aquele que compôs o regramento legal no sentido de que o desconhecimento da lei (ignorância ou errada compreensão – *error iuris nocet*, como causa de exclusão da pena, é totalmente supérflua). Isso porque, se fosse admitida tal alegação, o agente induziria à ignorância ou à errada compreensão da lei para desculpar-se quanto ao seu descumprimento ou inobservância. É bom lembrar, tal desconhecimento funciona unicamente como atenuante (art. 65, II, CP).

Erro de proibição **escusável** ou **inevitável** é aquele invencível, desculpável, que não pode ser atribuído à negligência ou desatenção do agente. É o erro pelo qual o agente não pode ser reprovado. Ele é inevitável.

Sem dúvida,

para que seja excluída a culpabilidade, exige a lei que o erro de proibição seja inevitável, invencível, escusável, justificado, dispondo expressamente que o erro será evitável, vencível, inescusável, injustificado quando o agente atua ou se omite sem a consciência da ilicitude do fato, quando lhe era possível, nas circunstâncias, ter ou atingir essa consciência [...].[70]

Esse tipo de erro tem como consequência a exclusão ou a diminuição da culpabilidade, razão pela qual o agente fica isento de pena ou a tem diminuída. No erro de tipo, como já analisado, fica excluído o dolo do agente.

A forma de erro dissertada pode ser derivada de erro de proibição direto, e, segundo deduz Francisco de Assis Toledo,

---

69 RT 791/606.
70 MIRABETE, Julio Fabbrini. *Código Penal interpretado*, p. 201.

o agente, por erro inevitável, realiza uma conduta proibida, ou por desconhecer a *norma proibida*, ou por conhecê-la mal, ou por não compreender o seu verdadeiro âmbito de incidência (a expressão *norma proibitiva* não tem, aqui, o sentido de *norma legal*).[71]

Há, outrossim, o chamado erro de proibição indireto, assim entendido aquele em que o agente, sabendo que pratica um fato antijurídico ou proibido, supõe, em face de erro escusável, que há em seu favor norma que permite sua conduta, tornando-a lícita, quer quanto à sua existência ou ao seu alcance.

Por seu turno, erro **inescusável** ou **evitável** é aquele vencível, indesculpável, que pode ser atribuído à negligência ou desatenção do agente. É o erro reprovável. Nele subsiste o merecimento da pena, sendo certo que nessa hipótese a sanção penal deverá ser reduzida de 1/6 a 1/3. Embora o legislador faça menção ao verbo "poderá", tem ele o sentido de obrigatoriedade, compulsoriedade.

Pode ser dado o seguinte exemplo de erro de proibição escusável ou desculpável: empregado que, tendo um crédito trabalhista com seu patrão, deste apanha o dinheiro para pagar seu salário, acreditando ser sua conduta lícita. No caso, supondo o agente ser justa sua ação, não é apenado pelo crime de furto. O erro fez desaparecer a sua culpabilidade. É caso típico de autêntica *ignorantia legis*.

Exemplo que caracteriza o erro de proibição inescusável, ou indesculpável, é o seguinte: a manutenção de casa de prostituição, em casos em que há expressa autorização da autoridade policial e das autoridades municipais, que, inclusive, cobram impostos. No caso, falta ao agente consciência da antijuridicidade, por erro sobre a ilicitude de seu comportamento.

Em sentido amplo, a forma de proibição analisada pode ser distribuída em várias modalidades, como apontado por Francisco de Assis Toledo.[72]

O *erro de vigência*, em que o agente desconhece a existência de um preceito legal ou ainda não pôde conhecer uma lei recentemente editada.

O *erro de eficácia*, em que o agente não aceita a legitimidade de um preceito legal por supor que ele contraria outro preceito de categoria superior, ou norma constitucional.

O *erro de punibilidade*, em que o agente sabe que faz algo proibido, ou devia ou podia sabê-lo, mas supõe inexistir pena criminal para a conduta que realiza, desconhece a punibilidade do fato.

---

71 *Princípios básicos de direito penal*, p. 258.
72 Ibidem, p. 259.

O *erro de subsunção*, em que o agente conhece a previsão legal, o fato típico, mas, por erro de compreensão, supõe que a conduta que realiza não coincide, não se ajusta ao tipo delitivo, à hipótese legal.

Tendo por norte as espécies de crimes ecológicos alinhadas pelo legislador, notadamente diante de seu aspecto de proteção legal, aliado que seja às características pessoais do agente que venha a cometer a infração típica ou as circunstâncias em que ela aconteceu, nada impede que se reconheça o erro sobre a ilicitude, sobre a antijuridicidade de sua conduta, o que exclui sua culpabilidade.

É de se considerar, posto que imprescindível, que a jurisprudência tem sido muito cuidadosa ao acolher a tese do erro que está sendo examinado, uma vez que o assunto meio ambiente se revela de suma importância, somente admitindo o seu reconhecimento de maneira excepcional.

Para efeito de paradigma:

Comete o delito do art. 38 da Lei n. 9.605/98 o agente que destrói vegetação florestal nativa em inicial e médio estágio de regeneração, em área considerada de preservação permanente. Deve ser afastada a tese do erro de proibição, pois o desconhecimento da lei não afasta a responsabilidade criminal, mormente em decorrendo de erro inescusável, haja vista que amplamente divulgada a necessidade de proteção ambiental.[73]

Sob outro ângulo pretoriano, "se o agente desconhece a ilicitude da conduta praticada, eis que cumpre ordens emanadas de seu empregador, deve ser reconhecido o erro na sua conduta".[74]

Ainda,

Não é razoável sujeitar pessoas carentes, sem qualquer instrução e que claramente agiram acobertadas por causa de exclusão de culpabilidade (erro de proibição), a um processo criminal, com todas as consequências que lhe são inerentes, apenas porque a denúncia descreve crime em tese, mas não se encontra revestida do indispensável *fumus boni iuris*.[75]

---

73 TJMG, Ap. Crim. n. 1.0028.05.008843-5/001, 1ª Câm. Crim., rel. Des. Flávio Leite, publ. 02.12.2010.
74 TJMG, Ap. Crim. n. 1.0694.03.013559-4/001, 5ª Câm. Crim., rel. Des. Adílson Lamounier, publ. 26.04.2008.
75 TJMG, RSE n. 1.0183.03.057462-2/001, 2ª Câm. Crim., rel. Des. Beatriz Pinheiro Caires, publ. 02.02.2007.

Não se pode ignorar, principalmente o aplicador da norma penal, que o espaço territorial brasileiro, além de ser muito extenso, congrega em seu bojo determinadas peculiaridades locais e ocupação por pessoas com características bem diversificadas. Isso não pode ser desprezado pelo direito sancionatório.

Diante disso, se, por um lado, há indivíduo que de forma iterativa e dolosa, sabendo que seu comportamento é contrário ao Direito, ao próprio interesse da coletividade em termos de ecologia, para fins diversos, degrada ou devasta o meio ambiente, não há como eximi-lo da repreenda legal, porquanto sua conduta não encontra nenhuma exculpação.

Todavia, há pessoas que se encontram localizadas em regiões agrestes, muito afastadas de núcleos populacionais, onde o convívio com outras pessoas ou mesmo sistema de comunicação é muito exíguo ou inexistente. É comum que essas pessoas não possuam nenhuma formação cultural, ou quando muito esta é de pouca significância. Seu comportamento pode ser não doloso, ou, quando intencional, elas supõem que ele não seja contrário ao Direito, errando, por conseguinte, quanto à ilicitude de sua ação.

Em arremate, se, por um lado, a preservação do meio ambiente é de interesse magno à sociedade, por outro as pessoas que cometem delitos ecológicos não podem ter o mesmo tratamento de cunho penal.

CAPÍTULO 2
Apreensão dos produtos e instrumentos do crime, ação e processo penal

1. Apreensão dos produtos e instrumentos do crime

O art. 25 da Lei n. 9.605/98 contém o seguinte dispositivo: "Verificada a infração, serão apreendidos seus produtos e instrumentos, lavrando-se os respectivos autos".

A exemplo do que sempre aconteceu no Código de Processo Penal (CPP), os produtos e instrumentos do crime devem ser objeto de apreensão, após serem liberados pela perícia (art. 6º, II, CPP), que seria aplicável independentemente de disposição expressa na lei sobre os crimes do meio ambiente.

Entende-se por produto do crime aquilo que o autor da infração típica conseguiu diretamente com sua prática (p. ex.: animal silvestre apanhado de forma ilegal). Por sua vez, instrumento do crime são os objetos que foram utilizados para a transgressão típica ambiental (p. ex.: motosserra usada para danificar floresta).

A titularidade para a apreensão tratada é da autoridade policial ou administrativa que lavrar o auto de infração ambiental (AIA).

A finalidade dessa medida cautelar real é a comprovação da prática do crime, de sua materialidade. É, enfim, a constatação do *corpus delicti*.

De outro lado, a apreensão ora tratada se revela também de máxima importância no campo investigatório, porquanto se constitui elemento muito importante para a investigação da prática criminosa, sua autoria ou participação.

Na esteira da lição professada por Eduardo Espínola Filho,

a apreensão de todos os objetos relacionados com o caso e, muito particularmente, dos instrumentos utilizados na execução do crime é outro elemento de uma valia que logo se patenteia, sendo muito exigível (o que, na prática, tem sido assaz descurado pelos policiais) que se fixe, com exatidão, o lugar preciso onde foram achados, com as circunstâncias em que se verificou o encontro. Esses objetos e instrumentos devem ser mandados a exame pericial, pois podem contribuir grandemente para elucidar o crime e descobrir os seus autores.[1]

Como é de notória evidência no campo processual penal, uma vez realizada a apreensão dos produtos e instrumentos vinculados ao cometimento do delito ecológico, deverá ser lavrado o auto pertinente, com a exata descrição relativa a eles. O auto, explique-se, é a documentação da diligência que foi realizada.

1.1. Providências posteriores à apreensão

O legislador, de maneira providencial e objetiva, deixou consignado no preceito de regência quais são as providências que devem ser adotadas pela autoridade administrativa em torno daquilo que foi objeto de apreensão.

As medidas em questão se encontram arroladas nos parágrafos que compõem o preceito legal que está sendo esquadrinhado:

> Art. 25. [...] § 1º Os animais serão libertados em seu habitat ou entregues a jardins zoológicos, fundações ou entidades assemelhadas, desde que fiquem sob a responsabilidade de técnicos habilitados. § 2º Tratando-se de produtos perecíveis ou madeiras, serão estes avaliados e doados a instituições científicas, hospitalares, penais e outras com fins beneficentes. § 3º Os produtos e subprodutos da fauna não perecíveis serão destruídos ou doados a instituições científicas, culturais ou educacionais. § 4º Os instrumentos utilizados na prática da infração serão vendidos, garantida a sua descaracterização por meio da reciclagem.

Em circunstâncias desse matiz, tendo sido confeccionado o laudo pericial, que normalmente deverá vir acompanhado de fotos, os animais serão devolvidos à floresta ou entregues em jardins zoológicos para os devidos cuidados a cargo de pessoas especializadas.

---

1 *Código de Processo Penal brasileiro anotado*, v. 1, p. 281.

Na hipótese de produtos perecíveis, assim compreendidos aqueles que estragam de forma rápida, deverão ser periciados, assim como as madeiras devem ser avaliadas, objetivando o encontro do respectivo valor de mercado. Isso ocorrendo, posteriormente, deverão ser objeto de doação às instituições previstas no regramento legal.

Tendo por norte o fator perecimento, à eloquência, que o ato de liberalidade legalmente previsto não necessita aguardar o trânsito em julgado da sentença, porém deverá ser levado a efeito da maneira mais rápida possível em face de que poderão estragar.

No que tange aos produtos (fabricação) ou subprodutos (aquilo que resulta secundariamente do produto) de origem animal, desde que não estejam sujeitos ao perecimento, deverão ser doados às instituições científicas (notadamente, aquelas que realizam pesquisa), culturais (aquelas que difundem, divulgam cultura) e educacionais (aquelas que cuidam do ensino), preferencialmente quando estiverem voltadas ao meio ambiente.

Outrossim, a critério discricionário do magistrado, os precitados produtos e subprodutos poderão ser destruídos. Isso porque o legislador, ao fazer uso da conjunção alternativa "ou", confere ao aplicador da norma a eleição da conduta jurisdicional que a ele parece mais conveniente, tendo em vista o caso concreto. Assim, tanto pode ser determinada a doação como pode ser imposta a destruição dos produtos ou dos subprodutos. Essas providências somente deverão ser concretizadas após o trânsito em julgado da sentença.

No que alude aos instrumentos usados para a prática delitiva, desde que possível, tais objetos deverão ser vendidos por intermédio de leilão público, mediante avaliação prévia.

Essa determinação de cunho normativo deve ser vista com certas reservas, pois esses instrumentos não poderão ser passíveis de comércio quando forem tidos como ilegais.

Aplica-se, na hipótese, o que se encontra disposto no inciso II, *a*, do art. 91 do Código Penal (CP), *verbis*: "a perda em favor da União [...] dos instrumentos do crime, desde que consistam em coisa cujo fabrico, alienação, uso, porte ou detenção constitua fato ilícito". Assim, por exemplo, se houver a apreensão de arma de fogo utilizada para a prática de crime ecológico de uso proibido ou restrito, que, por sinal, constitui o delito previsto no art. 16 da Lei n. 10.826/2003, ela não poderá ser objeto de hasta pública, mas deve ser alvo de confisco.

A venda em leilão público somente poderá ser realizada após o trânsito em julgado formal do pronunciamento jurisdicional.

2. Modalidade de ação penal

O legislador deixou consignado, de forma expressa, no art. 26 da Lei n. 9.605/98, o seguinte preceito: "Nas infrações penais previstas nesta Lei, a ação penal é pública incondicionada".

No campo penal, fincado no que tem interesse mais afim, há duas modalidades básicas de ação penal: pública e privada.

A pública se subdivide em incondicionada e condicionada à representação do ofendido ou seu representante legal ou à requisição do ministro da Justiça.

A *actio poenalis* privada pode ser dividida em genuinamente privada, privada personalíssima e privada supletiva da pública.

A eleição da modalidade de ação penal é tarefa entregue ao legislador penal. Como regra, quando ela nada diz sobre o meio a ser utilizado para a persecução criminal, a provocação da jurisdição deve ser feita por meio da ação pública incondicionada. Quando quer estabelecer a exceção, ele o faz de maneira expressa: "somente se procede mediante representação"; "somente se procedente mediante requisição do ministro da Justiça"; "somente se procedente mediante queixa".

Portanto, a rigor, nos crimes ambientais bastaria que o legislador não fizesse referência à modalidade de ação penal que deve ser utilizada para efeito da *persecutio criminis*. Entretanto, como observado, preferiu estabelecer norma expressa no sentido da consagração da ação penal pública incondicionada, afastando, por consequência, a pública condicionada e a originariamente privada.

Independentemente dos detalhes normativos que foram lembrados, à luz da realidade, o legislador se houve com bastante eficácia e precisão. Isso porque os delitos ecológicos ou contra o meio ambiente lesam bens jurídicos de alta relevância de ordem pública, que diz respeito não só à política do Estado, bem como ao envolvimento de grande interesse de ordem coletiva, já que o meio ambiente é um bem comunitário, de interesse geral.

Nessa ordem de consideração, inexoravelmente, não seria prudente, e menos ainda recomendável, que o Estado submetesse a persecução criminal à manifestação de vontade do particular e, muito menos, a delegasse ao particular, como se fossem bens jurídicos de interesse privado.

Em circunstâncias desse matiz, quer cuidando-se da instauração de inquérito policial para a apuração de delitos da natureza anunciada, quer para a promoção da ação penal por intermédio do ato processual denominado de denúncia, a polícia judiciária poderá atuar de ofício, assim também podendo se conduzir o Ministério Público, titular absoluto da ação de regência.

Merece também consideração o eventual emprego da ação penal privada supletiva da pública, que tem assento constitucional: "será admitida ação privada nos crimes de ação pública, se esta não for intentada no prazo legal" (art. 5º, LIX). Sem a menor dúvida, o preceito constitucional trasladado se sobrepõe à regra restritiva prevista na lei dos crimes ambientais.

Diante disso, se o delito ambiental causar prejuízo ao particular e o Ministério Público não oferecer denúncia no prazo assinalado pelo art. 46 do Código de Processo Penal, ou seja, em cinco dias, se o acusado estiver preso, ou em quinze dias, se solto estiver, desde que não tenha sido feito pedido de arquivamento da *informatio delicti* ou de outras peças de informação, é facultado ao ofendido ou seu representante legal intentar a querela supletiva, aplicando-se as diretrizes consubstanciadas no art. 29 do mencionado diploma.

3. Processo penal

3.1. Competência

Tema jurídico que deve inicialmente ser abordado diz respeito à competência para julgar os crimes ambientais.

Em termos de competência para ação, processo e julgamento dos litígios que dizem respeito aos fatos típicos de natureza ambiental, não há regra específica na lei de regência.

Diante disso, as mesmas regras que são utilizadas em termos de competência para os delitos comuns em geral também o são relativamente aos crimes ecológicos.

De maneira mais ampla, a competência se fixa nos juízos de primeiro grau de jurisdição da Justiça estadual. Trata-se de competência territorial, ou seja, o juízo competente será aquele do local onde foi praticado o crime ecológico, nos termos do art. 70 do CPP.

De outro lado, a competência para o desate da lide envolvendo delito contra o meio ambiente pode estar afeta à Justiça Ordinária Federal, mais precisamente na primeira instância, ou seja, de subseção judiciária, que se constitui a sede, também nos termos do art. 70 do CPP.

Essa competência de foro ocorrerá quando a prática delitiva envolver bem que seja da União, nos termos do art. 20, III, da CF, a exemplo do que acontece com:

os lagos, rios e quaisquer correntes de água em terreno de seu domínio, ou que banhem mais de um Estado, sirvam de limites com outros países, ou se estendam a território estrangeiro ou deles provenham, bem como os terrenos marginais e as praias fluviais.

O entendimento posto também tem como cerne o art. 109, IV, da Carta Política Federal, que se constitui o dispositivo que, de maneira geral, estabelece a competência da Justiça Ordinária Federal: "aos juízes federais compete processar e julgar: [...] as infrações praticadas em detrimento de bens, serviços ou interesse da União [...]".
Com efeito:

> A preservação do meio ambiente é matéria de competência comum da União, dos Estados, do Distrito Federal e dos Municípios, nos termos do art. 23, incisos VI e VII, da Constituição Federal. A Justiça Federal somente será competente para processar e julgar crimes ambientais quando caracteriza lesão a bens, serviços ou interesses da União, de suas autarquias ou empresas públicas, em conformidade com o art. 109, IV, da Carta Magna.[2]

E mais:

> A Lei n. 9.605/98, que disciplina os crimes cometidos em detrimento do meio ambiente (fauna e flora), nada dispõe acerca da competência para o processamento e julgamento das ações penais relativas aos delitos nela descritos. De acordo com os arts. 23, VI e VII, e 109, IV, da Constituição Federal para processar e julgar os delitos ambientais é restrita aos crimes cometidos em detrimento de bens, serviços ou interesses da União, suas autarquias ou empresas públicas.[3]

Ainda, nos lindes da competência abordada, chama atenção o que se encontra inserido no § 4º do art. 225 da Magna Carta da República:

> A Floresta Amazônica brasileira, a Mata Atlântica, a Serra do Mar, o Pantanal Mato-Grossense e a Zona Costeira são patrimônio nacional, e sua utilização far-se-á, na forma da lei, dentro de condições que assegurem a preservação do meio ambiente, inclusive quanto ao uso dos recursos naturais.

---

2   STJ, CC n. 12.338/DF, 3ª Seção, rel. Min. Marco Aurélio Bellizze, *DJE* 20.05.2013.
3   STJ, RHC n. 29.920/MG, 5ª T., rel. Min. Jorge Mussi, *DJE* 24.04.2013.

É de se esclarecer que a expressão "patrimônio nacional" não implica entender que a prática de delito nas unidades mencionadas atrai a competência para a Justiça Federal. Conforme regra geral contida na Carta Política Federal, em seu art. 109, a competência da mencionada Justiça somente ocorrerá se o delito praticado envolver interesse, bens ou serviços afetos à União. Caso contrário, a competência será da Justiça ordinária estadual.[4]

De outro lado, pode acontecer que haja crime levado a efeito em áreas sujeitas à fiscalização do Ibama ou qualquer outro ente federal.

Essa circunstância, por si só, não estabelece a competência da Justiça Ordinária Federal para julgar o delito ambiental. Isso porque a regra de competência entre as várias justiças é bastante rígida, em função da preservação da garantia do juízo natural ou constituição para o desate da lide.

A singular fiscalização ou zelo que se atribui a determinado órgão é medida unicamente de cunho administrativo em nada interferindo, por consequência, em tema de competência jurisdicional, que contém dispositivos específicos de adoção restritiva.

Com efeito,

A Lei n. 9.605/98, que disciplina os crimes cometidos em detrimento do meio ambiente (fauna e flora), nada dispõe acerca da competência para o processamento e julgamento das ações penais relativas aos delitos nela descritos. É restrita a competência da Justiça Federal para processar e julgar delitos ambientais aos crimes cometidos em detrimento de bens, serviços ou interesses da União, suas autarquias ou empresas públicas, considerando-se que o art. 23, incisos VI e VII, da Constituição Federal fixa a competência comum da União, dos Estados, do Distrito Federal e dos Municípios para "proteger o meio ambiente e combater a poluição em qualquer de suas formas" e "preservar as florestas, a fauna e flora". In casu, cuida da denúncia pela prática de crime previsto no art. 40, § 1º, da Lei n. 9.605/98, em razão do flagrante de degradação ambiental consistente em desflorestamento de região do Centro Experimental de Criação de Animais Nativos de Interesse Científico e Econômico – Cecan, área de reserva integrante do patrimônio do Município de Manaus. Consoante recente orientação adotada por esta Terceira Seção no julgamento do Conflito de Competência n. 88.013/SC, de relatoria do Min. Napoleão Nunes Maia Filho, a competência para julgamento de infração penal ambiental é, em regra, da Justiça Estadual, excepcionando-se quando evidenciada a lesão direta a bens, interesses ou serviços da União ou de suas entidades autárquicas. A atribuição do Ibama (autarquia fe-

---

4   STJ, REsp n. 610.015/TO, 5ª T., rel. Min. Felix Fischer, *DJU* 14.06.2004, p. 274.

deral) como responsável pela fiscalização e preservação do meio ambiente não atrai a competência da Justiça Federal, tendo em vista a ocorrência, apenas, de interesse genérico e indireto da União.[5]

Em arremate, as regras de competência envolvendo os vários órgãos jurisdicionais estão plenamente delineadas por intermédio de norma específica e que devem ser cumpridas e observadas em face do princípio do juiz natural previsto constitucionalmente.

3.2. Juizado Especial Criminal (JECrim) e demais procedimentos afetos aos crimes ambientais

3.2.1. Juizado Especial Criminal – procedimento sumaríssimo

Com pertinência ao Juizado Especial Criminal, o legislador excepcional traçou o seguinte comando normativo:

> Art. 27. Nos crimes ambientais de menor potencial ofensivo, a proposta de aplicação imediata de pena restritiva de direitos ou multa, prevista no art. 76 da Lei n. 9.099, de 26 de setembro de 1995, somente poderá ser formulada desde que tenha havido a prévia composição do dano ambiental, de que trata o art. 74 da mesma lei, salvo em caso de comprovada impossibilidade.

O que se nota de plano é que o legislador especial não fez qualquer óbice de aplicação da lei que rege o Juizado Especial Criminal, que se encontra apontada no texto legal, no que diz respeito aos crimes ecológicos.

Diante disso, nos delitos que couber, deve ser aplicado o procedimento sumaríssimo, que, na esteira de preceito encartado no CPP (art. 394, III), adota-se "para as infrações penais de menor potencial ofensivo, na forma da lei".

A expressão por último mencionado no dispositivo citado diz respeito ao art. 61 da Lei n. 9.099/95: "Consideram-se infrações penais de menor potencial ofensivo, para os efeitos desta Lei, as contravenções penais e os crimes a que lei comina pena máxima não superior a 2 (dois) anos, cumulada ou não com multa".

Fazendo cotejo sobre os delitos contra o meio ambiente, o que se observa e se constata é que há uma quantidade considerável de delitos cuja persecução

---

[5] STJ, RHC n. 26.483/AM, 5ª T., rel. Min. Jorge Mussi, DJe 29.08.2011.

criminal se submete ao império do JECrim: arts. 29, 31, 32, 41 (na forma culposa), 44 a 46, 48 a 52, 55, 60, 64 e 65 da Lei n. 9.605/98.

Outrossim, se relativamente aos precitados delitos houver concurso material, concurso formal ou crime continuado, e da soma das *sanctio legis* ou de seu acréscimo resultar pena superior a dois anos, a competência passará para o juízo singular.

Não se pode perder de vista que os crimes contra o meio ambiente envolvem, consoante já foi objeto de apontamento, de regra, pessoas jurídicas ou físicas de bom porte econômico. Por essa razão, é exigência inicial para que haja a proposta do Ministério Público (art. 76 da Lei n. 9.099/95), a qual pode envolver a prévia composição do dano ambiental de que trata o art. 74 da Lei n. 9.099/95 (audiência de composição dos danos).

Portanto, além dos requisitos normais, devem concorrer também a prévia composição do dano ambiental: não ter sido o beneficiário condenado, pela prática de crime, à pena privativa de liberdade, por sentença definitiva; não ter sido beneficiado nos últimos cinco anos pela aplicação de pena restritiva ou multa; não indicarem seus antecedentes, a conduta social e personalidade, bem como os motivos e as circunstâncias, ser necessária e suficiente a adoção da medida.

Essa é a regra. Porém, o legislador estabeleceu uma ressalva, dispensando essa indenização quando o autor do fato punível comprovar que não reúne condições para solucionar o prejuízo ecológico.

Vencidas essas considerações propedêuticas, o conteúdo da proposta ministerial girará em torno de aplicação da pena restrita de direitos (p. ex.: prestação pecuniária ou serviços à comunidade) ou multas.

Feita a proposta, a rigor, ela deve ser aceita pelo ofensor, pessoa física ou jurídica, e seu advogado. Se houve dissenso prepondera a vontade do infrator.

Tendo sido acolhida a proposta, essa deverá ser homologada pelo juiz, por intermédio de sentença.

O legislador previu alguns efeitos que gravitam em torno da proposta aceita e homologada: 1) não gera reincidência (o nome somente é anotado para que o beneficiário não tenha direito a nova proposta durante cinco anos); 2) não constará da certidão de antecedentes criminais; e 3) não terá efeitos civis.

Pode acontecer que o beneficiário deixe de cumprir a reprimenda legal que foi avençada, daí resulta verificar se dessa omissão decorre alguma consequência de cunho legal.

Tendo sido a matéria analisada em termos pretorianos, o Supremo Tribunal Federal (STF) entendeu que, não sendo cumprida a obrigação, o benefício pode ser revogado. Se isso ocorrer, haverá a ação penal, eis que a decisão homologatória não faz coisa julgada material. Com a revogação o processo volta em seu estágio anterior (Repercussão Geral n. 238).

É de rigor deixar assentado que uma vez homologada a proposta aceita, finda-se o procedimento criminal.

Todavia, pode acontecer que não tenha cabimento a proposta, ou uma vez levada a efeito, a mesma não tenha sido aceita pelo autor, coautor ou partícipe do crime ambiental. Isso ocorrendo, indubitavelmente, o procedimento deverá ter sequência, passando para sua última fase que é aquela alusiva ao procedimento sumaríssimo (arts. 77 a 82 da Lei do Juizado Especial Criminal).

Esse procedimento sumaríssimo, pelo menos do ponto de vista normativo, é dividido em duas etapas: audiência inicial e audiência de instrução, debates e julgamento.

Na primeira audiência mencionada, a denúncia ou queixa supletiva deverá ser feita de maneira oral e reduzida a termo, podendo ser arroladas até cinco testemunhas. Nada impede, entretanto, que essa peça processual seja apresentada por escrito.

Estando o réu presente, a citação será feita por intermédio da entrega de cópia da peça acusatória. Se ausente estiver, sua intimação deverá ser levada a efeito, pessoalmente, por oficial de justiça.

Na segunda etapa procedimental, nova conciliação deverá ser tentada, se, eventualmente, a proposta do Ministério Público não tenha sido anteriormente apresentada, ou sendo apresentada, ela não tenha sido aceita.

No que concerne à defesa prévia, essa será elaborada oralmente pelo defensor, ou, querendo, apresentada por escrito. Nessa oportunidade poderá ser levantada exceção processual, arguição de nulidade e motivos para que seja rejeitada a denúncia ou a queixa.

Com referência às testemunhas, essas, em número de até cinco, deverão ser trazidas pelo réu ou, então, indicadas até cinco dias antes da audiência, para que haja espaço temporal suficiente para a sua intimação.

Cumpre ao magistrado decidir pelo recebimento ou não da peça postulatória. Assim, conforme o art. 395 do CPP, haverá rejeição: 1) quando a inicial for inepta (art. 41 do CPP); 2) quando faltar pressuposto processual ou condição para o exercício da ação penal; 3) quando houver falta de justa causa para a ação penal.

Na instrução concentrada, proceder-se-á à oitiva da vítima, se houver; e das testemunhas arroladas pela acusação e pela defesa, nessa ordem.

Após o encerramento da oitiva das testemunhas, o próximo ato processual será o interrogatório do acusado, oportunidade em que, querendo, poderá manter-se em silêncio ou apresentar a versão que melhor lhe aprouver.

Finalizada a instrução probatória, passar-se-á para os debates, cujo tempo é de vinte minutos, prorrogáveis por mais dez, fazendo uso da palavra, primeiramente, a acusação e, depois, a defesa, em estrita obediência ao contraditório. Nada impede, outrossim, que as partes tragam memoriais e postulem pelas suas juntadas.

Findos os debates, cumpre ao magistrado proferir sentença de mérito, acolhendo ou não a pretensão punitiva, dela sendo adequado o recurso de apelação (art. 82 da Lei n. 9.099/95).

3.2.2. Procedimentos ordinário e sumário

Não se pode, outrossim, perder de horizonte que há tipo punitivo ambiental que não se subordinada ao procedimento sumaríssimo: arts. 30, 33 a 35, 38 a 40, 41 (na forma dolosa), 42, 50-A, 54, 56, 61 a 63, 66 a 69-A; eis que as penas abstratamente cominadas em seu máximo exorbita o *quantum* que estabelece a competência do Juizado Especial Criminal.

Outrossim, por questão de metodologia e oportunidade, repetindo o que foi precedentemente exposto, se, relativamente aos delitos originariamente de competência do JECrim, houver concurso material, concurso formal ou crime continuado, e da soma das *sanctio legis* ou de seu acréscimo resultar pena superior a dois anos, a competência passará para o juízo singular, quando então deverá ser determinado o tipo de rito que deverá ser utilizado.

No rol precitado, as figuras típicas previstas nos arts. 35, 40 e 69-A subordinam-se ao rito ordinário, posto que a pena máxima neles abstratamente cominada é privativa de liberdade em patamar superior a quatro anos (art. 394, § 1º, I, CPP).

Os demais preceitos sancionatórios elencados se subordinam ao rito sumário, por se cuidar de pena corporal, máxima abstratamente ameaçada inferior a quatro anos (art. 394, § 1º, III) e, evidentemente, superior a dois anos.

Em tema de comentários alusivos aos procedimentos mencionados, é imperioso que se deixe consignado que o procedimento ordinário se apresenta como aquele que é básico, servindo de paradigma para os outros, motivo pelo qual a dissertação em espécie dele fluirá, e, ulteriormente, haverá o devido ajuste ao rito sumário.

Como é cediço, uma vez oferecida a denúncia ou queixa, está iniciada a ação penal. Cumpre ao magistrado, *ab initio*, verificar se a peça postulatória pública ou privada pode ser recebida ou rejeitada. O afastamento liminar da acusação será concretado nas situações que serão indicadas a seguir:

1) Quando a exordial for manifestamente inepta, o que acontece quando faltar requisito do art. 41 do CPP (exposição do fato criminoso, qualificação do acusado, classificação do crime); quando o fato evidentemente não constituir crime (art. 397, III, CPP); quando ausente a indicação de sinais característicos do acusado; quando não tiver havido pedido de condenação.
2) Por falta de pressuposto processual: órgão investido de jurisdição e partes ativa e passiva, do ponto de vista de legitimidade.
3) Quando ocorrer a falta de condição para o exercício da ação penal, o que se dará quando ausente a condição genérica (possibilidade jurídica do pedido, interesse processual ou de agir, legitimidade de parte) e de punibilidade (ocorrência de causa extintiva de punibilidade). Quanto à condição específica de procedibilidade, a exemplo da representação, ela se mostra inaplicável em sede de crime ambiental.
4) Quando ausente a falta de justa causa para o exercício da ação penal, ou seja, indícios suficientes da autoria e comprovação da prática do crime (art. 395 do CPP), que, em última análise, se constitui falta de interesse processual ou de agir.

Não sendo causa de rejeição, a peça postulatória deve ser recebida, o que faz ocorrer o ajuizamento da ação penal ambiental.

O próximo passo do procedimento é a citação, assim entendida como o ato processual por meio do qual se dá conhecimento de que há uma acusação contra o réu, chamando-o em juízo para se defender (*vocatio in iudicium*).

Por oportuno, esse ato de comunicação processual pode ser feito de forma pessoal, real ou *in faciem*; ficta ou presumida; e com hora certa.

Sendo a citação válida, haverá a formação da relação processual, a constituição do *actum trium personarum*: autor, juiz e réu.

Feita a citação, o réu terá o prazo de dez dias. O prazo começa a correr da data da citação pessoal, excluído o dia do começo (art. 798, § 1º, CPP).

Quando a citação for feita via editalícia, "o prazo para a defesa começará a fluir a partir do comparecimento pessoal do acusado em juízo ou do defensor constituído" (art. 396, parágrafo único, CPP). Deve-se entender que, se o réu comparecer em juízo unicamente para dizer que tem ciência da acusação ou se constituir defensor, este deverá apresentar a resposta.

De acordo com o art. 396 do CPP, poderá ser objeto de conteúdo da resposta: a) arguição de preliminar, a exemplo de causa extintiva de punibilidade; falta de condição da ação; ausência de pressupostos processuais; exceção processual, incluindo absolvição sumária, em hipóteses que ela pode ser aplicada em crimes ecológicos; b) alegar tudo o que interesse à sua defesa e juntar documentos e justificações; c) apontar as provas que pretende produzir entre aquelas admitidas pela Constituição Federal e pelo Código Penal; d) arrolar testemunhas (até oito), qualificando-as e requerendo sua intimação quando necessário (exceto: funcionários públicos, se for trazê-los independentemente de intimação).

Na eventualidade de a parte pretender levantar exceção processual, nas hipóteses previstas no art. 95 do CPP, a petição deve ser feita em apartado, por se constituir incidente procedimental.

Pode ocorrer, de outro lado, que o réu, por intermédio de advogado, não apresente a resposta escrita no prazo legal ou nesse espaço temporal não constitua defensor. Isso ocorrendo, cumpre ao magistrado nomear defensor dativo ao acusado, conforme previsto no § 2º do art. 396-A do CPP.

Impõe-se essa atitude de cunho jurisdicional, porquanto a resposta em dissertação se integra no campo da ampla defesa e do contraditório, e garantias fundamentais inscritas na Magna Carta da República não podem ser dispensadas aos acusados em geral.

Merece também inspeção a utilização do instituto da absolvição sumária no âmbito dos crimes ecológicos.

As situações que permitem esse julgamento antecipado da lide se encontram delineadas no art. 397 do CPP.

Extrai-se daquele rol que somente ostenta aplicabilidade na matéria jurídica que está sendo examinada duas situações: quando o fato evidentemente não constituir crime ambiental ou quando estiver extinta a punibilidade.

Em sede de audiência judicial, deverão ser colhidas as declarações do ofendido, se houver; a oitiva de testemunhas indicadas pela acusação e as arroladas pela defesa; eventuais esclarecimentos de perito, se houve pedido a respeito; e, finalmente, o interrogatório do acusado.

Encerrada a instrução, passar-se-á para os debates cuja duração é de vinte minutos, prorrogável por mais dez. Esse espaço temporal é comum à acusação e à defesa. Havendo assistente, seu tempo será de dez minutos, cujo tempo será adicionado àquele da defesa. Havendo mais de um acusado, o tempo para a defesa será individual.

Levados a efeito os debates, como regra, o magistrado deve, em seguida, proferir a decisão. Entretanto, poderá ser concedida às partes a elaboração de memoriais, de ofício ou mediante provocação, desde que o caso *sub judice* seja considerado complexo ou tendo em vista o número de acusados. O prazo para a apresentação dessas alegações finais por escrito é comum e sucessivo por cinco dias. Juntados os memoriais, os autos irão conclusos ao magistrado, tendo este o prazo de dez dias para proferir decisão.

Pode acontecer, outrossim, a necessidade de haver a cisão da audiência concentrada, o que se dará em duas situações: oitiva de pessoas por precatória (art. 400 c/c art. 222, CPP); deferimento de pedido de realização de diligências requeridas pelas partes (art. 404, CPP).

Realizadas as diligências, as partes, em prazo sucessivo de cinco dias, farão suas alegações, cabendo ao juiz proferir a sentença em dez dias (art. 404, parágrafo único, CPP). O procedimento ordinário deverá ser encerrado no prazo de sessenta dias, contado da data do recebimento da denúncia ou da queixa.

No que concerne ao procedimento sumário (art. 541, CPP), aplica-se tudo o que foi dito sobre o rito ordinário no que concerne à rejeição da peça acusatória, citação, resposta e absolvição sumária (arts. 395 a 397, CPP).

Diferentemente do que acontece com o rito ordinário, no sumário cada parte poderá arrolar até cinco testemunhas e o procedimento deverá ser encerrado no prazo máximo de trinta dias (art. 531, CPP).

3.3. Suspensão condicional do processo (*sursis* processual)

Conforme preceito encartado no art. 28 da Lei n. 9.605/98:

> As disposições do art. 89 da Lei n. 9.099, de 26 de setembro de 1995, aplicam-se aos crimes de menor potencial ofensivo definidos nesta Lei, com as seguintes modificações: I – a declaração de extinção de punibilidade, de que trata o § 5º do artigo referido no *caput*, dependerá de laudo de constatação de reparação do dano ambiental, ressalvada a impossibilidade prevista no inciso I do § 1º do mesmo artigo; II – na hipótese de o laudo de constatação comprovar não ter sido completa a reparação, o prazo de suspensão do processo será prorrogado, até o período máximo previsto no artigo referido no *caput*, acrescido de mais 1 (um) ano, com suspensão do prazo da prescrição; III – no período de prorrogação, não se aplicarão as condições dos incisos II, III e IV do § 1º do artigo mencionado no *caput*; IV – findo o prazo de prorrogação, proceder-se-á à lavratura de novo laudo de constatação de reparação do dano ambiental, podendo, conforme seu resultado, ser novamente prorrogado o período de suspensão, até o máximo previsto no inciso II deste artigo, observado o disposto no inciso III; V – esgotado o prazo máximo de prorrogação, a declaração de extinção de punibilidade dependerá de laudo de constatação que comprove ter o acusado tomado as providências necessárias à reparação integral do dano.

O legislador excepcional previu de maneira expressa a adoção do instituto da suspensão condicional do processo nos crimes ecológicos, porém com algumas modificações pontuais que melhor se adequam à área ambiental.

Como regra geral, o *sursis* processual pressupõe a concorrência dos seguintes requisitos: a) pena mínima abstratamente cominada de até um ano; b) não tenha processo em andamento; c) não tenha sido condenado por outro crime (pressupõe trânsito julgado); d) requisitos que permitem a suspensão condicional da pena (art. 77, CP). O prazo da suspensão é de 2 a 4 anos.

As condições para a mencionada suspensão são: a) reparação do dano, salvo impossibilidade de fazê-lo; b) proibição de frequentar determinados lugares; c) proibição de ausentar-se da comarca onde reside sem prévia autorização do juiz; d) comparecimento mensal em juízo para informar e justificar suas atividades (art. 89, Lei n. 9.099/95).

Cumpridas tais obrigações, o juiz declarará extinta a punibilidade.

Nos crimes ambientais, a extinção da punibilidade fica ainda condicionada a outros fatores, que a seguir serão apontados.

Vencido o espaço temporal estabelecido, cumpre ao beneficiário providenciar a juntada nos autos do laudo de constatação da reparação ambiental. Entretanto, se não houver possibilidade de ser promovida a restauração do dano causado ao meio ambiente, cumpre ao interessado fazer a comprovação em espécie.

Pode ocorrer, entretanto, que não houve tempo de realizar a reparação completa a cargo do beneficiário. *In casu*, de modo inovador, o prazo de suspensão será prorrogado em quatro anos (tempo máximo da suspensão), acrescido de um ano, dando um total de cinco anos de prorrogação. Nesse período a prescrição ficará suspensa. Logo, em termos de totalidade, se a suspensão foi de dois anos, havendo seu acréscimo o prazo final será de sete anos; se suspensão inicial foi de quatro anos, o prazo final será de nove anos.

De outro lado, não se aplica no período de prorrogação: as situações elencadas nos itens a), b) e c) mencionados anteriormente, quais sejam as condições da suspensão.

Haverá nova prorrogação do prazo por cinco anos, se no novo laudo não ficar constatada a reparação integral do dano ambiental. Se isso ocorrer, poderá haver um somatório de prorrogação de 12 ou 14 anos, dependendo de a suspensão inicial ter sido de 2 ou 4 anos. Aqui também não se aplicam as alíneas *a*, *b* e *c*, já mencionadas.

Findo o prazo máximo de prorrogação, que poderá ser de até 14 anos, a extinção da punibilidade só poderá ser proferida se o laudo constatar ter havido reparação integral do dano. Se isso não ocorrer, o processo terá seu prosseguimento.

Jurisprudência: Havendo descumprimento das condições impostas ao acusado por ocasião da suspensão condicional do processo, a revogação do benefício deve ocorrer durante o prazo em que este se encontrava suspenso, e não depois de transcorrido o período de prova, sendo a declaração de extinção da punibilidade daquele, nesta última hipótese, medida que se impõe, por força do § 5º do art. 89 da Lei n. 9.099/95, que prevê: "Expirado o prazo sem revogação, o juiz declarará extinta a punibilidade". (TJMG, RSE n. 1.0521.04.036569-9/001, 6ª Câm. Crim., rel. Des. Márcia Milanez, publ. 06.03.2014)

Em se tratando de crimes ambientais de menor potencial ofensivo, não pode o magistrado declarar extinta a punibilidade do agente sem que se tenha comprovado a reparação do dano ambiental ou a impossibilidade de fazê-lo, ainda que transcorrido o período de prova da suspensão condicional do processo, consoante o disposto no art. 28, I, da Lei n. 9.605/98. (TJMG, RSE n. 1.0521.04.039537-0/001, 1ª Câm. Crim., rel. Des. Alberto Deodato Neto, publ. 07.01.2014)

Em se tratando de crime ambiental, a reparação do dano é *conditio sine qua non* para a extinção da punibilidade do acusado, não sendo suficiente o cumprimento das demais condições impostas quando da aceitação da proposta, sem que seja apresentado um laudo técnico comprovando que a área degrada foi restaurada. A extinção da punibilidade sem a comprovação da reparação ambiental afronta a vedação expressa no art. 28 da Lei n. 9.605/98. (TJMG, RSE n. 1.0521.08.070465-8/001, 4ª Câm. Crim., rel. Des. Júlio Cezar Guttierez, publ. 27.11.2013)

Crime ambiental. Pesca proibida. Suspensão condicional do processo. Reparação do dano. Condição não estabelecida pelo Ministério Público. Fim do período de prova sem revogação do benefício. Extinção da punibilidade. Necessidade. Decisão mantida. Recurso não provido. (TJMG, RSE n. 1.0363.02.008704-7/001, 1ª Câm. Crim., rel. Des. Flávio Leite, publ. 27.09.2013)

CAPÍTULO 3
Dos crimes contra o meio ambiente

1. Dos crimes contra a fauna

1.1. Matar, perseguir, caçar, apanhar, utilizar espécime da fauna silvestre

> Art. 29. Matar, perseguir, caçar, apanhar, utilizar espécimes da fauna silvestre, nativos ou em rota migratória, sem a devida permissão, licença ou autorização da autoridade competente, ou em desacordo com a obtida:
> Pena – detenção, de 6 (seis) meses a 1 (um) ano, e multa.
> § 1º Incorre nas mesmas penas:
> I – quem impede a procriação da fauna, sem licença, autorização ou em desacordo com a obtida;
> II – quem modifica, danifica ou destrói ninho, abrigo ou criadouro natural;
> III – quem vende, expõe à venda, exporta ou adquire, guarda, tem em cativeiro ou depósito, utiliza ou transporta ovos, larvas ou espécimes da fauna silvestre, nativa ou em rota migratória, bem como produtos e objetos dela oriundos, provenientes de criadouros não autorizados ou sem a devida permissão, licença ou autorização da autoridade competente.
> § 2º No caso de guarda doméstica de espécie silvestre não considerada ameaçada de extinção, pode o juiz, considerando as circunstâncias, deixar de aplicar a pena.
> § 3º São espécimes da fauna silvestre todos aqueles pertencentes às espécies nativas, migratórias e quaisquer outras, aquáticas ou terrestres, que tenham todo ou parte de seu ciclo de vida ocorrendo dentro dos limites do território brasileiro, ou águas jurisdicionais brasileiras.

§ 4° A pena é aumentada de metade, se o crime é praticado:
I – contra espécie rara ou considerada ameaçada de extinção, ainda que somente no local da infração;
II – em período proibido à caça;
III – durante a noite;
IV – com abuso de licença;
V – em unidade de conservação;
VI – com emprego de métodos ou instrumentos capazes de provocar destruição em massa.
§ 5° A pena é aumentada até o triplo, se o crime decorre do exercício de caça profissional.
§ 6° As disposições deste artigo não se aplicam aos atos de pesca.

Tipo objetivo

O delito em oposição à fauna em espécie é representado por vários verbos, indicativos das condutas proibidas.

O verbo "matar" é implicativo de eliminar a vida; "perseguir" significa ir atrás; "caçar" tem sentido amplo, compreendendo em seu bojo perseguir, capturar a tiro, a rede, a flecha, objetivando aprisionar ou matar; "apanhar" está voltado a aprisionar; "utilizar" é fazer uso do espécime.

A norma examinada constitui tipo misto ou alternativo. Assim, se a conduta do agente atingir mais de um núcleo do tipo, haverá um único crime.

Elementos do tipo

Deve ficar destacado, para efeito analítico, que o legislador, ao estabelecer os verbos indicativos da conduta proibida, coloca no tipo penal de regência uma situação indicativa de elemento normativo: "sem a devida permissão, licença ou autorização da autoridade competente, ou em desacordo com a obtida".

Isso significa, em outros termos, que se o agente tiver "permissão, licença ou autorização da autoridade competente", ele poderá matar, perseguir, caçar, apanhar ou utilizar espécimes da fauna silvestre, nativa ou em rota migratória. Assim, ele não comete o fato punível em questão, posto que se sua conduta é atípica, lícita, não é delituosa, citando-se, a título de exemplo, autorização de abate de animal cuja procriação fugiu do controle e está causando dano ao ecossistema, como iterativamente acontece com jacarés e capivaras.

Nota-se, nesse quadrante, o magistério de Roberto Delmanto et al.,

> a exemplo do que ocorre em inúmeros tipos penais desta lei, como de outras leis especiais (como o Código de Defesa do Consumidor, por exemplo), este art. 29 prevê em sua descrição típica, além dos tipos objetivos e subjetivos acima analisados, os chamados elementos normativos que exigem um *juízo de valor* por parte do intérprete. Assim, para haver o crime deste art. 29, o agente deverá ter praticado a conduta prevista "sem a devida permissão, licença ou autorização da autoridade competente, ou em desacordo com a obtida".[1]

E mais, "o tipo contém vários elementos normativos os quais, se presentes, tornam lícita a conduta".[2] Ora, se o comportamento do agente é permitido por órgão competente nas cercanias do meio ambiente, ele não pode ser tido como criminoso.

Por oportuno, entende-se por ecossistema o relacionamento mútuo entre o meio ambiente e a fauna, flora e os microrganismos que neles habitam, incluindo fatores de equilíbrio geológico, atmosférico, meteorológico e biológico (eco: habitação; ecologia: parte da biologia que estuda a relação entre os seres vivos e o meio ambiente em que vivem, bem como as suas recíprocas influências).

Do ponto de vista da técnica do direito administrativo, permissão designa o ato unilateral, discricionário e de natureza precária por meio do qual a Administração Pública, no caso ligada ao meio ambiente, concede ao particular o poder de realizar as condutas previstas no tipo penal.

Licença, por sua vez,

> é o ato administrativo editado no exercício de competência vinculada, por meio do qual a Administração Pública formalmente declara terem sido preenchidos os requisitos legais e regulamentares exigidos e constitui o direito de um particular ao exercício de uma profissão ou atividade privada determinadas.[3]

Adaptando o conceito transcrito para o campo do crime ecológico, a licença em espécie se constitui ato administrativo unilateral e vinculado pelo

---

1   *Leis penais especiais comentadas*, p. 544.
2   COSTA JR., Paulo José da; COSTA, Fernando José da; MILARÉ, Édis. *Direito penal ambiental*, p. 83.
3   JUSTEN FILHO, Marçal. *Curso de direito administrativo*, p. 426.

qual os órgãos que operam no campo do meio ambiente facultam àquele que preenche os requisitos legais matar, perseguir, caçar, apanhar, utilizar espécies da fauna silvestre nativos ou em rota migratória.

Não bastasse isso, o texto penal sob referência ainda faz alusão à autorização, que, segundo a definição tradicional,

> é um ato administrativo editado no exercício de competência discricionária, tendo por objeto o desempenho de uma atividade privada, o exercício de um direito ou a constituição de uma situação de fato, caracterizada pelo cunho de precariedade e revogabilidade a qualquer tempo.[4]

In casu, a autorização em tela converge na realização das condutas enumeradas no tipo penal de referência.

Tutela penal

A proteção penal incide sobre o meio ambiente, envolvendo espécime (um exemplar de qualquer espécie animal) da fauna silvestre, assim entendidos os animais selvagens, ou seja, "os animais de quaisquer espécies, em qualquer fase do seu desenvolvimento e que vivem naturalmente fora do cativeiro" (art. 1º, Lei n. 5.197/67). Assim também os nativos, que são originários do Brasil, e aqueles em rota migratória, ou seja, que estão de passagem para outro país, que fazem viagens periódicas ou esporádicas de um país para outro.

De outro lado,

> saliente-se que os animais não são sujeitos de direito. Protege-se a fauna para dar vazão a mandamento constitucional consistente em garantir à presente e futura geração um meio ambiente equilibrado. O sujeito de direito é o homem, sendo que os animais têm sua integridade tutelada por via reflexa.[5]

Sujeito ativo

O fato punível dissertado não exige sujeito ativo especial. Trata-se de crime comum, que pode ser, dessa forma, praticado por qualquer pessoa física,

---

4   Ibidem, p. 426.
5   COSTA JR., Paulo José da; COSTA, Fernando José da; MILARÉ, Édis. *Direito penal ambiental*, p. 81.

bem como jurídica, esta em concurso com a primeira (p. ex.: caça de animais para fins comerciais).

Sujeito passivo

É a coletividade, já que a todos os indivíduos cabe a defesa do meio ambiente.

Nada impede que se faça menção à passividade indireta, que será: da União, se os animais estiverem em área de sua proteção ou de sua autarquia; dos estados-membros, se os animais estiverem sob seu agasalho.

Elemento subjetivo

O tipo penal *sub examine* exige, para sua configuração, o dolo genérico: vontade livre e consciente de praticar qualquer conduta contida no tipo penal.

Consumação e tentativa

Relativamente à consumação do delito examinado, esta sofre variação, tendo em vista a prática de cada núcleo do tipo.

Relativamente aos verbos "matar" e "apanhar", o delito se consuma com a produção dos resultados naturalísticos morte e aprisionamento. Trata-se, por conseguinte, de delito material, sendo plenamente possível a ocorrência da tentativa.

No que diz respeito aos demais núcleos do tipo, a *consumatio* se verifica com a mera conduta, posto que não se exige um resultado naturalístico. Cuida-se de crime formal, não admitindo a tentativa em nenhuma das hipóteses postas no preceito incriminador, qual seja, caçar, apanhar ou utilizar.

No § 1º do art. 29 da Lei de regência, o legislador promoveu aquilo que pode ser denominado desdobramento da tipicidade, estabelecendo, para a conduta incriminada, as mesmas penas previstas para aquele que realiza qualquer conduta proibida no *caput* do dispositivo.

Nos termos do inciso I, comete o crime o agente que não permite, que interrompe a procriação da fauna, termo coletivo para a vida animal de uma determinada região ou de um período de tempo (tipo objetivo e elementos do tipo).

Da mesma maneira da previsão feita pelo legislador no *caput* da norma sancionatória, na eventualidade de haver autorização ou licença para que o agente impeça a procriação, geração da fauna, o fato será atípico.

A conduta do agente, na falta de exigência de elemento específico, é representada pelo dolo genérico, ou seja, vontade livre e consciente de impedir a procriação da fauna (elemento subjetivo).

O impedimento a que alude o tipo de regência tem natureza material, motivo pelo qual, além de exigir a comprovação pericial da conduta vedada, o delito se aperfeiçoa quando o sujeito ativo interrompe o nascimento em termos de fauna. A tentativa, a exemplo do que de regra acontece com todos os fatos típicos materiais, mostra-se possível (consumação e tentativa).

Nos pórticos do inciso II, a conduta equiparada em termos objetivos ameaça de punição o agente que altera, que causa estrago, aniquila ou arruína ninho – assim entendida a estrutura construída por aves e alguns outros animais para ali porem os ovos e fornecerem proteção aos recém-nascidos –, abrigo – local destinado à proteção da fauna – ou criadouro natural (tipo objetivo e elementos do tipo).

O dispositivo prevê, a exemplo do que se encontra encartado no inciso I, a vontade livre e consciente do agente de executar alguma das condutas proibidas. Trata-se, pois, de dolo eventual (elemento subjetivo).

Os verbos utilizados no art. 29 da Lei n. 9.605/98 conduzem ao entendimento de que se cuida de crime material, cuja concreção depende de resultado naturalístico. A tentativa é plenamente concebível (consumação e tentativa).

A teor do que está sendo discursado, o inciso III comina *sanctio legis* a qualquer pessoa que comercializa, apresenta para efeito de alienação (expõe a venda), envia para fora do território nacional (exporta), compra (adquire), guarda, mantém sob regime de prisão (cativeiro), mantém armazenado (depósito), faz uso (utiliza) ou leva de um lugar para outro (transporta) os objetos especificados no dispositivo legal (tipo objetivo).

As condutas vedadas dizem respeito aos óvulos animais – que podem estar fecundados ou não, mesmo porque o tipo de regência não faz nenhuma distinção –, larvas – que em biologia é qualquer forma de um animal em desenvolvimento, ou seja, que ainda não atingiu a maturação sexual, diferente do estado adulto –, bem como animais selvagens, ou seja, que não são domesticados integrantes da fauna, originários do Brasil ou aqueles que passam pelo Brasil com destino a outro país, o que se denomina rota migratória (elementos do tipo).

De outro lado, também podem ser objetos de um dos comportamentos precitados os produtos derivados dos animais, que, inexoravelmente, provêm de seu abate. Assim também os objetos oriundos da fauna, que se traduzem na confecção de qualquer peça decorrente do aproveitamento do animal sacrificado advindo de criadouros, que nada mais são do que recipientes para a criação de animais, desde que clandestinos (elementos do tipo).

Em linhas gerais, a preocupação do legislador é o comércio, quer em nível nacional ou internacional, de animais da fauna nacional, seus ovos ou larvas. Também é objeto do delito a produção de tais animais em criadouros não autorizados ou sem a devida permissão, licença ou autorização da autoridade ambiental competente.

De outro lado, aproveitando a sequência dissertativa, a exemplo do que ocorre com o *caput* do dispositivo sancionatório, a título de ressalva, no inciso III examinado, o legislador também dispõe como elemento normativo do tipo "provenientes de criadouros não autorizados ou sem a devida permissão, licença ou autorização da autoridade competente".

Diante do texto legal, se o agente tiver autorização para ter o criadouro de ovos, larvas ou espécimes, não sendo, por conseguinte, clandestino, ou tiver permissão, licença ou autorização da autoridade competente – que no caso deve ser vinculada ao meio ambiente, a exemplo do que acontece com o Instituto Brasileiro do Meio Ambiente e dos Recursos Naturais Renováveis (Ibama) – e realizar a venda, expuser à venda, exportar, adquirir, tiver em cativeiro ou depósito, utilizar ou transportar os objetos materiais precitados, ele não comete o fato punível em questão, posto que se sua conduta é atípica, é lícita, não delituosa.

Com efeito, "a conduta será lícita, conforme o direito, se realizada com autorização da autoridade administrativa competente e com espécimes provenientes de criadouros devidamente legalizados".[6]

No mesmo sentido:

> O inciso III também contém um elemento normativo, de tal sorte que só haverá o crime se os objetos materiais forem provenientes de criadouros não autorizados, ou se as condutas forem praticadas sem a devida permissão, licença ou autorização da autoria competente.[7]

Outrossim, o delito discursado prevê, para sua concretização no campo da culpabilidade, também o dolo genérico, ante a ausência de qualquer fim exigido na conduta do autor, coautor ou partícipe do crime ecológico: vontade livre e consciente de praticar as condutas incriminadas pelo tipo penal (elemento subjetivo).

Observando os vários verbos que informam os núcleos dessa figura típica por equiparação, conclui-se a existência de delitos materiais, exigindo, por

---

6 FREITAS, Vladimir Passos de; FREITAS, Gilberto Passos de. *Crimes contra a natureza*, p. 98-9.
7 MACIEL, Silvio. *Legislação criminal especial:* ciências criminais, v. 6, p. 746.

conseguinte, o surgimento de um resultado naturalístico para efeito da consumação, como nos casos de venda, exportação e aquisição. O *conatus* nas situações apontadas é perfeitamente possível (consumação e tentativa).

Outros termos, que também compõem o fato punível *sub examine*, são indicativos de crimes formais, cuja consumação se dá com a simples prática da conduta, sem que se perquira sobre eventual consequência naturalística. É o que exprimem exposição à venda, exportação, guarda, manutenção em cativeiro ou depósito, utilização ou transporte. *In thesi*, pode haver a tentativa, cuidando-se dos delitos de natureza instantânea (venda, exportação, aquisição), contudo não a permitem os crimes de natureza permanente (ter em depósito ou em cativeiro) (consumação e tentativa).

Derradeiramente, nas hipóteses típicas examinadas no § 1º, a tutela penal, os sujeitos ativo e passivo são os mesmos previstos no *caput* do dispositivo incriminador.

Nos termos do § 2º do regramento esquadrinhado, o legislador excepcional cuidou do perdão judicial.

Diante disso, se o animal silvestre que está na guarda do agente não estiver ameaçado de extinção, o juiz pode não aplicar a pena. Haverá a extinção da punibilidade, com escólio no art. 107, IX, do Código Penal.

Conforme esclarecimentos vertidos por Silvio Maciel:

> A guarda doméstica de espécimes silvestres constitui crime, por caracterizar as condutas de guardar ou ter em cativeiro tais animais (art. 29, § 1º, III). Assim sendo, o hábito de ter animais silvestres como "bichos de estimação" em casa configura a infração penal, se o agente não tiver autorização, licença ou permissão da autoridade. Mas o juiz, considerando as circunstâncias do fato e desde que não seja animal de espécie ameaçada de extinção, poderá deixar de aplicar a pena, é dizer, poderá conceder o perdão judicial.[8]

Para exemplificar, é comum encontrar na posse e guarda das pessoas animais como papagaios, araras ou aves semelhantes, assim como macacos (símios), capivaras (capinchos), onças, o que, tendo em consideração o tempo em que se encontram sob a posse pertinente, acaba por estabelecer um vínculo sentimental entre o animal e seu possuidor, além do que, em muitos casos, tendo em vista a própria sobrevivência do animal, não há como devolvê-lo à natureza, ao seu *habitat* original. Isso, inexoravelmente, levou o legislador a prever a aplicação do perdão telado.

---

[8] Ibidem, v. 6, p. 746-7.

Ademais, é *conditio sine qua non*, para a concessão do perdão judicial, que a espécie objeto da guarda não seja "considerada ameaçada de extinção" (art. 29, § 2º, Lei n. 9.605/98). Trata-se de tipo de norma em branco, porquanto cumpre aos órgãos que militam no meio ambiente indicar quais são esses animais. Ao que se tem notícia, mais de seiscentas espécies da fauna brasileira estão em processo de extinção.

De se esclarecer que o processo de extinção, que se constitui evento extremamente lento, está relacionado ao desaparecimento de espécies ou grupos de espécies em um determinado ambiente ou ecossistema. Semelhante ao surgimento de novas espécies, a extinção é um evento natural: espécies surgem por meio de eventos de especiação (longo isolamento geográfico, seguido de diferenciação genética) e desaparecem devido a eventos de extinção (catástrofes naturais, competidores mais eficientes).

É de indubitável clareza, para ser bem enfático, que se o animal estiver sujeito à extinção, não poderá o juiz conceder o perdão, porquanto o interesse ambiental ou ecológico, por ter natureza pública, deve preponderar sobre o interesse pessoal. Ora, preservar ou devolver o animal à natureza, em que ele foi criado e deve viver, constitui-se mecanismo que propicia a procriação e a preservação da espécie no fluir dos tempos.

Outrossim, também deve ser objeto de inspeção o alcance normativo do termo "considerando as circunstâncias" como pressuposto para o reconhecimento da causa extintiva de punibilidade discursada. Essas circunstâncias não se confundem com os vetores alinhados no art. 59 do Código Penal, que basicamente servem como norteadores da fixação da pena em seu patamar básico. Assim sendo, as circunstâncias para efeito da adoção do perdão judicial dizem respeito ao conjunto de fatores que cercam a posse do animal, a exemplo do que acontece com sua aquisição, tratamento, relação afetiva, entre outros, conforme se verificar no caso concreto.

Vencidas essas considerações, o que merece reflexão e análise é a expressão "pode o juiz", contida no § 2º do art. 29 da Lei n. 9.605/98, uma vez que o verbo "poder", normalmente, é indicativo de faculdade, o que se mostra discutível em termos do perdão judicial.

Em situação desse matiz,

> não se pode esquecer que é muito comum na interpretação, ou mesmo na confecção de norma legal no direito pátrio, que embora utilizada a expressão "pode" ou "é facultado" [...] tem ela o sentido de obrigatoriedade. Sem dúvida, não deixa de ser um vício de linguagem, mas que pela leitura do texto penal leva o intérprete, pela própria função do instituto, a entender que se cuida de situação

cogente, obrigatória. A extinção da punibilidade é situação que envolve interesse público e não somente o daquele que está sendo objeto de persecução criminal. Ora, se o legislador prevê situação que fixa extinta punibilidade do autor do fato punível, não se pode admitir que o magistrado tem a faculdade de declará-la ou não. Trata-se, indubitavelmente, de direito subjetivo do condenado em ter reconhecido seu perdão, quando reunidos todos os pressupostos legais que o autorizam.[9]

Em posição simétrica à exposta, Roberto Delmanto et al. deixam assentado que, "em nossa opinião, presentes os requisitos legais, a concessão do perdão judicial constitui direito público subjetivo do acusado e não mera faculdade do juiz".[10]

De maneira profícua e recomendada, cuidou o legislador de, em dispositivo específico, definir o que se deve entender por "espécimes da fauna silvestre" (art. 29, § 3º, Lei n. 9.605/98), o que se mostra imprescindível para a aplicação da norma penal de regência.

Ab initio, é importante deixar exatificado que a fauna é o conjunto de espécies animais que habitam uma região geográfica, que são próprias de um período geológico. Esta depende tanto de fatores abióticos como de fatores bióticos. Entre estes sobressaem as relações possíveis de competência ou de aniquilação entre as espécies.

A fauna é designada como silvestre uma vez que as espécies são próprias, ocorrem de forma espontânea em um determinado *habitat*. Diante disso, deve-se entender por espécie nativa ou silvestre aquela que ocorre de forma natural em um determinado ecossistema ou região, que na hipótese legal examinada deve ser a nacional, ficando excluída, por conseguinte, a espécie estrangeira.

Há, de outro lado, as denominadas espécies migratórias, ou seja, o conjunto da população ou parte dela de qualquer espécie de animal selvagem que ultrapasse os limites de determinada jurisdição nacional, indo de um país para outro. Trata-se, portanto, do deslocamento periódico de espécies de animais de uma região para outra, geralmente associado a mudanças cíclicas de características ambientais. Logo, essa emigração se revela vinculada ao ecossistema.

Partindo-se da premissa de que a fauna tem um sentido consideravelmente vasto, envolvendo o conjunto de animais, terrestres ou aquáticos, próprios de determinada região, o legislador incluiu no conceito por ele formulado a

---

9   MOSSIN, Heráclito Antônio; MOSSIN, Júlio César O. G. *Comentários ao Código Penal:* à luz da doutrina e da jurisprudência – doutrina comparada, p. 519.
10 *Leis penais especiais comentadas*, p. 547.

fauna aquática, como sendo aquela constituída por animais que vivem nas águas do mar, lagos e rios, compreendendo peixes e mamíferos. Há também aqueles que povoam as várzeas, a exemplo dos jacarés e tartarugas. Inclui-se nesse rol algumas espécies de anfíbios, notadamente a lontra e a capivara e certas serpentes, como a sucuri.

Por seu turno, à eloquência, fauna terrestre compreende os animais que vivem na terra, sobre a parte sólida de uma região, notadamente nas florestas, nos campos.

Para efeito de ordem legal, os animais terrestres e aquáticos considerados para os objetivos penais são aqueles que tenham tido seu ciclo de vida total ou parcial ocorrido dentro dos limites territoriais ou águas jurisdicionais brasileiras.

Em linhas gerais, como anotado por Roberto Delmanto et al.: "São ao todo seis categorias de espécimes da fauna silvestre: anfíbios, aves, insetos, invertebrados terrestres, mamíferos e répteis".[11]

O legislador previu no tipo penal que está sendo abordado determinadas circunstâncias especiais de majoração da reprimenda legal, por entender que elas são implicativas de maior reprovabilidade.

Portanto, atendendo ao critério trifásico para a conceituação definitiva da *sanctio poenalis*, além da pena fixada em seu patamar básico, em conformidade com as circunstâncias judiciais (art. 59, CP), o juiz em um segundo momento aplica as circunstâncias agravantes (art. 15, Lei dos Crimes Ambientais) e, por último, no delito examinado, as causas de aumento previstas no § 4º que está sendo alvo de considerações doutrinárias.

É de se deixar assentado, posto que oportuno, que as causas de aumento da *sanctio iuris* não se confundem com as circunstâncias agravantes, que são fatores do acréscimo da pena.

Nessa ordem de consideração, de maneira precisa, há a previsão de aumento da sanção punitiva de metade, o que torna, indiscutivelmente, mais rigorosa e firme a posição do Estado em combater as condutas proibidas encampadas pelo dispositivo sancionatório em espécie.

Pela ordem cronológica prevista no regramento legal de interesse, o acréscimo deverá incidir quando o delito levado a efeito vitimar animal raro, aquele que é incomum, que é excepcionalmente encontrado, ou ameaçado de extinção, sendo aquele cuja espécie está sujeita a deixar de existir, conforme rol emitido pela Secretaria do Meio Ambiente ou por órgão a ela ligada, a exemplo do que se dá com o Ibama.

---

11   *Leis penais especiais comentadas*, p. 549.

A conduta também se mostra gravosa ao ecossistema quando o agente macula norma estabelecendo os períodos durante o ano em que não se admite a caça de animais silvestres. A proibição é imposta procurando manter um equilíbrio em termos de conservação de espécies animais.

Também a causa de aumento em questão tem alcance quando o fato punível é praticado durante a noite, ou seja, quando há ausência de luz solar. O acréscimo se justifica, eis que nesse período não há fiscalização, bem como ocorre sensível diminuição da própria defesa do animal, posto que este se encontra em repouso.

Há, para certas ocasiões do ano, a outorga de licença permitindo ao agente a caça de animais. Porém, por vezes aquele que foi objeto de autorização abusa, atua além daquilo que lhe foi permitido, agindo com excesso, o que culmina em produzir dano ao meio ambiente, já que extrapola o controle previsto pelos órgãos que cuidam do meio ambiente. Nesse particular, mostra-se bastante interessante e muito compatível com o tema jurídico discorrido o magistério provindo de Roberto Delmanto et al., ao deixar assinalado que:

> Quis o legislador punir mais gravemente aquele que pratica a conduta criminosa com abuso de licença. De fato a reprovabilidade daquele que infringe a norma penal com abuso de licença é maior, até porque a autoridade administrativa nele confiou, diminuindo certamente a fiscalização. Embora o art. 29, *caput*, puna o crime praticado em desacordo com permissão, licença ou autorização obtida, cremos que a hipótese aqui é mais grave, pois o agente não se limita a estar em desacordo (divergência, discordância) com a licença obtida, com má-fé. Indo além, para agir com abuso de licença, aproveitando-se da licença concedida. No primeiro caso, o agente simplesmente age em desacordo com a licença; já no segundo, o agente prevalecendo-se, aproveita-se da licença que possui para praticar o crime. Na verdade, a diferença é sutil, devendo ser verificada no caso concreto.[12]

Ademais, se o delito for praticado em unidade de conservação, que é um espaço ambiental que visa a diminuir os efeitos da destruição dos ecossistemas naturais e tem por escopo manter o equilíbrio ecológico (p. ex.: Parque Nacional de Itatiaia, no Rio de Janeiro), a pena também deverá ser majorada no importe previsto pelo legislador.

Fazendo o agente uso de métodos e instrumentos de destruição em massa de espécimes da fauna em suas várias modalidades, também haverá causa

---

12   Ibidem, p. 550.

para o acréscimo da sanção penal, porquanto essa conduta fará decorrer agressão e prejuízo mais contundentes ao meio ambiente: "A utilização de instrumentos e métodos que possam causar mortandade (destruição em massa) de espécimes da fauna silvestre justifica o aumento da pena porque causam maior lesão à espécie atingida."[13]

Não se pode perder de norte que há no crime analisado a concorrência de circunstância agravante (art. 15, Lei n. 9.605/98) e causa de aumento da pena, como acontece com à noite (agravante) e durante a noite (causa de aumento); áreas de unidade de conservação (agravante) e unidade de conservação (causa de aumento); mediante abuso do direito de licença, permissão ou autorização ambiental (agravante) e abuso de licença (causa de aumento); atingindo espécies ameaçadas, listadas em relatórios oficiais das autoridades competentes (agravante); contra espécies consideradas ameaçadas de extinção (causa de aumento).

Em qualquer circunstância no campo do direito penal, independentemente do bem jurídico tutelado e da reprovabilidade que pode percutir sobre o autor do evento típico, é vedada a aplicação do *bis in idem*, que é tido como um fenômeno no Direito consistente na repetição (*bis*) de uma sanção sobre o mesmo fato (*in idem*).

Nessa linha de consideração, como não existe regra estabelecida definindo se o magistrado deve aplicar a agravante ou a causa de aumento da pena, uma vez eleita uma delas, a outra deverá ser afastada.

De maneira ainda mais acentuada, o legislador previu o aumento da reprimenda legal até o triplo, quando o delito decorrer do exercício de caça profissional (art. 29, § 5º, Lei n. 9.605/98).

É tida como profissional a caça que tem por objeto fins lucrativos. Seu exercício não é permitido pela legislação brasileira, porque ocasiona grande prejuízo ao meio ambiente em virtude do abuso desenvolvido pelo caçador na ganância de conseguir considerável lucro, sem se importar com o ecossistema.

Diante disso, agiu escorreitamente o legislador ao prever o aumento de até o limite de três vezes a pena efetivamente aplicada, levando-se em consideração as circunstâncias e as consequências geradas pelo fato punível praticado.

Derradeiramente, nos nortes normativos traçados pelo § 6º do dispositivo examinado, as causas de aumento apontadas e comentadas não se aplicam aos atos de pesca. Disso resulta, indiscutivelmente, que as situações que determinam o aumento da *sanctio legis* somente incidem sobre delitos que envolvem a fauna terrestre.

---

13 MACIEL, Silvio. *Legislação criminal especial:* ciências criminais, v. 6, p. 749.

Jurisprudência: Caça ilegal de animal silvestre. Princípio da insignificância. Tese afastada. Inaplicável o princípio da insignificância, aos crimes ambientais, pois o dano ao meio ambiente é cumulativo e perceptível somente a longo prazo. Apelação da defesa parcialmente provida, para redimensionar as penas. (TJRS, Ap. Crim. n. 70049159791, 4ª Câm. Crim., rel. Des. Gaspar Marques Batista, *DJ* 11.09.2012)

O Superior Tribunal de Justiça assentou o entendimento de que, após a revogação do enunciado da Súmula n. 91, compete à Justiça estadual, de regra, o processamento e julgamento dos feitos que visem à apuração de crimes ambientais. Contudo, quando presente o interesse da União na lide, porquanto as espécies ilegalmente transportadas e comercializadas estão ameaçadas de extinção, evidencia-se a competência da Justiça federal. Precedentes do Superior Tribunal de Justiça. Recurso desprovido. (STJ, RHC n. 35.292/RS, 5ª T., rel. Min. Laurita Vaz, *DJe* 09.12.2013)

Em atenção ao princípio da correlação, o magistrado condenou o acusado com base nos fatos narrados na denúncia, não havendo, portanto, qualquer violação aos princípios do devido processo legal, da ampla defesa e da dignidade da pessoa humana. Demonstrado que o acusado, de forma livre e consciente, utilizava em seu plantel espécimes da fauna silvestre em desacordo com a licença obtida e que fez uso de sinal falsificado, deve ser mantida a condenação nas penas do art. 29 da Lei n. 9.605/98 e art. 296, § 1°, I, do Código Penal, respectivamente. A entrega espontânea de animal silvestre isenta o infrator apenas das penas administrativas, conforme art. 24, § 4°, do Decreto n. 6.514/2008, não repercutindo na esfera penal. Constatado que uma das espécies encontradas sem anilha com o réu é uma ave em extinção e consta no rol da Portaria IBAMA n. 1.522/89, correta a aplicação da causa de aumento prevista no § 4° do art. 29 da Lei n. 9.605/98. Incabível a aplicação do § 2° do art. 29 da Lei n. 9.605/98, que estabelece o chamado perdão judicial no caso de guarda doméstica de espécie silvestre não ameaçada de extinção, a uma, porque o réu foi condenado nas penas do art. 296, § 1°, do Código Penal, por uso de símbolos ou sinais públicos falsos, que não enseja a aplicação da referida benesse, prevista na Lei de Crimes Ambientais, a duas, porque em relação à condenação nas penas do art. 29 da referida lei, uma das espécies mantidas em cativeiro encontra-se ameaçada de extinção. O fato de o réu possuir o ensino básico incompleto não é suficiente, por si só, para caracterizar o baixo grau de instrução necessário para o reconhecimento da atenuante prevista no art. 14, I, da Lei n. 9.605/98. Recurso desprovido. (TRF-2ª Região, Ap. Crim. n. 10.796, 2ª T. Esp., rel. Des. Fed. André Fontes, *E-DJF2R* 24.09.2013)

1.2. Exportação de pele e couro de anfíbios e répteis

> Art. 30. Exportar para o exterior peles e couros de anfíbios e répteis em bruto, sem a autorização da autoridade ambiental competente:
> Pena – reclusão, de 1 (um) a 3 (três) anos, e multa.

Tipo objetivo

O verbo "exportar" é implicativo de enviar, de remeter para o exterior, ou seja, para fora do Brasil. Enfim, é a saída dos bens previstos no preceito sancionatório além das fronteiras do Brasil.

Elementos do tipo

A conduta criminosa está relacionada com o envio para o exterior de pele, couro ou répteis.

Entende-se por pele o órgão que cobre o corpo do animal, enquanto couro constitui a pele espessa de animal.

Anfíbios são animais que respiram por brânquias e, depois, por pulmão. Vivem tanto na terra como na água (p. ex.: rã, sapo, salamandra).

Répteis são animais que se arrastam pelo chão (p. ex.: jacaré, tartaruga, lagartos, cobras).

A prática da conduta vedada está em se exportar esses animais de forma bruta, ou seja, eles são exportados na íntegra, sem manufatura ou transformação industrial.

É oportuno deixar aclarado que a conduta proibida no regramento legal *sub examine* é remessa para o exterior de peles e couros de anfíbios e répteis em bruto. Assim sendo, se o agente fizer exploração de bens protegidos no âmbito nacional, à evidência que sua conduta, em função do princípio da tipicidade, não será enquadrada no regramento legal estudado, mas sim deverá sê-lo no art. 29, III, da Lei dos Crimes Ambientais.

Tutela penal

A exemplo do que acontece com todos os delitos ecológicos, a finalidade do legislador de punir a conduta constante do tipo penal sob análise converge na proteção do meio ambiente.

É de constatação indubitável que deixar de punir criminalmente a antiga prática de remeter para o exterior peles e couros, quer de anfíbios, quer de répteis, concorre sobremaneira para a agressão à fauna brasileira, para sua dilapidação, o que não é recomendável para o ecossistema.

Em virtude disso, o legislador excepcional entendeu, por sinal de maneira procedente, por cominar pena àquele que procura concorrer com o enfraquecimento ecológico em termos de fauna envolvendo os animais que se encontram enumerados no preceito sancionatório.

Nota-se, outrossim, que se houver autorização, ou seja, permissão da autoridade ambiental competente para a referida exportação, a conduta do agente será atípica, não podendo gerar, em consequência, nenhuma punibilidade, em função do princípio da legalidade.

Sem dúvida, se algum dos órgãos que compõem o meio ambiente consente que o agente faça exportação dos objetos materiais descritos no tipo, que se constitui seu elemento normativo, o comportamento do agente está em consonância com lei, não podendo ser, por conseguinte, considerado delituoso, por ausência de tipicidade, de adequação de sua ação ao modelo legal.

Sujeito ativo

Por não se tratar de crime próprio, a infração típica pode ser cometida por qualquer pessoa física, independentemente do local em que exerça sua atividade. De outro lado, também pode incidir no polo ativo do delito comentado a pessoa jurídica quando o fato punível é levado a efeito por determinação ou autorização sua (coautoria ou participação).

Sujeito passivo

É vítima do delito contra a fauna em espécie a sociedade como um todo, mesmo porque o meio ambiente é de suma importância para sua sobrevivência.

De outro lado, por ser o meio ambiente bem de interesse público, motivo pelo qual a concorrência de implantação de políticas públicas compete ao Estado, ele também figura na passividade delitiva.

Elemento subjetivo

É o dolo genérico, vontade livre e consciente de fazer a exportação de que cuida o tipo penal, sem autorização expedida pela autoridade competente. Não é admitida a forma culposa.

Consumação e tentativa

O único núcleo do tipo, representado pelo verbo "exportar", consuma-se no exato momento em que as peles e couros são equivocadamente liberadas pelos órgãos de fiscalização, que no caso é a alfândega ou aduana, repartições governamentais oficiais de controle e movimentação de entradas e saídas de mercadorias para o exterior ou dele provenientes; responsáveis, inclusive, pela cobrança dos tributos pertinentes.

A *consumatio* pode se verificar também se os objetos ou bens tutelados pela norma podem chegar ao exterior sem passar pela alfândega. Trata-se de forma clandestina de remessa de coisa para o exterior.

A tentativa é plenamente inadmissível quando o delito não se consuma por circunstâncias alheias à vontade do agente, a exemplo da apreensão dos elementos materiais da infração típica quando estão em trânsito para o exterior, sendo interrompida sua chegada.

Melhor esclarecendo o *conatus*, não basta que o agente tenha em depósito as peles e os couros objeto de proteção jurídica, mas que, por ser crime material, tenha ele começado o *iter criminis*, ou seja, iniciado a atividade material de deslocamento dos bens tutelados (transporte) para fora das fronteiras nacionais, porém sendo surpreendido antes de conseguir sua *meta optata*.

Havendo a consumação, à eloquência fica caracterizado o crime de contrabando. Diante disso, surge indagação no sentido de se o agente responde pelo crime ambiental em espécie e também pelo de contrabando.

Levando-se à guisa de consideração que o contrabando surge como delito--meio do crime ecológico, posto que sem ele não se caracteriza a última figura penal, o delito de contrabando, por força do princípio da especialidade, fica consumido por aquele do meio ambiente.

Confronto analítico de tipos penais

Tem pleno cabimento e adequação a seguinte observação:

Se o agente exporta a pele ou o couro em bruto, comete este delito do art. 30, cuja pena, como vimos, é de 1 a 3 anos e multa; por outro lado, se o agente exporta produtos ou objetos confeccionados com a pele ou o couro dos anfíbios e répteis (ex.: bolsas e sapatos de jacaré) incorre no crime do art. 29, III, da Lei, cuja pena é bem menor, qual seja, detenção de seis meses a um ano e multa. Há evidente desproporção entre as sanções. Uma vez que as condutas têm igual gravidade. Exportar a pele ou couro em bruto, ou transformada em algum objeto ou produto, ofende na mesma proporção o bem jurídico tutelado.[14]

Portanto, à eloquência, não se justifica o legislador ter cominado *sanctio legis* mais rigorosa para o tipo penal esquadrinhado, uma vez que há identidade de reprovabilidade entre ambas as figuras delitivas.

1.3. Introdução de espécimes animais no País

Art. 31. Introduzir espécime animal no País, sem parecer técnico oficial favorável e licença expedida por autoridade competente:
Pena – detenção, de 3 (três) meses a 1 (um) ano, e multa.

Tipo objetivo

O verbo "introduzir" é indicativo de importar, de fazer entrar em território nacional.

Elementos do tipo

O objeto material do tipo penal é o animal irracional, independentemente de sua espécie.

Tutela penal

A objetividade jurídica é a proteção do meio ambiente, "com especial ênfase ao equilíbrio de nosso ecossistema, inclusive no que concerne a questões de saúde pública".[15]

---

14 Ibidem, p. 751.
15 DELMANTO, Roberto; DELMANTO JR., Roberto; DELMANTO, Fábio M. de Almeida. *Leis penais especiais comentadas*, p. 557.

Na esteira do assinalado por Vladimir Passos de Freitas e Gilberto Passos de Freitas,

> há sérios riscos na importação irregular. Se o animal exótico não tiver predador no Brasil, poderá ter uma disseminação exagerada. Poderá também ser um predador voraz e exterminar os espécimes aqui existentes. Além disso, o exame técnico servirá para constatar se o animal importado foi transportado regularmente e se foi obtido em conformidade com a legislação de seu país.[16]

A proteção ao meio ambiente pretendida pelo legislador tem sentido bastante abrangente. Procura ela incriminar qualquer conduta de colocar dentro do território nacional espécie animal que, em qualquer circunstância, coloque em risco o ecossistema local, não só tendo por norte a condição de saúde do animal, bem como qual poderá ser a consequência que suportarão os animais existentes na fauna brasileira, tendo em vista o contato com aqueles que provêm do estrangeiro e seu eventual acasalamento com os nativos nacionais.

De outro lado, a título de elemento normativo, deixará de existir o crime se o agente introduzir no país espécime animal com parecer técnico favorável expedido por órgão ligado ao meio ambiente e desde que também haja licença expedida por órgão competente para a referida introdução. Deve haver a concorrência do mencionado parecer e da licença, já que o tipo penal faz menção a ambas (usa o conectivo "e", e não a conjunção alternativa "ou").

In casu, inexoravelmente, a conduta do agente será atípica, não podendo gerar, em consequência, nenhuma punibilidade, em função do princípio da legalidade, eis que a pessoa física ou jurídica está agindo em conformidade com a lei.

Sujeito ativo

Cuidando-se de crime comum, a infração típica pode ser praticada por qualquer pessoa, quer física, quer jurídica.

Sujeito passivo

A passividade delitiva incide sobre a sociedade e o próprio Estado.

---

16 *Crimes contra a natureza*, p. 108.

Elemento subjetivo

É o dolo genérico. Vontade livre e consciente de importar qualquer espécime de animal, sem que haja parecer técnico ou oficial favorável ou licença expedida pela autoridade competente.

Consumação e tentativa

O crime se aperfeiçoa com a introdução do animal no Brasil.

Terá cabimento a tentativa, porquanto a figura esquadrinhada comporta delito de ordem material. Assim, se iniciada a execução e, por circunstâncias alheias à vontade do agente, houver o impedimento de o animal ser introduzido no país, o crime será tido como tentado.

> **Jurisprudência:** 1. Apelação da acusação contra sentença que absolveu o réu da imputada prática do art. 334, *caput*, do Código Penal. 2. Consta dos autos que o réu teria concorrido com a introdução irregular em território nacional de semoventes (gado bovino) de origem estrangeira (paraguaia), fazendo uso de documentação ideologicamente falsa, com ilusão de tributos incidentes e sem respeitar as normas sanitárias. O réu foi denunciado como incurso no art. 334, *caput*, do Código Penal. 3. A importação de mercadoria estrangeira sujeita à autorização especial para entrada no País, sem essa autorização, configura crime de contrabando e não de descaminho. 4. A internação em território nacional de gado de procedência estrangeira, sem a autorização do Ministério da Agricultura, Pecuária e Abastecimento, sequer se sujeitaria ao recolhimento de tributos, por se tratar de mercadoria de importação proibida. Tanto que a Delegacia da Receita Federal sequer foi comunicada da apreensão do gado estrangeiro para dar início a procedimento fiscal de aplicação de pena de perdimento. 5. Em face do princípio da especialidade, a importação de animais sem licença da autoridade competente configura o crime previsto na legislação ambiental, amoldando-se ao art. 31 da Lei n. 9.605/98, que é norma especial em relação ao crime do art. 334 do Código Penal, uma vez que gado bovino, sem licença de importação do Ministério da Agricultura, Pecuária e Abastecimento, é espécie do gênero mercadoria proibida. 6. Aplicação da *emendatio libelli*, prevista no art. 383 do Código Penal, devendo a conduta descrita na denúncia ser enquadrada no art. 31 da Lei n. 9.605/98. 7. Efetuada a alteração da tipificação legal da conduta para a do art. 31 da Lei n. 9.605/98, há de se reconhecer a ocorrência da prescrição da pretensão punitiva estatal. 8. Prescrição reconhecida. Apelação prejudicada. (TRF-3ª Região, Ap. Crim. n. 49.522, 1ª T., rel. Juiz Convocado Márcio Mesquita, *e-DJF3 Judicial* 28.11.2013)

1.4. Abuso, maus-tratos e mutilação de animais

> Art. 32. Praticar ato de abuso, maus-tratos, ferir ou mutilar animais silvestres, domésticos ou domesticados, nativos ou exóticos:
> Pena – detenção, de 3 (três) meses a 1 (um) ano, e multa.
> § 1º Incorre nas mesmas penas quem realiza experiência dolorosa ou cruel em animal vivo, ainda que para fins didáticos ou científicos, quando existirem recursos alternativos.
> § 2º A pena é aumentada de 1/6 (um sexto) a 1/3 (um terço), se ocorre morte do animal.

Tipo objetivo

"Praticar" é cometer, executar qualquer comportamento vedado pelo tipo penal de regência.

Elementos do tipo

Seguindo a forma como foi edificado o tipo penal trasladado, abusar é fazer uso de ato exorbitante, que se mostra incompatível com o tratamento que deve ser dispensado ao animal, a exemplo de deixar de alimentá-lo ou fazê-lo de modo insuficiente (p. ex.: não lhe dar água).

Outrossim, o termo "maus-tratos" é implicativo de judiar, impor castigo ao animal, colocando em perigo sua integridade física (p. ex.: chicotear um cavalo, agredir um cachorro).

Já, "ferir" é causar lesões, enquanto "mutilar" é cortar membro do corpo do animal.

Portanto, tendo por norte o que está sendo discursado, a conduta do agente que conduz à mácula do preceito sancionatório pode ser positiva ou negativa.

Não se pode perder de horizonte, outrossim, que o legislador faz uso da conjunção alternativa "ou", significando isso que se cuida de tipo misto alternativo, sendo certo que somente uma das condutas vedadas é suficiente para caracterizar a figura punível em espécie.

Tutela penal

É a proteção indistinta de qualquer animal: silvestre (selvagem), doméstico (criado em casa), domesticado (animal selvagem amansado, domado), exótico (oriundo da fauna estrangeira), nativo (provindo da fauna brasileira).

De maneira indubitável, andou bem o legislador ao não eleger o tipo de animal que deve ser protegido pela norma sancionatória, uma vez que todos eles, indistintamente, devem merecer tratamento que não lhes cause dor e sofrimento, como sempre aconteceu no fluir dos tempos. Atualmente não mais se concebe, menos ainda existe apoio popular no sentido de abusar, produzir maus-tratos, ferir ou mutilar animais, o que era próprio de tempos passados. No dias de hoje, os animais são parte integrante da própria vida da sociedade, participando de seus costumes, atividades, relacionamentos, o que impõe, de maneira mais contundente, o respeito que deve ser atribuído a eles em todos os aspectos.

Os animais, pelo menos em sua grande maioria, deixaram de ser mero instrumento das pessoas e assim estão tendo um tratamento melhor em torno, principalmente, de sua integridade física.

Sujeito ativo

A figura penal esquadrinhada não exige, para sua configuração, sujeito especial. Logo, o delito pode ser praticado por qualquer pessoa física, inclusive pela jurídica.

Sujeito passivo

É vítima da infração delituosa a sociedade, incluindo o dono do animal e o Estado.

Elemento subjetivo

É o dolo genérico: vontade livre e consciente de executar qualquer conduta prevista no tipo penal.

Assunto que merece reflexão, pelo menos do ponto de vista subjetivo, já que não existe nenhuma referência no campo objetivo, diz respeito à prática de certos atos, que por sinal sempre foram aceitos de maneira costumeira, consistentes na mutilação parcial do animal, a exemplo da castração, do corte parcial das orelhas ou do rabo. É de constatação meridiana que o legislador não estabeleceu nenhuma exceção no dispositivo de regência sobre eventual permissibilidade ou não em relação à mutilação parcial.

A rigor, por conseguinte, a conduta do agente se revela como típica, descrita objetivamente no crime em apreço, porém há a ausência do elemento dolo na sua conduta, o que descaracteriza o crime, uma vez que o sujeito ativo do delito não tem sua conduta voltada a causar sofrimento ao animal, mesmo porque, como regra, as práticas cirúrgicas pertinentes são realizadas de maneira indolor.

Como exortado por Guilherme de Souza Nucci,

> deve-se buscar o elemento subjetivo específico, consistente na vontade de maltratar o animal, agindo com crueldade, por qualquer motivo, inclusive puro sadismo. Afinal, há mutilações que fazem, realmente, parte do costume. Não as rinhas de galos e brigas de cães ou outros animais, mas o corte de orelhas em um cão, como forma de embelezamento da raça.[17]

Consumação e tentativa

O fato punível objeto de esquadrinhamento, tendo em vista a multiplicidade de comportamentos que podem constituir a ação ou omissão do autor do evento proibido pelo legislador, pode ocasionar perigo de dano ao animal ou dano efetivo.

Os elementos normativos do tipo *abuso* e *maus-tratos*, previstos de forma alternativa, conduzem a uma situação de perigo à integridade física do animal, tratando-se, por conseguinte, de crime formal, cuja consumação acontece com o mero ato de expor o animal ao abuso ou maus-tratos. A tentativa é impossível.

O ato de ferir ou mutilar o animal é implicativo de dano efetivo, exigindo, portanto, um resultado naturalístico. Diante disso, o delito se mostra configurado, perfeitamente acabado, quando o agente, de maneira dolosa, fere ou mutila o animal. Por se cuidar de crime material, a tentativa é perfeitamente aceita.

No § 1º do art. 32, o legislador promoveu o que pode ser denominado desdobramento da tipicidade, prevendo na conduta incriminada as mesmas penas previstas para aquele que realiza qualquer conduta proibida no *caput* do dispositivo. Nesse tipo penal, por equiparação, é empregado o verbo "realizar",

---

17   *Leis penais e processuais penais comentadas*, p. 878.

que tem o sentido de efetivar, executar, levar a efeito a conduta vedada pelo legislador (tipo objetivo).

É elementar do dispositivo sancionatório que a realização da conduta mencionada deva ser direcionada à experiência, ou seja, ensaio, experimentação, desde que dolorosa, ou seja capaz de produzir dor ou seja cruel, que provoque sofrimento desnecessário ou excessivo ao animal vivo, independentemente de seu espécime (elementos do tipo).

A prática da experiência não é admitida, mesmo que tenha finalidade didática, ou seja, de aprendizado, ou científica, que é aquela direcionada à investigação para obtenção de conhecimento em nível de biologia e zoologia.

Enfim, o que o legislador não permite, em nenhuma circunstância, é submeter o animal, qualquer que seja ele, mesmo porque todos devem ter o mesmo tratamento jurídico em nível penal, a qualquer tipo ou modalidade de sofrimento.

O regramento legal contém uma ressalva com relação aos fins didáticos ou científicos: "quando existirem recursos alternativos". Pela dicção do texto legal, entende-se que, na situação examinada, se não houver recurso alternativo, a experiência dolorosa e cruel pode ser efetivada. A expressão "recurso" deve ser compreendida em sentido amplo, contendo em seu bojo estudos, experiências, pesquisas, que, uma vez consultadas, evitam proporcionar sofrimento ao animal, que somente pode ser provocado em último caso.

Não resta dúvida alguma de que é de magna importância a proteção conferida aos animais, que não podem ser utilizados, a rigor, em quaisquer circunstâncias que possam causar-lhes dor. Todavia, em último caso, se houver necessidade da experiência científica, mesmo que acarrete sofrimento ao animal, ela poderá ser efetivada, desde que haja comprovação de sua imprescindibilidade aos interesses da humanidade. Assim, o interesse da sociedade, principalmente em termos de saúde, prepondera sobre o dos animais, mesmo que isso lhes ocasione, infelizmente, dor.

No contexto do que está sendo discorrido:

> Apenas quando for inevitável a utilização de animais (não houver nenhum recurso alternativo) e quando o objetivo da experiência revelar um interesse socialmente mais relevante do que a proteção da integridade física do animal é que será lícita vivissecção. Assim, a experiência para a descoberta de uma vacina pode justificar o emprego da técnica cruel; já a experiência, *v.g.*, para a

descoberta de um cosmético qualquer não nos parece afastar a ilicitude de conduta.[18]

Sob outro prisma analítico, a vivissecção (ato de dissecar um animal vivo com o propósito de realizar estudos de natureza anatomofisiológica, mais propriamente, em seu sentido genérico, uma intervenção evasiva em um organismo vivo, com motivações científico-pedagógicas), é autorizada (Lei n. 6.638/79), desde que realizada em laboratório, biotérios, ou centros de pesquisa, com emprego de anestesia e com supervisão técnica (tipo objetivo).

Outrossim, por ser crime formal, ele se consuma com a mera realização da experiência. A tentativa não é possível. O agente realiza ou não a experiência.

No que tange à tutela penal, sujeitos ativo e passivo, elemento subjetivo, são os mesmos relativos ao *caput* do dispositivo incriminador (art. 32, Lei n. 9.605/98).

Finalmente, na esteira normativa do § 2º do art. 32 do comando jurídico enfocado, se, em decorrência da prática de ato abusivo, maus-tratos, ferimento ou mutilação, experiência dolorosa ou cruel, o animal falecer a pena será acrescida de 1/6 a 1/3, a critério do juiz.

Justifica-se plenamente a previsão do aumento da sanção penal tendo em vista o resultado mais danoso provocado pela conduta delituosa do agente ao meio ambiente, ao ecossistema.

1.5. Provocação de perecimento de espécimes da fauna aquática

Art. 33. Provocar, pela emissão de efluentes ou carreamento de materiais, o perecimento de espécimes da fauna aquática existentes em rios, lagos, açudes, lagoas, baías ou águas jurisdicionais brasileiras:
Pena – detenção, de 1 (um) a 3 (três) anos, ou multa, ou ambas cumulativamente.
Parágrafo único. Incorre nas mesmas penas:
I – quem causa degradação em viveiros, açudes ou estações de aquicultura de domínio público;
II – quem explora campos naturais de invertebrados aquáticos e algas, sem licença, permissão ou autorização da autoridade competente;
III – quem fundeia embarcações ou lança detritos de qualquer natureza sobre bancos de moluscos ou corais, devidamente demarcados em carta náutica.

---

18 MACIEL, Silvio. *Legislação criminal especial*: ciências criminais, v. 6, p. 756.

Tipo objetivo

O elemento nuclear da figura delituosa é representado pelo verbo "provocar", que tem o sentido de causar, gerar, fazer acontecer, nas circunstâncias nela previstas.

Elementos do tipo

A emissão objeto da conduta punida diz respeito aos efluentes, que são produtos líquidos ou gasosos produzidos por indústrias pelo exercício da agricultura ou resultantes dos esgotos domésticos urbanos lançados no meio ambiente, causando poluição nas águas.

De maneira particularizada, os efluentes domésticos são caracterizados por portarem uma grande quantidade de material orgânico, pois são compostos de fezes, restos de comida, além de outros elementos altamente capazes de degradar o meio ambiente. Trazem ainda uma carga poluente por conterem produtos químicos como os de limpeza.

Nos industriais, sua composição varia de acordo com o ramo da indústria que o libera. Por exemplo, as indústrias agrícola e alimentícia são fartas em matéria orgânica. Por outro lado, outros ramos da indústria produzem efluentes abundantes em diversos compostos químico-tóxicos.

Os de origem agrícola são ricos em nitrogênio, fósforo e enxofre, por conta dos adubos e agrotóxicos utilizados na plantação.

De maneira genérica, de duas formas principais os poluentes agrícolas atingem as águas: penetrando no solo e alcançando o lençol freático e quando levados pelas águas da chuva, que lavam os solos, contaminando-os.

Por seu turno, "carreamento" exprime arrastar, levar os resíduos poluentes, daninhos à vida aquática. Com essa modalidade de conduta, o agente promove o perecimento, ou seja, a eliminação, extinção da fauna aquática, que é composta por seres que vivem na água, em quaisquer de suas modalidades: rios, lagos, açudes, lagoas, baías ou águas jurisdicionais brasileiras – sendo estas as que se encontram no denominado mar territorial.

O mar precitado é uma faixa de águas costeiras que alcança 12 milhas náuticas, o que corresponde a 22 quilômetros a partir do litoral de um Estado. Essas águas são consideradas parte do território soberano daquele Estado, exceto quando houver acordo com Estados vizinhos, cujas costas tenham distância menor que 24 milhas náuticas.

De outro lado, a largura do mar territorial é contada a partir da linha de base, isto é, a linha de baixa-mar ao longo da costa, como tal indicada nas cartas marítimas de escolas reconhecidas oficialmente pelo Estado costeiro. Impõe-se obediência ao mar territorial, mesmo porque é defeso ao país estabelecer norma de conduta em local não atingido por sua soberania, somente podendo promover algum tipo de proteção por intermédio de tratados ou convenções, ou seja, em nível de cooperação recíproca com os demais Estados.

Objetividade jurídica

Com o tipo penal sob esquadrinhamento, o legislador objetiva a proteção da fauna aquática em seu *habitat*, no local em que vive. Enfim, a tutela incide no meio ambiente aquático, que também, como é de evidência solar, compõe o ecossistema.

É de se convir, sob outro ângulo analítico, que a proteção da fauna não preserva unicamente os seres vivos que a integram, mas também, de maneira indireta, culmina em estender seu manto a outras espécies animais e até mesmo à flora.

A defesa do meio ambiente sempre se projeta de maneira abrangente e não restritivamente aos espécimes que o povoam, em termos de fauna e flora. É por esse motivo que se pode afirmar que o meio ambiente se constitui sistema.

Assim é que:

> Como o meio ambiente não se limita a um ou mais aspectos isolados, mas sim a um conjunto de fatores interdependentes, é evidente que a preservação da fauna importa na conservação das demais espécies. Por exemplo, a gaivota (*larus*), pássaro que vive em bandos ao longo da costa, alimenta-se de peixes e moluscos.[19]

Sujeito ativo

A figura penal comentada não exige, para sua configuração, agente especial, motivo pelo qual sujeito ativo pode ser qualquer pessoa física e também a jurídica.

---

19 FREITAS, Vladimir Passos de; FREITAS, Gilberto Passos de. *Crimes contra a natureza*, p. 118.

Sujeito passivo

É a sociedade, porquanto sempre recaem sobre ela os danos causados pela degradação ambiental, que se constitui processo de degeneração do meio ambiente, em que as alterações biofísicas provocam alterações na fauna e flora natural, com eventual perda da biodiversidade.

Por oportuno, a degradação ambiental, que tem como vítima todos aqueles que integram o corpo societário, além de decorrer de evolução natural de um ecossistema, invariavelmente é associada à ação da poluição com causas humanas.

Figura como sujeito passivo secundário o proprietário dos seres aquáticos exterminados pela poluição, deterioração, degradação.

Elemento subjetivo

O crime examinado, do ponto de vista subjetivo, comporta o dolo genérico: vontade livre e consciente de executar qualquer conduta prevista no tipo penal.

Consumação e tentativa

Por se cuidar de crime de resultado naturalístico, a consumação se dá com o evento perecimento da fauna aquática.

Por ser delito material, é possível a ocorrência da tentativa. Assim é que, embora tenha havido a poluição das águas, não acontece o extermínio de espécime da fauna aquática, ou por qualquer causa natural ou por intermédio da intervenção do homem. Logo, em tais circunstâncias, o delito ecológico não se consuma por circunstâncias alheias à vontade do agente.

No parágrafo único do dispositivo sancionatório (art. 33), o legislador, ao dispor que "incorre nas mesmas penas", está estabelecendo desdobramento da tipicidade compreendida no *caput* do regramento penal. Assim é que, nos termos do inciso I, também pratica o delito de provocação de perecimento de espécimes da fauna aquática quem, de qualquer maneira, provoca, propicia (tipo objetivo) poluição ou deterioração de viveiros, assim entendidos os locais onde se criam peixes ou plantas aquáticas; açudes, ou seja, locais de represamento das águas ou estações de aquicultura, que são lugares destinados à reprodução de animais e plantas aquáticas, desde que sejam de domínio público, o que significa local aberto ao público (elementos do tipo).

Da mesma forma, haverá a transgressão típica, consoante previsão estampada no inciso II, quando o agente explorar – o que é implicativo de auferir vantagem (tipo objetivo) – campos naturais (aqueles produzidos pela natureza) de invertebrados, a exemplo da estrela-do-mar, que são animais desprovidos de espinha ou coluna, golfinho, tubarão, camarão, caranguejo, caramujo, lula, caracol, minhoca, bem como da alga, que se constitui espécie de vegetal que vive nas águas (elementos do tipo).

É de se deixar assentado, por outro lado, que não existirá o delito se o agente realizar a exploração com licença ou permissão da autoridade competente (elemento normativo do tipo), que normalmente é aquela ligada ao meio ambiente, já que o tipo punitivo em espécie prevê em seu bojo, para efeito típico, que o sujeito atue sem a concessão de uma ou outra.

In casu, para ser mais preciso no âmbito do direito penal, a conduta do agente será atípica, não encontrando, por conseguinte, adequação no modelo legal.

A mesma conduta típica ocorrerá, nos lindes previstos no inciso III, com o agente que fundear (tipo objetivo), o que é implicativo de colocar âncoras em embarcações, que são meios de transporte sobre as águas.

Também é punido pela prática de crime ambiental o agente que lança detritos, que são restos de quaisquer coisas com potência de poluição, lixo de qualquer natureza (núcleo do tipo).

As condutas de "fundear" e "lançar detritos" convergem sobre os moluscos, que integram espécimes da fauna aquática, possuem corpo mole e mucoso, a exemplo da lula, polvo, mariscos ou corais, e são animais que vivem em águas quentes, a pouca profundidade, formando recifes; são também denominados autozoários, animais cnidários, que formam colônias coloridas, desde que estejam demarcados em carta náutica ou hidrográfica, que é a representação cartográfica de uma área náutica (elementos do tipo).

À tutela penal, sujeitos ativo e passivo, para os delitos por equiparação, são os mesmos do *caput* do preceito.

O elemento subjetivo, em todas as hipóteses sublinhadas, é representado pelo dolo genérico, vontade livre e consciente de praticar a conduta proibida.

Tangentemente à consumação e tentativa, na figura delituosa encartada no inciso I, o delito se consuma quando ocorre de maneira efetiva a degradação, deterioração, nas situações previstas no texto legal. Não há necessidade da ocorrência de dano naturalístico a qualquer espécime que povoe viveiros, açudes ou estações de aquicultura. Trata-se de exaurimento do crime ecológico. A tentativa mostra-se viável, porquanto o agente pode ter sua ação interrompida, independentemente de sua vontade, não conseguindo causar o estrago pretendido.

No que se refere ao inciso II, o delito em oposição ao ecossistema resta plenamente configurado quando o ato de exploração do agente se efetiva, independentemente de qualquer resultado naturalístico. Por se cuidar de delito formal, a tentativa não é possível: ou o sujeito ativo explora ou deixa de explorar. Não existe, consequentemente, *iter criminis*, que é representado por fases distintas: *cogitatio, preparatio* e *executatio*.

Com atinência ao inciso III, o delito se consuma quando o agente realiza o ato de fundear embarcações ou lançar detritos. O *conatus* é possível, posto que o agente pode ser impedido de praticar alguma das condutas precitadas.

1.6. Pesca em período proibido

Art. 34. Pescar em período no qual a pesca seja proibida ou em lugares interditados por órgão competente:

Pena – detenção, de 1 (um) ano a 3 (três) anos, ou multa, ou ambas as penas cumulativamente.

Parágrafo único. Incorre nas mesmas penas quem:

I – pesca espécies que devam ser preservadas ou espécimes com tamanhos inferiores aos permitidos;

II – pesca quantidades superiores às permitidas, ou mediante a utilização de aparelhos, petrechos, técnicas e métodos não permitidos;

III – transporta, comercializa, beneficia ou industrializa espécimes provenientes da coleta, apanha e pesca proibidas.

Tipo objetivo

O verbo "pescar" é indicativo de apanhar espécime da fauna aquática, normalmente matando este animal terrestre ou capturando-o sem matá-lo.

De outro lado, como existe preceito expresso expondo sobre o conceito de pesca e os espécimes que estão compreendidos em seu âmbito, um estudo mais alongado em torno desse tema jurídico será objeto de considerações quando da abordagem do art. 36 desta Lei dos Crimes Ambientais.

Elementos do tipo

A pescaria, que se insere nos costumes do povo brasileiro, como regra é permitida, quer em nível não comercial (científica, amadora e de subsistência), quer em termos comerciais (artesanal, industrial, envolvendo, inclusive, a pesca profissional) (art. 8º, I e II, Lei n. 11.959/2009). Todavia, o legislador, buscando a preservação do espécime, o que ocorre com o processo de reprodução e desova, proíbe que a pesca seja desenvolvida em determinado período.

A expressão "período no qual a pesca seja proibida" se constitui norma penal em branco, motivo pelo qual deve ela ser preenchida por ato administrativo expedido pelo órgão competente do meio ambiente, que no caso é o Instituto Brasileiro do Meio Ambiente e dos Recursos Naturais Renováveis (Ibama), que se constitui órgão executor na estrutura do Sistema Nacional do Meio Ambiente (Sisnama), instituído pela Lei n. 6.938/81.

No que diz respeito ao lugar interditado para efeito da pesca, trata-se também de norma penal em branco, cabendo também a órgão vinculado ao Sisnama especificar o local onde não se admite a pesca.

Com efeito, "os órgãos competentes para determinar as épocas proibidas e os locais interditados são os que compõem o Sisnama – Sistema Nacional do Meio Ambiente (art. 6º da Lei n. 6.938/81)".[20]

Não há a necessidade de se apontar especificamente qualquer ato administrativo que regula a matéria examinada, uma vez que as regiões ou locais de proibição sempre são variados, obedecendo a critérios de necessidade eleitos pelo próprios órgãos que integram o Sisnama.

É de se ressaltar, posto que oportuno, que o legislador somente faz menção a *pesca*, o que traduz uma situação genérica, compreendendo, por conseguinte, todo ser que se enquadra na fauna aquática. Entretanto, levando-se em consideração que o legislador construiu norma explicativa do que consiste a pesca no art. 36 da Lei dos Crimes Ambientais, nela vinculando peixes, crustáceos, moluscos e vegetais hidróbios, o tipo penal em análise somente a eles se refere.

Objetividade jurídica

O manto legal incide sobre o meio ambiente com especial ênfase sobre a fauna aquática, e com isso procura o legislador preservar o equilíbrio ecológico.

---

20   MACIEL, Silvio. *Legislação criminal especial*: ciências criminais, v. 6, p. 761.

É de evidentíssima clareza que a pesca se constitui fonte de alimentação, além de ser geradora de emprego, renda e lazer, principalmente quando praticada de forma profissional.

Entretanto, existe um bem maior a ser protegido, que é o meio ambiente. Assim sendo, deve haver uma política em sentido amplo, inclusive de natureza criminal, de preservação, conservação e recuperação dos recursos pesqueiros.

É cediço, diante disso, que a pesca, em suas várias modalidades, deve ser objeto de restrição, pelo menos temporária. Isso porque deve haver a viabilidade de reposição dos animais aquáticos que foram objeto de extração ou extermínio pela própria natureza.

A título de enfoque bastante objetivo e preciso em torno do assunto jurídico abordado, é de conclusão meridiana que se existe a apreensão dos seres aquáticos, deve também haver mecanismo garantidor da reprodução, posto que, caso contrário, a extinção do espécime é de verificação indiscutível.

Na hipótese específica do peixe, como tem ocorrido corretamente, quando da piracema, que se constitui no período de reprodução dos peixes, que ocorre entre os meses de outubro e março, a pesca deve ser suspensa, porquanto a apreensão dos espécimes concorrerá de forma bastante significativa para a diminuição da fauna aquática.

Sujeito ativo

O delito comentado não exige, para sua caracterização, sujeito especial. Assim, qualquer pessoa física e jurídica, notadamente em termos de empresas pesqueiras, pode figurar no polo ativo da infração delitiva.

Sujeito passivo

É a coletividade, mesmo porque a conservação da fauna aquática é de interesse comunitário. O Estado também deve ser tido como vítima dessa modalidade delitiva.

Elemento subjetivo

É o dolo genérico: vontade livre e consciente de realizar o ato de pesca quando haja vedação ou em local em que a atividade se encontra interditada.

Consumação e tentativa

Verificou-se que o núcleo do tipo penal é "pescar". Diante disso, a consumação ocorre no exato momento em que o agente está praticando o ato de pesca, independentemente de conseguir um resultado positivo, que é a apreensão do espécime. Ora, o ato de "pescar" não desaparece se o agente não consegue obter êxito em seu empreendimento, que é a apreensão do objeto de sua ação. Logo, por exemplo, a captura do peixe se constitui exaurimento do delito.

Pelo que está sendo discursado, cuida-se de crime formal, revelando-se, na hipótese examinada, impossível a tentativa.

Os incisos I, II e III do parágrafo único do art. 34 são crimes de pesca por equiparação, tendo em linha de consideração que o legislador deixa consignado de forma expressa que: "incorre nas mesmas penas".

No inciso I, os elementos do tipo dizem respeito às espécies que devem ser preservadas ou àquelas com tamanhos inferiores aos permitidos. Na hipótese de preservação, refere-se àqueles espécimes que devem ser protegidos, sob pena de extinção. Normalmente, esses espécimes já se revelam como raros ou caminham para se tornarem raros. Diante disso, o legislador, preocupado com o desaparecimento deles e com a falta que farão à fauna aquática, ameaça de sanção quem realizar a pesca relativamente a eles.

Tangentemente aos "tamanhos inferiores aos permitidos", significa que a pesca somente é permitida tendo em vista o tipo da fauna aquática no tamanho especificado pelo órgão do meio ambiente. Essa imposição normativa tem em linha de consideração, principalmente, que o espécime ainda não alcançou o tamanho suficiente para ser pescado e consumido, já que umas das finalidades da atividade pesqueira é a alimentação.

As duas situações examinadas também envolvem norma penal em branco, cabendo a órgão do Sisnama ou qualquer outro sistema normativo elencar os espécimes que deverão ser preservados, bem como o tamanho que permite a utilização da pesca.

Somente visando a estabelecer uma situação de comparação, em termos de tamanho mínimo:

- corvina: 25 cm na Bacia do Rio São Francisco;
- dourado: 55 cm na Região Sul, Bacia do Rio Paraná, Mato Grosso e Mato Grosso do Sul;
- jaú: 80 cm na Região Sul, Bacia do Rio Paraná, Mato Grosso e Mato Grosso do Sul;
- matrinxã: 22 cm na Bacia Amazônica e Bacia do Rio São Francisco;

- pacu caranha: 40 cm na Região Sul, Bacia do Rio Paraná, Bacia do São Francisco, Mato Grosso e Mato Grosso do Sul;
- piapara: 30 cm na Região Sul, Bacia do Rio Paraná, Bacia do Rio São Francisco, Mato Grosso e Mato Grosso do Sul.[21]

A pesca também será punida, conforme descrição objetiva que se encontra inserida no inciso II, quando a apreensão for feita em quantidade superior às permitidas (elemento do tipo). Isso significa, em outras palavras, que órgão vinculado ao Sisnama – ou por qualquer meio de estabelecimento de normas, a exemplo de portaria, decreto, lei – deve estabelecer a quantia que pode ser objeto de pesca. Cuida-se de norma penal em branco.

A preocupação do legislador quanto ao tipo penal discorrido se centra também na preservação do espécime. É o meio de controle de sua não extinção.

A vedação do uso de "aparelhos, petrechos, técnicas e métodos não permitidos" tem como cerne evitar grandes danos ao meio ambiente, a exemplo do que se dá com rede, tarrafa, anzol de galho, covo, armadilha, espinhéis, joão-bobo.

Nos lindes do inciso III, comete o delito com o meio ambiente o agente que transporta (leva de um lugar para outro), comercializa (negocia, compra e vende), beneficia (propicia condições de consumo, prepara o produto) ou industrializa (aproveita como matéria-prima da indústria) – tipos objetivos – espécimes provenientes da coleta, apanha e pesca proibidas (elementos do tipo). Trata-se de punir o aproveitamento do resultado da pesca por terceiros. Sem dúvida, se a pesca é proibida, também deverá ser coibido seu aproveitamento.

A tutela penal, sujeitos ativo e passivo são os mesmos do *caput* do dispositivo interpretado (art. 34).

Quanto ao elemento subjetivo, ele é composto pelo genérico: vontade livre e consciente de pescar espécimes que devam ser preservadas ou com tamanhos inferiores aos permitidos ou em quantidades superiores às admitidas ou com o uso de aparelhos, petrechos e métodos não permitidos ou de transportar, comercializar, beneficiar ou industrializar espécimes provenientes da coleta, apanha e pesca proibidas.

Relativamente à consumação e tentativa, quanto aos incisos I e II, aplica-se o que foi expendido em relação ao *caput* do artigo, enquanto no inciso III, o delito ecológico se consuma com a prática do transporte, da comercialização, do beneficiamento ou industrialização nas situações previstas pelo tipo penal. Por se tratar de crime material, a tentativa é possível:

---

21 Fonte: www.raupp.com.br; acessado em 10.06.2014.

A consumação ocorre com a prática de qualquer das condutas previstas no inciso III. A tentativa, neste caso, é possível, pois não se trata da conduta de pescar. O agente que, por exemplo, é surpreendido pela fiscalização antes de iniciar o transporte ou a comercialização dos espécimes pescados ilicitamente comete a tentativa.[22]

Jurisprudência: A aplicação do princípio da insignificância, como causa de atipicidade de conduta, especialmente em se tratando de crimes ambientais, é cabível desde que presentes os seguintes requisitos: conduta minimamente ofensiva, ausência de periculosidade do agente, reduzido grau de reprovabilidade do comportamento e lesão jurídica inexpressiva. No caso dos autos, não obstante o delito em análise tratar da pesca irregular de 5 kg de lagosta, o Eg. Tribunal de origem consignou que o agravante responde por outros delitos da mesma natureza, revelando seu caráter reincidente nesta prática criminosa, o que impede o reconhecimento do aludido princípio, já que demonstra propensão à atividade criminosa. (STJ, Ag. Reg. no REsp n. 1.430.848/RN, 5ª T., rel. Min. Moura Ribeiro, *DJe* 24.03.2014)

Não há que se falar na aplicação do princípio da insignificância para o caso em concreto, se o ambiente da região foi, indubitavelmente, afetado de forma significativa com a conduta perpetrada pelo réu. Em nenhum momento nos autos, o apelante conseguiu realmente demonstrar que ele praticou a conduta delitiva amparada pela justificante do estado de necessidade ou pela exculpante da inexigibilidade de conduta diversa. Ao contrário da alegação defensiva, inexiste qualquer previsão legal na Lei dos Crimes Ambientais prescrevendo a imposição somente a pena de multa. (TJMG, Ap. Crim. n. 1.0016.08.079615-0/001, 6ª Câm. Crim., rel. Des. Jaubert Carneiro Jaques, publ. 24.03.2014)

Não havendo provas seguras de que o réu praticava a pesca em período proibido, em razão da chamada piracema, nem de que a quantidade pescada foi superior à permitida com a utilização de petrechos proibidos, a sua absolvição da prática dos delitos previstos no art. 34 da Lei n. 9.605/98 se impõe. (TJMG, Ap. Crim. n. 1.0209.11.000527-6/001, 2ª Câm. Crim., rel. Des. Beatriz Pinheiro Caires, publ. 17.03.2014)

Se as provas indicam ter o réu pescado mediante o uso de petrechos e métodos não permitidos, correta é a sua condenação nos termos do art. 34, parágrafo único, II, da Lei n. 9.605/98. Se a pena é igual ou inferior a 2 anos, é de se reconhecer

---

22 MACIEL, Silvio. *Legislação criminal especial:* ciências criminais, v. 6, p. 764-5.

a ocorrência da prescrição da pretensão punitiva retroativa se transcorrido tempo superior a quatro anos entre a data do recebimento da denúncia e a da sentença condenatória, nos termos dos arts. 107, IV, e 109, V, todos do CPB. (TJMG, Ap. n. 1.0701.12.034738-3/001, 2ª Câm. Crim., rel. Des. Catta Preta, publ. 10.01.2014)

Não transcorrendo o lapso temporal exigido pelo art. 109 do CP entre os marcos interruptivos, não há que se falar em prescrição. Não se aplica o princípio da insignificância, quando a conduta do agente causa lesão ao bem jurídico tutelado, ou seja, ao meio ambiente, diante da considerável quantidade de peixe pescado em local proibido. (TJMG, Ap. Crim. n. 1.0687.11.008400-5/001, 6ª Câm. Crim., rel. Des. Denise Pinho da Costa Val, publ. 27.01.2014)

1. Narra a denúncia que em 13.04.2010 o réu foi surpreendido praticando atos de pesca, mediante a utilização de petrechos proibidos, nas margens da Represa de Água Vermelha, em Paulo de Faria/SP, na condição de pescador amador, conforme boletim de ocorrência e auto de infração ambiental de fls. 04/05. 2. Consta, ainda, que os policiais ambientais encontraram um espinhel de 70 (setenta) metros de comprimento, contendo 32 (trinta e dois) anzóis, além de 12 (doze) kg de peixes da espécie conhecida por "barbado", e que a pesca mediante a utilização de tais petrechos não é permitida, conforme previsto no art. 3º, I, da Portaria n. 4, de 19 de março de 2009 do Ibama. 3. Consoante o art. 34, parágrafo único, II, da Lei n. 9.605/98: "Art. 34. Pescar em período no qual a pesca seja proibida ou em lugares interditados por órgão competente: Pena – detenção de um ano a três anos ou multa, ou ambas as penas cumulativamente. Parágrafo único. Incorre nas mesmas penas quem: [...] II – pesca quantidades superiores às permitidas, ou mediante a utilização de aparelhos, petrechos, técnicas e métodos não permitidos;". 4. A sentença absolveu sumariamente o réu com fundamento no princípio da insignificância e na irrelevância penal da conduta. 5. No caso, o acusado pescou 12 (doze) kg de peixes, quantidade que não pode ser considerada ínfima e que não se destina à sua subsistência e de sua família. Inaplicabilidade do princípio da insignificância. Precedentes desta Turma. 6. Apelação do Ministério Público Federal provida para reformar a sentença que absolveu sumariamente o réu, determinando o retorno dos autos à vara de origem, para prosseguimento do feito. Prejudicada a apelação do acusado. (TRF-3ª Região, Ap. Crim. n. 47.307, 2ª T., rel. Juiz Convocado Leonel Ferreira, *e-DJF3* 20.02.2014)

Penal. Crime ambiental. Art. 34 da Lei n. 9.605/98. Pesca em local proibido. Canal da Piracema. Hidrelétrica de Itaipu. Princípio da insignificância. No trato de questões relacionadas ao cometimento de ilícitos contra o meio ambiente, a aplicação do princípio da insignificância merece a máxima cautela, tendo em vista o interesse coletivo envolvido e o cunho preventivo conferido à tutela penal ambiental. Entretanto, em situações excepcionais, quando evidenciada a ausência de ofensividade ao bem jurídico tutelado pela norma penal, a ausência de periculosidade social da ação, o grau ínfimo da reprovabilidade da conduta e a inexpressividade da lesão ao bem jurídico, é cabível a aplicação do princípio da insignificância. Revela-se desproporcional o recebimento de denúncia e a instauração de processo penal contra os agentes, flagrados com uma mochila e alguns petrechos (anzóis e faca de cozinha) em lugar interditado pelo órgão competente, com apreensão de 3 (três) peixes ("piaus"), mormente quando já autuados pela fiscalização ambiental e quando se revela suficiente a reprimenda administrativa. Caracterizada a insignificância do ato em razão do bem protegido, impõe-se a manutenção da decisão que rejeitou a denúncia. (TRF-4ª Região, RSE n. 50063384220134047002, 7ª T., rel. Des. Fed. José Paulo Baltazar Junior, DE 15.01.2014)

Não há que se falar em condenação dos acusados pela prática do delito de pesca amadora com a utilização de instrumento ou petrecho proibido, se a materialidade delitiva não restou devidamente demonstrada nos autos. Segundo o art. 156 do CPP, o ônus da prova cabe a quem acusa, o que não restou devidamente materializado no presente caso. Absolvição mantida. (TJMG, Ap. Crim. n. 1.0701.07.186098-8/001, 7ª Câm. Crim., rel. Des. Agostinho Gomes de Azevedo, publ. 10.01.2013)

Recorrente foi denunciado como incurso nas sanções do art. 34, caput, da Lei n. 9.605/98, porque teria sido, em 20 de abril de 2012, surpreendido por policiais militares do meio ambiente pescando em local proibido pela Portaria IEF n. 129, de 10 de setembro de 2004, publicada no Diário do Executivo – Minas Gerais, em 11 de setembro de 2004. Nessa ocasião, o recorrente já havia pescado 10 (dez) peixes, conhecidos popularmente como lambaris, totalizando 240 (duzentos e quarenta) gramas de pescado, apreendidos e, posteriormente, descartados. A aplicação do princípio da insignificância nos crimes contra o meio ambiente, reconhecendo-se a atipicidade material do fato, é restrita aos casos onde a conduta do agente expressa pequena reprovabilidade e irrelevante periculosidade social. Afinal, o bem jurídico tutelado é a proteção do meio ambiente, direito de natureza difusa assegurado pela Constituição Federal, que conferiu especial relevo à questão ambiental. Verifica-se que se insere na concepção doutrinária e jurisprudencial de crime de bagatela a conduta do recorrente, surpreendido em atividade de pesca com apenas uma vara de pescar retrátil e 240 (duzentos e quarenta) gramas de peixe. Recurso ordinário provido para, aplicando-se o princípio da insignificância, determinar o trancamento da ação penal n. 0056.12.012562-2. (STJ, RHC n. 39.578/MG, 5ª T., rel. Min. Laurita Vaz, *DJe* 19.11.2013)

A aplicação do princípio da insignificância nos crimes contra o meio ambiente, reconhecendo-se a atipicidade material do fato, é restrita aos casos onde a conduta do agente expressa pequena reprovabilidade e irrelevante periculosidade social. Afinal, o bem jurídico tutelado é a proteção do meio ambiente, direito de natureza difusa assegurado pela Constituição Federal, que conferiu especial relevo à questão ambiental. Verifica-se que se insere na concepção doutrinária e jurisprudencial de crime de bagatela a conduta do recorrente – sem antecedentes criminais, a quem se atribui a pesca profissional ou reiteração de conduta –, que não ocasionou expressiva lesão ao bem jurídico tutelado, já que foi apreendido apenas petrecho (rede) sem, contudo, nenhum espécime ter sido retirado do local, o que afasta a incidência da norma penal. Recurso ordinário provido para, aplicando-se o princípio da insignificância, determinar o trancamento da ação penal n. 5003126-41.2012.404.7101. (STJ, RHC n. 35.122/RS, 5ª T., rel. Min. Laurita Vaz, *DJe* 09.12.2013)

Certo é que se tratando especificamente da proteção ambiental, para aceitação do princípio da bagatela, é necessário que a lesão possa ser considerada insignificante, o que se afigura no caso *sub judice*, porquanto o bem jurídico tutelado não foi afetado. Hipótese em que, com o acusado do crime de pesca não foi apreendido qualquer espécie de pescado, não havendo notícia de dano provocado ao meio ambiente, mostrando-se desproporcional a imposição de sanção penal no caso, pois o resultado jurídico, ou seja, a lesão produzida, mostra-se absolutamente irrelevante. (TJMG, Ap. Crim. n. 1.056909.016222-7/001, 1ª Câm. Crim., rel. Des. Walter Luiz, publ. 14.06.2013)

Aplica-se o princípio da insignificância, mesmo em crimes ambientais, se a conduta do agente não causa qualquer lesão ao bem jurídico tutelado, ou seja, ao meio ambiente, pois o acusado apenas foi flagrado com redes de pescar, sem ter havido a pesca efetiva de algum peixe. (TJMG, Ap. Crim. n. 1.0701.12.019735-8/001, 6ª Câm. Crim., rel. Des. Denise Pinho da Costa Val, publ. 11.09.2013)

Sendo inconteste a prática da pesca em local que o réu sabia ser proibido, a ausência de indicação das coordenadas do local onde ocorreu o flagrante não afasta a materialidade delitiva, nem a tipicidade da conduta. Não se aplica o princípio da insignificância em delitos ambientais quando é destinada especial proteção legal ao bem jurídico tutelado pelo tipo penal, cuja violação reveste-se de maior gravidade, como a pesca em local proibido (v. g., reservas ecológicas) ou em período proibido (piracema), ou a captura de espécimes ameaçados de extinção. A pesca em local proibido, com a ciência da ilicitude da conduta, configura o crime previsto no art. 34, *caput*, da Lei n. 9.605/98. Para configurar a excludente de culpabilidade da inexigibilidade de conduta diversa deve ficar comprovado que o agente não dispunha de outra alternativa senão a de praticar o comportamento vedado por lei. Sendo o réu pescador profissional motorizado, não se pode admitir que a alegação de dificuldade financeira constitua justificativa para a prática de pesca em local proibido, uma vez que poderia pescar em outro local do mar territorial. Como critério para fixação das penas pecuniárias, levando em conta que a praxe é o parcelamento dos valores, a soma da pena de multa e da prestação pecuniária (se for o caso), posteriormente dividida pelo número total de meses da pena de reclusão aplicada, deve situar-se em patamar próximo a trinta por cento da renda mensal do réu, levando em conta, analogicamente, o limite estabelecido para desconto de benefícios indevidos na legislação previdenciária (LBPS, art. 115, II; RPS, art. 154, § 3º; Lei n. 10.953/2004, art. 1º, § 5º). O valor da prestação pecuniária fixado pelo Juiz resulta em valor inferior ao peticionado pelo apelante. (TRF-4ª Região, Ap. Crim. n. 50033322020104047200, 7ª T., rel. Des. Fed. José Paulo Baltazar Junior, *DE* 10.07.2013)

1. O apelante foi condenado à pena de 1 (um) ano e 6 (seis) meses de detenção, substituída a pena corporal por duas penas restritivas de direito – ambas consistentes em prestação de serviços à comunidade –, pela prática do delito previsto no art. 34, parágrafo único, II, da Lei n. 9.605/98: pesca de lagostas vermelhas *Panulirus argusi* no período de defeso utilizando-se de equipamento proibido, compressor de ar, sendo encontrado consigo cerca de 46 kg do pescado. 2. Autuado em flagrante, juntamente com outros três acusados, pelo IBAMA, em 12 de dezembro de 2009, pescando lagostas, em período de defeso e em tamanho inferior ao permitido no litoral do Município de Extremoz/RN, Praia de Pitangui. Os demais acusados foram beneficiados com proposta de suspensão condicional do processo, benefício não concedido ao acusado por já estar cumprindo semelhante medida em relação a outro processo – n. 0000557-42.2009.8.20.0162. 3. Verificam-se presentes a materialidade e autoria a apontar a prática do crime previsto no art. 34, parágrafo único, II, da Lei n. 9.605/98. 4. A materialidade encontra-se delineada

nos termos do auto de prisão em flagrante (IPL apenso) e do auto de apreensão lavrado pelos agentes do Ibama (fls. 33/34 do IPL apenso), em que se verifica a apreensão de 46 kg de lagosta vermelha (*Panulirus argusi*) e de um compressor de ar. 5. A autoria aflora dos depoimentos colhidos na instrução processual, confissão do acusado e das testemunhas do processo (mídia que repousa às fls. 103, 118). 6. Quanto à escusa de estado de necessidade, art. 23 do Código Penal e 37, I, da Lei n. 9.605/98, tem-se que, para a sua manifestação, reclama inexoravelmente prova irrefutável de que o agente praticou o delito para salvar-se "de perigo atual, que não provocou por sua vontade, nem podia de outro modo evitar, direito próprio ou alheio, cujo sacrifício, nas circunstâncias, não era razoável exigir-se", fatos que os elementos dos autos não comprovam. 7. Não basta, no caso concreto, a suposta situação de miserabilidade como fator suficiente de escusa, revelando-se apenas uma pretensão de desvencilhar-se de sua responsabilidade penal. Tal argumento é fulminado pelas suas próprias declarações no interrogatório, quando manifesta que sabia que poderia ter dado entrada, no Ministério do Trabalho e Emprego, com pedido de seguro-desemprego devido aos pescadores em época de defeso. 8. Também, diante do arcabouço probatório veiculado nestes autos, fenece o pedido alternativo de redução da pena aplicada, considerando as circunstâncias judiciais ostentadas pelo acusado, principalmente em relação à confissão e, também, no tocante à atenuante do art. 14, I, da Lei dos Crimes Ambientais, em razão de sua baixa escolaridade. 9. Nada a reparar na dosimetria da pena, calculada estritamente segundo os cânones do sistema trifásico adotado pelo nosso sistema penal: "[...] o ilícito tinha motivação apenas econômica; que as circunstâncias do crime não favorecem o agente, tendo em vista a quantidade considerável de lagostas apreendida; que as consequências extrapenais do crime são negativas, por envolver espécie da fauna brasileira (lagosta vermelha) considerada pela IN n. 05/2004 como espécie sobre-explotada ou ameaçada de explotação, isto é, cuja captura pode reduzir a biomassa a níveis inferiores ao de segurança, o que demonstra a importância da sua preservação para o ecossistema ambiental brasileiro; que a vítima, em sendo a coletividade, em nada contribuiu para o cometimento do ilícito, fixo a pena-base em 1 (um) ano e 6 (seis) meses de detenção [...]". Apelação criminal improvida. (TRF-5ª Região, Ap. Crim. n. 10.121/RN, 1ª T., rel. Des. Fed. José Maria Lucena, *DJe* 04.07.2013, p. 416)

Os denunciados são pescadores de origem simples, amadorista, sendo apreendida apenas uma rede de *nylon* e nenhum pescado, o que demonstra a mínima ofensividade de conduta. Ausência de lesividade ao bem jurídico protegido pela norma incriminadora (art. 34, *caput*, da Lei n. 9.605/98), verificando-se a atipicidade da conduta imputada ao paciente. Recurso ordinário provido para conceder a ordem e determinar o trancamento da Ação Penal n. 5011231-69.2010.404.7200 (Vara Federal Ambiental e Agrária da Subseção Judiciária de Florianópolis/SC). (STJ, RHC n. 33.941/SC, 6ª T., rel. Min. Sebastião Reis Júnior, *DJe* 17.09.2013)

A conduta de pesca de espécies ameaçadas de extinção subsume-se ao tipo descrito no art. 34, parágrafo único, I, da Lei n. 9.605/98. Interpretando-se sistemática e logicamente os artigos que tratam da tutela à fauna aquática nessa Lei, conclui-se que o conceito de pesca previsto no art. 36, isto é, "todo ato tendente a retirar, extrair, coletar, apanhar, apreender ou capturar espécimes dos grupos dos peixes, crustáceos, moluscos e vegetais hidróbios, suscetíveis ou não de aproveitamento econômico, ressalvadas as espécies ameaçadas de extinção, constantes nas listas oficiais da fauna e flora", não tem o condão de excluir a ilicitude da conduta. Com efeito, negar-se a vigência ao inciso I do parágrafo único do art. 34, acima referido, além de se punir mais severamente aquele que não realiza pesca de espécimes proibidas. Não é possível desclassificar a conduta para o art. 29 da Lei dos Crimes Ambientais, uma vez que o objeto material dos autos foi expressamente afastado no § 6° desse dispositivo, segundo o qual "as disposições deste artigo não se aplicam aos atos de pesca". Recurso especial provido. (STJ, REsp n. 1.262.965/RS, 5ª T., rel. Min. Laurita Vaz, *DJe* 02.12.2013)

A preservação do meio ambiente é matéria de competência comum da União, dos Estados, do Distrito Federal e dos Municípios, nos termos do art. 23, VI e VII, da Constituição Federal. A Justiça Federal somente será competente para processar e julgar crimes ambientais quando caracterizada lesão a bens, serviços ou interesses da União, de suas autarquias ou empresas públicas, em conformidade com o art. 109, IV, da Carta Magna. Na hipótese, verifica-se que o Juízo Estadual declinou de sua competência tão somente pelo fato de o auto de infração ter sido lavrado pelo Ibama, circunstância que se justifica em razão da competência comum da União para apurar possível crime ambiental, não sendo suficiente, todavia, por si só, para atrair a competência da Justiça Federal. Conflito conhecido para declarar a competência do Juízo de Direito do Juizado Especial Adjunto Criminal de Rio das Ostras/RJ, o suscitado. (STJ, CC n. 113.345/RJ, 3ª Seção, rel. Min. Marco Aurélio Bellizze, *DJe* 13.09.2012)

A aplicação do princípio da insignificância nos crimes contra o meio ambiente, reconhecendo-se a atipicidade material do fato, é restrita aos casos onde a conduta do agente expressa pequena reprovabilidade e irrelevante periculosidade social. Afinal, o bem jurídico tutelado é a proteção do meio ambiente, direito de natureza difusa assegurado pela Constituição Federal, que conferiu especial relevo à questão ambiental. Não se insere na concepção doutrinária e jurisprudencial de crime de bagatela a conduta do paciente, pescador profissional, que foi surpreendido pescando com petrecho proibido em época onde a atividade é terminantemente vedada. Há de se concluir, como decidiram as instâncias ordinárias, pela ofensividade da conduta do réu, a quem se impõe maior respeito à legislação ambiental, voltada para preservação da matéria-prima de seu ofício. E, apesar de terem sido apreendidos apenas 5 kg (cinco quilos) de peixe, nos termos da jurisprudência desta Corte Superior: "A quantidade de pescado apreendido não desnatura o delito descrito no art. 34 da Lei n. 9.605/98, que pune a atividade durante o período em que a pesca seja proibida, exatamente na hipótese dos autos, isto é, em época de reprodução da espécie, e com utilização de petrechos não permitidos" (STJ, HC n. 192.696/SC, 5ª T., rel. Min. Gilson Dip, j. 17.03.2011, *DJe* 04.04.2011). Ordem de *habeas corpus* denegada. (STJ, HC n. 192.486/MS, 5ª T., rel. Min. Laurita Vaz, *DJe* 26.09.2012)

Configura-se delito imputado se surpreendido o agente pela polícia ambiental pescando em período proibido. Conduta, outrossim, que, por si só, independentemente da captura efetiva de peixes, configura infração incriminada. As medidas de proteção ambiental são amplamente divulgadas em todos os meios de comunicação, razão pela qual inviável o reconhecimento do erro de proibição. Inaplicável, também, o princípio da insignificância, pois a agressão ambiental atinge toda a coletividade e suas gerações futuras. As preocupações com o meio ambiente não se cingem apenas aos resultados imediatos da conduta, mas igualmente às consequências medidas, que possam futuramente vir a ocasionar influências ao ecossistema local. Situação específica do caso e peculiaridades do agente a indicar a pena pecuniária como sendo a reprimenda adequada, com aplicação isolada. Apelo parcialmente provido para aplicação exclusivamente da pena pecuniária. (TJRS, Ap. Crim. n. 70.040.547.002, 4ª Câm. Crim., rel. Des. Marcelo Bandeira Pereira, *DJ* 21.03.2011)

Pesca utilizando petrechos não permitidos. Ausência de lesividade ao bem jurídico tutelado. Crime de perigo abstrato. A criação de crimes de perigo abstrato não representa, por si só, comportamento inconstitucional por parte do legislador penal. A tipificação de condutas que geram perigo em abstrato, muitas vezes, acaba sendo a melhor alternativa ou a medida mais eficaz para a proteção de bens jurídico-penais supraindividuais ou de caráter coletivo, como, por exemplo, o meio ambiente. Apelação da defesa improvida. (TJRS, Ap. Crim. n. 70.046.837.654, 4ª Câm. Crim., rel. Des Gaspar Marques Batista, *DJ* 19.10.2012)

Pesca em período proibido. Método não permitido. Princípio da insignificância. Tese afastada. Inaplicável o princípio da insignificância, aos crimes ambientais, pois o dano ao meio ambiente é cumulativo e perceptível somente a longo prazo. Apelação da defesa improvida. (TJRS, Ap. Crim. n. 70.044.545.779.675, 4ª Câm. Crim., rel. Des. Gaspar Marques Batista, *DJ* 19.01.2012)

1.7. Meios proibidos de pesca

> Art. 35. Pescar mediante a utilização de:
> I – explosivos ou substâncias que, em contato com a água, produzam efeito semelhante;
> II – substâncias tóxicas, ou outro meio proibido pela autoridade competente:
> Pena – reclusão, de 1 (um) ano a 5 (cinco) anos.

Tipo objetivo

"Pescar" é retirar, extrair, coletar peixes, crustáceos, moluscos e vegetais hidróbios do local onde se encontram.

Elementos do tipo

Na situação examinada, a pesca não é admitida com o emprego de explosivo, assim entendida a substância capaz de provocar explosão.

É vedada, outrossim, para efeito de pesca, a utilização de substância tóxica, aquela que é capaz de gerar a morte dos animais que vivem nas águas, a exemplo do que acontece com o veneno.

Ademais, de maneira genérica, o legislador também não permite, para efeito da apreensão abordada, que o agente sirva-se de outro meio proibido. Trata-se de norma penal em branco, cuja complementação deverá ser feita por meio de uma outra norma.

Tutela penal

A proteção visa ao meio ambiente e, de maneira direta, à fauna aquática.

Sujeito ativo

Qualquer pessoa pode cometer o crime em análise, quer seja ela física, quer jurídica.

Sujeito passivo

É a sociedade, bem como o particular, na hipótese de a pescaria lhe proporcionar prejuízo. O Estado também, pelo menos de forma indireta, é sujeito passivo.

Elemento subjetivo

É o dolo genérico: vontade livre e consciente de executar qualquer conduta prevista no tipo penal.

Consumação e tentativa

Repetindo-se o que foi externado quando da inspeção do *caput* do art. 34 da Lei n. 9.605/98, verifica-se que o núcleo do tipo penal é "pescar". Diante disso, a consumação ocorre no exato momento em que o agente está praticando o ato de pesca, independentemente de conseguir ou não um resultado positivo, que é a apreensão do espécime. Ora, o ato de pescar não desaparece se o agente não consegue obter êxito em seu empreendimento. Logo, por exemplo, a captura do peixe se constitui exaurimento do delito.

Pelo que está sendo discursado, cuida-se de crime formal, revelando-se, na hipótese examinada, impossível a tentativa.

1.8. Definição jurídica de pesca

> Art. 36. Para os efeitos desta Lei, considera-se pesca todo ato tendente a retirar, extrair, coletar, apanhar, apreender ou capturar espécimes dos grupos dos peixes, crustáceos, moluscos e vegetais hidróbios, suscetíveis ou não de aproveitamento econômico, ressalvadas as espécies ameaçadas de extinção, constantes nas listas oficiais da fauna e da flora.

O legislador, de forma oportuna e correta, explica, para efeito de aplicação da lei penal ambiental, o que se deve entender por pesca e quais são os espécimes por ela abrangidos. Assim, a rigor, o ato de pescar não envolve exclusivamente o grupo dos peixes.

Nota-se, no preceito precitado, que o comportamento delitivo consiste na pesca, por ser praticado de várias maneiras, consoante os verbos que se encontram dispostos no regramento explicativo abordado. Assim sendo, considera-se pesca o ato de "retirar" (recolher), "extrair" (tirar uma coisa do lugar em que se encontra), "coletar" (recolher, juntar), "apanhar" (agarrar), "apreender" (tomar) ou "capturar" (prender, agarrar).

Essas formas de comportamento incidem de maneira precisa, conforme prévio elenco normativo, sobre os peixes, quer vertebrados aquáticos, revestidos com escama ou pele e nadadeiras para locomoção.

Também, as condutas previamente elencadas dizem respeito aos crustáceos, que são artrópodes, tais como os caranguejos, camarões, siris, lagostas.

Há de se considerar, também, os moluscos, animais, a exemplo dos mariscos, caracóis, lulas, polvos, ostras. E, finalmente, os vegetais hidróbios, que não são animais, a exemplo das algas, independentemente de serem ou não aproveitáveis do ponto de vista econômico.

De outro lado, conforme ressalva constante no regramento legal discorrido, as espécies ameaçadas de extinção não podem ser objeto de pesca, de retirada da água. Se isso ocorrer, haverá crime.

Não se pode perder de horizonte, outrossim, que o regramento legal esquadrinhado tem incidência unicamente nos crimes ambientais. Isso significa que outros diplomas, leis ou mesmo regulamentos podem adotar conceitos diferentes e ter abrangência diversa.

O que se está discursando encontra plena justificativa exegética, colhida dos próprios elementos que compõem o comando normativo em questão, porquanto o legislador, de maneira enfática, diz expressamente: "Para os efeitos desta Lei" (art. 36, *caput*). Isso implica entender, obviamente, que ele se refere unicamente aos crimes ecológicos, em nada incidindo em outro ramo do Direito, principalmente na esfera administrativa.

É de clareza solar que cada ramo do Direito tem independência de normatizar seus conceitos e suas abrangências, em conformidade com seus interesses peculiares, mesmo porque cada um tem seu objeto e finalidade, embora no contexto geral possam tender para o mesmo objetivo.

1.9. Permissão de abate de animais

Art. 37. Não é crime o abate de animal, quando realizado:

I – em estado de necessidade, para saciar a fome do agente ou de sua família;

II – para proteger lavouras, pomares e rebanhos da ação predatória ou destruidora de animais, desde que legal e expressamente autorizado pela autoridade competente;

III – (*vetado*)

IV – por ser nocivo o animal, desde que assim caracterizado pelo órgão competente.

Como regra, em sentido amplo, matar animal é crime. Porém o legislador, ao enunciar que "não é crime o abate de animal", admite como lícita a conduta do agente, desde que seja ela levada a efeito nas hipóteses previamente por ele indicadas.

No inciso I, cuida-se de estado de necessidade, o que é um excludente de antijuridicidade previsto no art. 23 do Código Penal.

In casu,

> embora a conduta do agente seja típica, ela não se mostra contrária ao direito ou ilícita, quando a ação se mostra autorizada pelo próprio direito, em situações previamente determinadas. São as denominadas causas de exclusão, justificativas ou discriminantes da antijuridicidade. Havendo sua ocorrência o crime deixa de existir, restando somente a tipicidade.[23]

Entendeu o legislador que se o agente mata um animal visando a saciar sua fome ou de sua família, não comete crime contra o meio ambiente, posto que se mostra excluída sua conduta contrária ao Direito. Sem dúvida, agiu de forma correta o legislador, uma vez que na situação contida no inciso de regência a sobrevivência da pessoa humana é um bem jurídico mais relevante, maior do que a manter vivo o animal, que, em último caso, tem como serventia prover as pessoas de alimentação.

Todavia, não se deve perder de horizonte que o extermínio do animal somente é causa justificativa desde que seja exclusivamente para saciar a fome. Isso significa que se houver exorbitância, excesso, desaparecerá a exclusão da antijuridicidade da conduta, devendo o agente responder pelo fato delituoso em oposição ao meio ambiente.

No inciso II, quando o abate do animal se dá nas circunstâncias protetivas previstas previamente pelo legislador, a hipótese também é indicativa de esta-

---

[23] MOSSIN, Heráclito Antônio; MOSSIN, Júlio César O. G. *Exame da OAB 2ª Fase:* penal, p. 223.

do de necessidade, embora fique na dependência de autorização da autoridade competente, eis que o extermínio do animal se dá tendo por fim a proteção legalmente prevista.

É de indubitável clareza que se justifica a exclusão outorgada pelo comando legal em espécie, mesmo porque o sacrifício do animal é levado a efeito visando a salvar outro bem jurídico exposto a perigo, atual ou iminente. Nesse confronto de interesses lícitos, um deles deve ser sacrificado, que no caso é o do animal que destrói ou exerce ação predatória, ou seja, devastadora em lavouras (terra lavrada), pomares (terreno de árvores frutíferas), rebanhos (grupo de animais criado para comércio). São exemplos dessa modalidade de comportamento animal os ataques provocados por ferinos em rebanhos e a ação da capivara (maior mamífero roedor do mundo) em lavouras.

Por oportuno, deixam claro Roberto Delmanto et al. que:

> Trata-se, contudo, de lei permissiva em branco, uma vez que aplicável desde que legal e expressamente autorizado pela autoridade competente. O interessado terá, portanto, de requerer junto ao órgão ambiental a competente autorização para abater animais naquelas finalidades específicas. É evidente que a autorização haverá de ser por tempo limitado, além de bem definir quais animais poderão ser abatidos, de que forma, além de outras regras e condições que se entender oportunas.[24]

Sem dúvida, o legislador foi muito prudente em subordinar a ação do particular quanto à tutela outorgada legalmente, porquanto deve ficar sob o controle dos órgãos ambientais a extinção de qualquer tipo de animal, para que não haja excessos que possam gerar graves danos ao meio ecológico.

Assim sendo, se aquele que obteve a autorização de qualquer órgão ligado ao Sistema Nacional do Meio Ambiente (Sisnama) desobedecer às limitações impostas, responderá pelo delito ecológico, uma vez que o excesso sem qualquer causa excludente de antijuridicidade a exclui, tornando a ação do agente delituosa, a título de dolo ou de culpa, se assim o prever o tipo penal.

Nos lindes do inciso IV, em relação ao qual também se adota o estado de necessidade, a hipótese se aplica ao animal nocivo, ou seja, àquele que potencialmente pode cometer dano, assim definido pela autoridade competente. Exemplos que podem caracterizar a hipótese: cobra, aranha.

Há de se ter um cuidado muito especial em torno da interpretação que deve ser conferida à definição por órgão ambiental do que seja animal nocivo

---

24 *Leis penais especiais comentadas*, p. 578.

para efeito de extermínio. Isso porque, sendo o indivíduo atacado, sua ação defensiva deve ser imediata e sem indagar se o animal está arrolado como nocivo ou não. Diante disso, a relação de animal nocivo para efeito de abate deve ser vista em sentido bastante amplo, compreendendo uma quantidade considerável desses entes aquáticos que podem ser objeto de extermínio.

Com efeito:

> Quem depara com um animal nocivo (potencial causador de dano), encontra-se em situação de necessidade, deve matá-lo, apanhá-lo ou afugentá-lo, de qualquer modo, sem qualquer tipo de avaliação do tal órgão competente. Uma cobra ou uma aranha venenosa não precisa ser objeto de laudo para ser considerada espécime nocivo e merece abate, caso coloque em risco a vida ou a integridade de alguém. No mais, se o animal é essencialmente nocivo, merecendo extermínio generalizado, obtida a licença do órgão competente, como já se disse, o fato é atípico.[25]

2. Dos crimes contra a flora

2.1. Destruição ou danificação de florestas

> Art. 38. Destruir ou danificar floresta considerada de preservação permanente, mesmo que em formação, ou utilizá-la com infringência das normas de proteção:
> Pena – detenção, de 1 (um) a 3 (três) anos, ou multa, ou ambas as penas cumulativamente.
> Parágrafo único. Se o crime for culposo, a pena será reduzida à metade.

Considerações

Flora é o conjunto de espécies vegetais (a exemplo de plantas e árvores) de uma determinada região ou ecossistema específico. Trata-se de termo muito utilizado em botânica.

Conforme salientado por Vladimir Passos de Freitas e Gilberto Passos de Freitas:

---

25 NUCCI, Guilherme de Souza. *Leis penais e processuais penais comentadas*, p. 889.

Incluem-se na flora os fungos, as bactérias do solo, musgos, bromeliáceas, podendo ser encontrada nas matas, nos pântanos e no meio marinho, flutuante (por exemplo, possidônia) ou fixa no fundo das águas (por exemplo, algas). Portanto, flora se refere a plantas e floresta, à extensão de árvores.[26]

Ademais, "a flora se organiza geralmente em estratos, que determinam formações específicas como campos e pradarias, savanas e estepes, bosques e florestas, e outros".[27]

Embora dispensável, em termos de crimes ecológicos, a flora brasileira, que é a que realmente interessa nos lindes deste trabalho científico, em uma determinada região pode ser muito rica, ou seja, com muita variedade de espécies. É que no Brasil há uma diversidade muito grande em termos de ecossistema, a exemplo do que acontece com a Amazônia, o Cerrado, a Mata Atlântica, a Caatinga, o Pantanal.

Em circunstâncias desse matiz, cada ecossistema possui flora específica, adaptada às condições ambientais da região, o que, sem dúvida, deve ser objeto de atenção de qualquer legislador, para efeito de proteção, independentemente da área jurídica de incidência.

Deve ficar salientado, também em sede de considerações preliminares, que existe uma regra geral encampada no art. 53 da Lei n. 9.605/98 para efeito de aumento da pena, nas situações enumeradas pelo dispositivo. Ela se aplica a todos os crimes contra a flora, que serão objeto de comentários específicos após o término do exame de todos os tipos penais.

Tipo objetivo

O verbo "destruir" é indicativo de eliminar, colocar fim, enquanto "danificar" tem o sentido de estragar, deteriorar.

Também se encontra inserido no preceito em dissertação a expressão "utilizá-la", que, sendo expressa em conduta, diz respeito ao verbo "utilizar", que tem o sentido de usar, empregar.

Elementos do tipo

A conduta do agente consistente em destruir ou danificar tem por objeto a floresta, que representa um conjunto de árvores aglomeradas.

---

26 *Crimes contra a natureza*, p. 143.
27 MACIEL, Silvio. *Legislação criminal especial:* ciências criminais, v. 6, p. 769.

Entretanto, para a configuração delitiva em espécie, não basta unicamente que o comportamento do agente incida sobre floresta, mas que esta seja tida como de preservação permanente, assim entendida aquela cuja conservação é por prazo indeterminado, conforme declaração do poder público, mesmo que ela se encontre em formação, ou seja, que ainda esteja em desenvolvimento, cujas árvores ainda não alcançaram o tamanho de sua espécie.

Não obstante a definição posta em relação à floresta de preservação permanente e também pela singular circunstância de que o legislador não estabeleceu definição peculiar em torno dela para efeito criminal, nada impede, dessa maneira, que se busque o conceito em questão no Código Florestal, instituído pela Lei n. 12.651, de 25 de maio de 2012. Em seu art. 3º, II, está vertido o seguinte preceito:

> Para os efeitos desta Lei, entende-se por: [...] II – área de preservação permanente – APP: área protegida, coberta ou não por vegetação nativa, com a função ambiental de preservar os recursos hídricos, a paisagem, a estabilidade geológica e a biodiversidade, facilitar o fluxo gênico de fauna e flora, proteger o solo e assegurar o bem-estar das populações humanas.

No art. 4º do Código Florestal, o legislador considera APP em zonas rurais ou urbanas:

> I – as faixas marginais de qualquer curso d'água natural perene e intermitente, excluídos os efêmeros, desde a borda da calha do leito regular, em largura mínima de: *a)* 30 (trinta) metros, para os cursos d'água de menos de 10 (dez) metros de largura; *b)* 50 (cinquenta) metros, para os cursos d'água que tenham de 10 (dez) a 50 (cinquenta) metros de largura; *c)* 100 (cem) metros, para os cursos d'água que tenham de 50 (cinquenta) a 200 (duzentos) metros de largura; *d)* 200 (duzentos) metros, para os cursos d'água que tenham de 200 (duzentos) a 600 (seiscentos) metros de largura; *e)* 500 (quinhentos) metros, para os cursos d'água que tenham largura superior a 600 (seiscentos) metros; II – as áreas no entorno dos lagos e lagoas naturais, em faixa com largura mínima de: *a)* 100 (cem) metros, em zonas rurais, exceto para o corpo d'água com até 20 (vinte) hectares de superfície, cuja faixa marginal será de 50 (cinquenta) metros; *b)* 30 (trinta) metros, em zonas urbanas; III – as áreas no entorno dos reservatórios d'água artificiais, decorrentes de barramento ou represamento de cursos d'água naturais, na faixa definida na licença ambiental do empreendimento; IV – as áreas no entorno das nascentes e dos olhos d'água perenes, qualquer que seja

sua situação topográfica, no raio mínimo de 50 (cinquenta) metros; V – as encostas ou partes destas com declividade superior a 45°, equivalente a 100% (cem por cento) na linha de maior declive; VI – as restingas, como fixadoras de dunas ou estabilizadoras de mangues; VII – os manguezais, em toda a sua extensão; VIII – as bordas dos tabuleiros ou chapadas, até a linha de ruptura do relevo, em faixa nunca inferior a 100 (cem) metros em projeções horizontais; IX – no topo de morros, montes, montanhas e serras, com altura mínima de 100 (cem) metros e inclinação média maior que 25°, as áreas delimitadas a partir da curva de nível correspondente a 2/3 (dois terços) da altura mínima da elevação sempre em relação à base, sendo esta definida pelo plano horizontal determinado por planície ou espelho d'água adjacente ou, nos relevos ondulados, pela cota do ponto de sela mais próximo da elevação; X – as áreas em altitude superior a 1.800 (mil e oitocentos) metros, qualquer que seja a vegetação; XI – em veredas, a faixa marginal, em projeção horizontal, com largura mínima de 50 (cinquenta) metros, a partir do espaço permanentemente brejoso e encharcado. § 1º Não será exigida Área de Preservação Permanente no entorno de reservatórios artificiais de água que não decorram de barramento ou represamento de cursos d'água naturais. [...] § 4º Nas acumulações naturais ou artificiais de água com superfície inferior a 1 (um) hectare, fica dispensada a reserva da faixa de proteção prevista nos incisos II e III do *caput*, vedada nova supressão de áreas de vegetação nativa, salvo autorização do órgão ambiental competente do Sistema Nacional do Meio Ambiente – Sisnama. § 5º É admitido, para a pequena propriedade ou posse rural familiar, de que trata o inciso V do art. 3º desta Lei, o plantio de culturas temporárias e sazonais de vazante de ciclo curto na faixa de terra que fica exposta no período de vazante dos rios ou lagos, desde que não implique supressão de novas áreas de vegetação nativa, seja conservada a qualidade da água e do solo e seja protegida a fauna silvestre. § 6º Nos imóveis rurais com até 15 (quinze) módulos fiscais, é admitida, nas áreas de que tratam os incisos I e II do *caput* deste artigo, a prática da aquicultura e a infraestrutura física diretamente a ela associada, desde que: I – sejam adotadas práticas sustentáveis de manejo de solo e água e de recursos hídricos, garantindo sua qualidade e quantidade, de acordo com norma dos Conselhos Estaduais de Meio Ambiente; II – esteja de acordo com os respectivos planos de bacia ou planos de gestão de recursos hídricos; III – seja realizado o licenciamento pelo órgão ambiental competente; IV – o imóvel esteja inscrito no Cadastro Ambiental Rural – CAR; V – não implique novas supressões de vegetação nativa.

O comportamento do agente também se revela típico se ele utilizar a floresta com infringência das normas de proteção. Trata-se de norma penal em branco. Tais normas devem ser ditadas pela autoridade competente do meio ambiental, a exemplo do Ibama, ou até mesmo por intermédio de lei com finalidade regulamentadora.

Em sentido contrário, como é de evidência cristalina, se o agente não infringir as normas de proteção, sua conduta se revelará atípica.

Tutela penal

A proteção do legislador incide sobre a floresta de preservação permanente, bem como a tutela do meio ambiente, do qual fazem parte todas as formas vegetais.

Sujeito ativo

Pode ser qualquer pessoa, inclusive a jurídica.

Sujeito passivo

Figura como vítima desse empreendimento delituoso toda a sociedade, mesmo porque, como tem sido sustentado neste trabalho científico, a preservação do ecossistema, em suas múltiplas expressões, é de interesse coletivo, já que o meio ambiente é um patrimônio natural ínsito a toda a coletividade.

De outro lado, embora de forma secundária, também poderá ser vítima desse delito o proprietário, possuidor ou arrendatário ou qualquer outra pessoa, independentemente do título, que tenha vínculo com a floresta objeto do crime.

Elemento subjetivo

O legislador, atendendo ao princípio da legalidade, permitiu o cometimento do fato punível examinado sob duas formas: dolo e culpa.

Do ponto de vista intencional, integra o fato punível o dolo genérico: vontade livre e consciente de destruir, danificar ou utilizar floresta de forma vedada pelo legislador penal.

No que concerne à culpa, a conduta do agente pode derivar de imprudência, negligência ou imperícia.

Embora a ação culposa, a rigor, não possa ser causa de redução da repriminenda legal, o legislador determina, ao fazer uso do verbo "será", que a pena seja reduzida à metade, o que é justo, posto que o delito doloso exige maior reprovabilidade.

Consumação e tentativa

Alusivamente aos verbos "destruir" e "danificar", o crime ambiental se aperfeiçoa quando o agente elimina ou deteriora a floresta de preservação permanente. Por se cuidar de crime material, a tentativa é plenamente possível. Tangentemente à utilização da floresta de preservação permanente, o fato punível se consuma com o uso. Por se tratar de crime formal, a tentativa não se mostra viável.

> **Jurisprudência:** A aração para o fim de plantio que danifica vegetação nativa rasteira (pastagem), ainda que em área de preservação permanente, mas não de floresta, não configura o crime tipificado no art. 38 da Lei n. 9.605/98. (TJMG, Ap. Crim. n. 1.010605.022073-7-6/001, 2ª Câm. Crim., rel. Des. Nelson Messias de Morais, publ. 10.01.2014)

> O que se vê nestes autos constitui uma destruição, danificação ou utilização de floresta, mesmo que em formação, considerada de preservação permanente, com infringência das normas de proteção, e, embora possa ser recuperável, evidencia ter ficado configurado o ilícito previsto no art. 38 da Lei n. 9.605/98. A pena-base deve ser aplicada observando-se as circunstâncias judiciais do apenado, mormente aquelas de natureza preponderante, devendo, portanto, ser reajustada quando fixada com excessivo rigor, sem fundamentação idônea, de maneira a atender o fim a que se destina: prevenção e reprovação do crime. (TJMG, Ap. Crim. n. 1.0259.09.005108-9/001, 1ª Câm. Crim., rel. Des. Walter Luiz, publ. 21.03.2014)

> 1. Não há como ser acolhida a alegação da defesa de que inexistiria justa causa para a ação penal em virtude da anulação judicial do processo administrativo de regularização fundiária em que o apelante figura como requerente, haja vista que vigora no ordenamento jurídico a independência entre as esferas cível e penal, conforme preceitua o art. 935 do Código Civil, que deverá ser interpretado em conjunto com o que dispõem os arts. 65 e 66 do Código de Processo Penal. 2. Não se sustenta a alegação do réu de que ocupava imóvel da União de boa-fé, pois, se assim o fizesse, obedeceria aos limites fixados nas cartas de anuência, não expandindo sua ocupação para além da área permitida. 3. A posse de boa-fé se caracteriza quando o possuidor ignora o vício ou o obstáculo que impeça a aquisição da coisa (art. 1.201 do Código Civil), hipótese não verificada no caso em apreço,

porquanto o apelante tinha ciência plena de que a autorização a ele concedida limitava-se, inicialmente, à área de 2,5 hectares, podendo, ainda, receber gleba medindo, no máximo, 15 (quinze) hectares, caso cumprisse os requisitos legais. 4. A postura do apelante em nada se coaduna com a de quem age de boa-fé, posto que invadiu lotes limítrofes, promoveu o desmatamento para retirada de madeira e construiu barragem de retenção em área de preservação permanente – APP, gerando dano ambiental, como também comprova o laudo pericial de fls. 182/187. 5. É incabível sustentar que a ocupação das terras da União pelo apelante encontra fundamento no exercício regular do direito à retenção de benfeitorias que teriam sido edificadas no imóvel, porquanto ausente no caso a boa-fé. Acrescente-se que, segundo a disposição contida no art. 71 do Decreto-lei n. 9.760/46, disciplinadora do regime jurídico dos imóveis da União, inexiste previsão para o direito de retenção, sendo inadmissível aplicar-se o Código Civil em detrimento da norma especial. 6. Devidamente comprovada a materialidade e autoria do crime do art. 20 da Lei n. 4.947/68, não merecendo reforma a r. sentença de 1º grau que o condenou pela prática desse delito. 7. Quanto ao delito do art. 38 da Lei n. 9.605/98, a materialidade se encontra provada por meio do laudo de dano ambiental (desmatamento). A autoria, de igual forma, mostra-se indene de dúvidas, porquanto, além de o réu ter confessado a destruição da vegetação, a venda de madeira e a construção da barragem (fls. 265/272), esses fatos foram confirmados pela prova testemunhal (fls. 308/309, 310/311, 312), inclusive pelo depoimento de uma das testemunhas arroladas pela defesa. 8. É cediço que a aplicação da causa supralegal de exclusão da culpabilidade, fundada na inexigibilidade de conduta diversa, necessita de provas robustas coligidas pela defesa. Não as havendo, impossível a sua incidência. 9. Não se mostra razoável a alegação do réu de que promoveu o desmatamento em área de preservação permanente para conseguir água para seus familiares, porquanto possuía meios para prover sua família de água potável sem a necessária invasão e desmatamento de área de preservação permanente. 10. Comprovada materialidade e autoria delitivas e afastada a alegada causa supralegal de exclusão de culpabilidade, não merece reparo a r. sentença que condenou o réu também pela prática do crime previsto no art. 38 da Lei n. 9.605/98. 11. Em relação à dosimetria das penas, tenho que o recurso merece ser provido, em parte, impondo-se a redução do *quantum* das reprimendas, a fim de que guardem consonância com o princípio da proporcionalidade e com a finalidade de reprovação e prevenção dos crimes. 12. A motivação apontada na sentença, consistente na ambição e na busca por amealhar patrimônio por meio ilícito, revela-se, contudo, inerente ao tipo penal de invasão de terras da União, com a intenção de ocupá-las, não se justificando a valoração negativa sob esse fundamento. 13. As consequências do crime também não excedem aquelas que dele normalmente decorrem. O fato de

CAPÍTULO 3 – DOS CRIMES CONTRA O MEIO AMBIENTE   139

ter havido a construção de barragem em área de nascente de rio, com a destruição de parte da vegetação, constituiu crime ambiental pelo qual o acusado foi condenado, não podendo, pois, ser valorado, negativamente, como consequência do delito de invasão de terras da União, sob pena de inadmissível *bis in idem*. 14. No que concerne às medidas cautelares, diante da natureza do delito de invasão, impõe-se seja afastada a permanência delitiva, determinando-se ao réu que, enquanto aguarda decisão administrativa acerca da regularização fundiária, (i) restrinja a ocupação à área da União correspondente a 2,5 (dois hectares e 50 ares), conforme autorizações que lhe foram inicialmente concedidas pelo Incra (fls. 23 e 30), não excedendo esse limite em qualquer circunstância; (ii) desocupe, *incontinenti*, qualquer outra área excedente àquela originalmente autorizada; (iii) não mantenha contato com nenhum dos possuidores dos três lotes por ele invadidos, ficando proibido de ingressar nos limites territoriais das respectivas áreas e de outras pertencentes à União (art. 319, III, CPP). 15. Recurso parcialmente provido. 16. Sentença reformada em parte. (TRF-1ª Região, Ap. Crim. n. 200632000049400, 3ª T., rel. Des. Federal Henrique Gouveia da Cunha, *e-DJF1* 07.02.2014, p. 1.016)

Para a validade da tramitação de feito criminal em que se apura o cometimento de delito ambiental, na peça exordial devem ser denunciados tanto a pessoa jurídica como a pessoa física (sistema ou teoria da dupla imputação). Isso porque a responsabilização penal da pessoa jurídica não pode ser desassociada da pessoa física – quem pratica a conduta como elemento subjetivo próprio. Oferecida denúncia somente contra a pessoa jurídica, falta pressuposto para que o processo-crime desenvolva-se corretamente. Recurso ordinário provido, para declarar a inépcia da denúncia e trancar, consequentemente, o processo-crime instaurado contra a empresa recorrente, sem prejuízo de que seja oferecida outra exordial, válida. Pedidos alternativos prejudicados. (STJ, RMS n. 37.293/SP, 5ª T., rel. Min. Laurita Vaz, j. 02.05.2013, *DJe* 09.05.2013)

Corte de árvores em floresta considerada de preservação permanente. Materialidade não comprovada. Crime que deixa vestígios. Ausência de perícia. Art. 60 da Lei Ambiental. Construção de obra potencialmente poluidora. Materialidade não comprovada. A abertura de simples valas, para drenagem de água, evidentemente não configura obra potencialmente poluidora do meio ambiente. Negaram provimento ao apelo ministerial. (TJRS, Ap. Crim. n. 70.050.679.760, 4ª Câm. Crim., rel. Des. Gaspar Marcel Esquivel Hoppe, *DJ* 21.03.2013)

Comprovado que a vegetação suprimida não se enquadra no conceito de floresta, está ausente uma das elementares do tipo penal do art. 38 da Lei n. 9.605/98.

A abertura de simples vala em meio à lavoura, para escoamento de água, evidentemente não configura obra potencialmente poluidora do meio ambiente. (TJRS, Ap. Crim. n. 70.052.484.573, 4ª Câm. Crim., rel. Des. Gaspar Marques Batista, *DJ* 06.02.2013)

Está a praticar a infração do art. 38 da Lei n. 9.605/98 quem destrói ou danifica floresta considerada de preservação permanente. É essa a norma criada pelo legislador, donde não se vê margem para estender a interpretação ao enfoque de acobertar outras modalidades de vegetação. Carecendo a ação penal de laudo pericial voltado a elucidar o alegado "dano" provocado no local dos fatos, a materialidade delitiva não tem respaldo. Recurso a que se nega provimento. (TJMG, Ap. Crim. n. 1.0446.07.006936-9/001, 7ª Câm. Crim., rel. Des. Amauri Pinto Ferreira, publ. 31.10.2013)

Ainda que o cerrado não possua uma flora densa e de alto porte, como as matas tropicais, apresenta uma formação arbórea considerável, capaz de enquadrar-se no termo "floresta". Assim, quem destrói área de preservação permanente do referido bioma pratica o crime previsto no art. 38 da Lei n. 9.605/98. É de sabença geral que a mata ciliar possui inúmeras funções ambientais e deve ser preservada. (TJMG, Ap. Crim. n. 1.0512.08.052947-6/001, 7ª Câm. Crim., rel. Des. Cássio Salomé, publ. 03.05.2013)

O tipo do art. 38 da Lei n. 9.605/98 exige que a área desmatada seja de floresta de preservação permanente, mesmo que em formação. Se o acusado realizou intervenção em área, ainda que de preservação permanente, mas não de floresta, o crime não se caracterizou, pois, como é cediço, descabe, no Direito Penal moderno, uma extensão analógica do termo "floresta" para abranger outras formas de vegetação, sob pena de violação do princípio da legalidade estrita. (TJMG, Ap. Crim. n. 1.0342.08.110736-5/001, 2ª Câm. Crim., rel. Des. Beatriz Pinheiro Caires, publ. 15.11.2013)

Se transcorreu, entre dois marcos interruptivos da prescrição, lapso temporal superior ao previsto no art. 109 do Código Penal, para o crime sob análise, o Estado perdeu seu dever-poder de agir, sendo forçoso reconhecer a extinção da punibilidade do agente, nos termos do art. 107, IV, CP. A devastação de área recoberta por uma floresta rasteira, sem caule lenhoso, não pode dar ensejo à condenação de um indivíduo pela prática do crime previsto no art. 38 da Lei n. 9.605/98, pois este delito pressupõe a existência de uma formação arbórea considerável, capaz de enquadrar-se no termo "floresta". (TJMG, Ap. Crim. n. 1.0074.07.036550-2/001, 7ª Câm. Crim., rel. Des. Cássio Salomé, publ. 25.11.2013)

Comete o delito do art. 38 da Lei n. 9.605/98 o agente que destrói vegetação florestal nativa em inicial e médio estágio de regeneração, em área considerada de preservação permanente. Deve ser afastada a tese do erro de proibição, pois o desconhecimento da lei não afasta a responsabilidade criminal, mormente em decorrendo de erro inescusável, haja vista que amplamente divulgada a necessidade de proteção ambiental. (TJMG, Ap. Crim. n. 1.0028.05.008843-5/001, 1ª Câm. Crim., rel. Des. Flávio Leite, publ. 02.12.2010)

Se o agente desconhece a ilicitude da conduta praticada, eis que cumpre ordens emanadas de seu empregador, deve ser reconhecido o erro na sua conduta. (TJMG, Ap. Crim. n. 1.0694.03.013559-4/001, 5ª Câm. Crim., rel. Des. Adílson Lamounier, publ. 26.04.2008)

Não é razoável sujeitar pessoas carentes, sem qualquer instrução e que claramente agiram acobertadas por causa de exclusão de culpabilidade (erro de proibição), a um processo criminal, com todas as consequências que lhe são inerentes, apenas porque a denúncia descreve crime em tese, mas não se encontra revestida do indispensável *fumus boni iuris*. (TJMG, RSE n. 1.0183.03.057462-2/001, 2ª Câm. Crim. rel. Des. Beatriz Pinheiro Caires, publ. 02.02.2007)

2.2. Destruição ou danificação de vegetação

Art. 38-A. Destruir ou danificar vegetação primária ou secundária, em estágio avançado ou médio de regeneração, do Bioma Mata Atlântica, ou utilizá-la com infringência das normas de proteção:
Pena – detenção, de 1 (um) a 3 (três) anos, ou multa, ou ambas as penas cumulativamente.
Parágrafo único. Se o crime for culposo, a pena será reduzida à metade.

Tipo objetivo

Etimologicamente, "destruir" compreende eliminar, enquanto "danificar" tem o sentido étimo de estragar, deteriorar. "Utilizar" é implicativo de fazer uso, tirar proveito.

Trata-se de tipo penal de cunho alternativo. Isso significa que se o agente cometer mais de uma conduta entre aquelas previstas pelo legislador, responderá por uma única infração típica.

Elementos do tipo

As mencionadas condutas delituosas guardam vínculo com a vegetação, que se constitui o total de plantas e partes vegetais como folhas, caules e frutos, e que integra a cobertura da superfície de um solo. Enfim, é o conjunto de plantas e associações vegetais.

Por seu turno, deve-se entender por vegetação primária aquela que evolui sob as condições ambientais locais. São, por conseguinte, as plantas originais.

Por sua vez, vegetação secundária ou em formação consiste no processo natural de sucessão, após supressão total ou parcial da vegetação primária.

É imperioso deixar assentado que o preceito sancionatório sob considerações doutrinárias nasceu da Lei n. 11.428, de 22 de dezembro de 2006, que dispõe sobre a utilização e proteção da vegetação nativa do Bioma Mata Atlântica:

> Art. 42. A ação ou omissão das pessoas físicas ou jurídicas que importem inobservância aos preceitos desta Lei e a seus regulamentos ou resultem em dano à flora, à fauna e aos demais atributos naturais sujeitam os infratores às sanções previstas em lei, em especial as dispostas na Lei n. 9.605, de 12 de fevereiro de 1998, e seus decretos regulamentadores.

Ademais, conforme previsão normativa estampada no art. 4º da Lei n. 11.428/2006,

> A definição de vegetação primária e de vegetação secundária nos estágios avançado, médio e inicial de regeneração do Bioma Mata Atlântica, nas hipóteses de vegetação nativa localizada, será de iniciativa do Conselho Nacional do Meio Ambiente.

O Conselho Nacional do Meio Ambiente (Conama), por intermédio da Resolução n. 388, de 23 de fevereiro de 2007, dispõe sobre a convalidação das resoluções que definem a vegetação primária e secundária nos estágios médio e avançado de regeneração da Mata Atlântica.

O que se verifica no rol das resoluções que foram convalidadas é que dizem respeito aos vários estados da Federação: São Paulo, Paraná, Santa Catarina,

Bahia, Rio de Janeiro, Ceará, Piauí, Alagoas, Espírito Santo, Mato Grosso do Sul, Pernambuco, Rio Grande do Norte, Sergipe e Santa Catarina. Isso significa, em outros termos, que em cada unidade da Federação, tendo em linha de consideração a peculiaridade de sua vegetação, essas duas formas são definidas de maneira individualizada. Diante disso, é forçoso convir, para efeitos penais, que é o centro de interesse discursivo, que as autoridades do local da Federação onde o crime ambiental foi praticado devem observar o que dispõe a resolução que lhes é inerente.

De outro lado, o preceito penal objeto de discurso deve ser interpretado em conformidade com a lei que o criou, porquanto há um liame muito íntimo entre ambos.

Não se deve entender que a vegetação do Bioma Mata Atlântica, que se constituiu o ponto fulcral do preceito incriminador sob consideração, seja intocável, não podendo em hipótese alguma ser alvo de nenhuma utilização. Assim é que, nos termos do art. 8º da Lei n. 11.428/2006, "O corte, a supressão e a exploração da vegetação do Bioma Mata Atlântica far-se-ão de maneira diferenciada, conforme se trate de vegetação primária ou secundária, nesta última levando-se em conta o estágio de regeneração".

Em outros dispositivos da mencionada lei, o legislador também prevê o corte, a supressão e a exploração da vegetação que cobre o Bioma Mata Atlântica: arts. 20, 21, 23 a 26 e 28.

Sem dúvida, o corte, a supressão e mesmo a exploração da vegetação em questão sempre são feitos por intermédio de controle das autoridades competentes do meio ambiente, evitando-se com isso que haja prejuízo de cunho florestal.

Na realidade, o que efetivamente é objeto de punição é a destruição, danificação ou mesmo a utilização daquela reserva, por serem condutas que acabam por extinguir aquele bioma. De outro lado, deve-se entender por Bioma Mata Atlântica o conjunto de vegetação nele predominante.

De forma isolada, o que contribui sobremaneira para uma melhor inteligência sobre o que está sendo discorrido é que bioma é implicativo de conjunto de diferentes ecossistemas, que possuem certo nível de homogeneidade. São as comunidades biológicas, ou seja, as populações de organismo da fauna e da flora interagindo entre si e também com o ambiente físico chamado biótopo. Diante disso é que se pode ter uma ideia do motivo pelo qual o legislador comina de *sanctio legis* o agente que comete as condutas proibidas contidas no tipo penal de regência.

A título de elemento normativo do tipo, o legislador deixa consignado: "utilizá-la com infringência das normas de proteção" (art. 38-A, Lei n. 9.605/98).

Trata-se de lei penal em branco, cabendo a outra norma, de cunho administrativo ou não, definir as regras de proteção.

Assim sendo, o uso dos espécimes da Mata Atlântica somente é punido se for feito com transgressão dos regramentos que têm por finalidade a proteção da vegetação primária ou secundária nas condições previstas no tipo penal. Logo, se não há quebra dessas normas, nada obsta que o agente tire o proveito pertinente, sendo, portanto, sua conduta lícita, conforme o Direito.

Tutela penal

A proteção conferida pelo legislador é o meio ambiente, notadamente a vegetação primária ou secundária, em estágio avançado ou médio de regeneração do Bioma Mata Atlântica.

Aliado ao que está exposto, reza o art. 6º, *caput*, da Lei n. 11.428/2006:

> A proteção e a utilização do Bioma Mata Atlântica têm por objetivo geral o desenvolvimento sustentável e, por objetivos específicos, a salvaguarda da biodiversidade, da saúde humana, dos valores paisagísticos, estéticos e turísticos, do regime hídrico e da estabilidade social.

Figura como vítima desse empreendimento delituoso toda a sociedade, mesmo porque, como tem sido sustentado neste trabalho científico, a preservação do ecossistema, em suas múltiplas expressões, é de interesse coletivo, já que o meio ambiente é um patrimônio natural ínsito a toda a coletividade. De outro lado, embora de forma secundária, também poderá ser vítima desse delito o proprietário, possuidor ou arrendatário ou qualquer outra pessoa, independentemente do título, que tenha vínculo com a floresta objeto do crime.

Sujeito ativo

Pode ser qualquer pessoa, inclusive a jurídica.

Sujeito passivo

Reproduzindo o que foi exposto quando da abordagem do art. 38 da Lei dos Crimes Ambientais, figura como vítima desse empreendimento delituoso toda a sociedade, mesmo porque a preservação do ecossistema, em suas múltiplas expressões, é de interesse coletivo, já que o meio ambiente é um patrimônio natural ínsito a toda a coletividade. De outro lado, embora de forma secundária, também poderá ser vítima desse delito o proprietário, possuidor ou arrendatário ou qualquer outra pessoa, independentemente do título, que tenha vínculo com o Bioma Mata Atlântica.

Elemento subjetivo

A exemplo do que se exortou quando da análise do art. 38 da Lei n. 9.605/98, o legislador, atendendo ao princípio da legalidade, previu o cometimento do fato punível examinado sob duas formas: dolo e culpa.

Do ponto de vista intencional, integra o fato punível o dolo genérico: vontade livre e consciente de destruir, danificar ou utilizar floresta de forma vedada pelo legislador penal.

No que concerne à culpa, a conduta do agente pode derivar de imprudência, negligência ou imperícia.

Embora a ação culposa, a rigor, não possa ser causa de redução da reprimenda legal, o legislador determina, ao fazer uso do verbo "será", que a pena seja reduzida à metade, o que é justo, posto que o delito doloso exige maior reprovabilidade.

Consumação e tentativa

Fazendo comparação entre os dispositivos punitivos encartados nos arts. 38 e 38-A, eles são informados pelos mesmos núcleos de tipo: destruir ou danificar ou utilizar (os textos fazem alusão à utilização). Em circunstâncias desse matiz, o que ficou assentado quando da inspeção da primeira norma mencionada deve ser aplicado também neste momento analítico. Logo, trasladando o que lá foi exposto alusivamente aos verbos "destruir" e "danificar", o crime ambiental se aperfeiçoa quando o agente elimina ou deteriora a floresta de preservação permanente. Por se cuidar de crime material, a tentativa é plenamente possível.

Tangentemente à utilização da floresta de preservação permanente, o fato punível se consuma com o uso. Por se tratar de crime formal, a tentativa não se mostra viável.

Jurisprudência: Comprovada a materialidade e autoria do delito descrito no art. 38-A da Lei n. 9.605/98, a manutenção da condenação do réu é medida que se impõe. Nos termos da Súmula n. 42 do Tribunal de Justiça de Minas Gerais e n. 231 do Superior Tribunal de Justiça, a circunstância atenuante não pode reduzir a pena abaixo do mínimo legal, bem como nenhuma agravante pode aumentá-la além do máximo cominado. Incabível a substituição da pena restritiva de direitos por interdição temporária de direitos, prevista no art. 47, V, do CP, se a sanção alcançar os seus objetivos de prevenção e repressão. Cabe isentar do pagamento das custas processuais o réu, desde que assistido por defensor dativo, nos termos do art. 10 da Lei n. 14.939/2003. (TJMG, Ap. Crim. n. 1.0239-10.000301-5/001, 2ª Câm. Crim., rel. Des. Catta Preta, publ. 20.11.2013)

2.3. Corte de árvore

Art. 39. Cortar árvores em floresta considerada de preservação permanente, sem permissão da autoridade competente:
Pena – detenção, de 1 (um) a 3 (três) anos, ou multa, ou ambas as penas cumulativamente.

Tipo objetivo

O verbo "cortar", que indica a conduta proibida, é implicativo de derrubar pelo corte, separar parte do todo.

Elementos do tipo

Considera-se árvore todo vegetal sustentado por tronco, ramificando-se acima do solo. Trata-se, por conseguinte, de vegetal de tronco lenhoso cujos ramos só saem a certa altura do solo. Todavia, não se pode deixar de lembrar que a árvore também encontra sua definição em termos de biologia, assim entendida uma planta permanentemente lenhosa de grande porte, com raízes pivotantes, caule lenhoso do tipo tronco.

É de se destacar, outrossim, para efeito de maiores esclarecimentos, que os arbustos, além do menor porte, podem exibir ramos desde junto ao solo. Dessa maneira, apenas as gimnospermas e angiospermas dicotiledôneas lenhosas são consideradas espécies arbóreas.

As árvores que interessam ao tipo penal esquadrinhado são aquelas que se encontram em floresta de preservação permanente, elemento normativo do tipo que também é comum à infração típica versada no art. 38, anteriormente esquadrinhado. Tendo por consideração que na oportunidade da interpretação do sobredito dispositivo já se teceram suficientes considerações em torno do conceito de floresta de preservação permanente, não há porque repeti-las neste momento analítico, bastando, dessa maneira, que se recomende aquela leitura.

Nota-se, outrossim, que se houver autorização, ou seja, permissão da autoridade ambiental competente para o referido corte (elemento normativo do tipo), a conduta do agente será atípica, não podendo gerar, em consequência, nenhuma punibilidade, em função do princípio da legalidade. Assim, seu comportamento está conforme o Direito, sendo plenamente jurídico.

Tutela penal

A exemplo do que acontece com os demais delitos de cunho ecológico, a proteção conferida pelo legislador se projeta ao meio ambiente, mais propriamente à preservação das árvores que integram a floresta de preservação permanente.

Elemento subjetivo

É o dolo genérico; vontade livre e consciente de cortar árvore em floresta considerada de preservação permanente sem que haja permissão da autoridade ambiental competente.

Consumação e tentativa

Cuida-se de crime material, exigindo, portanto, para sua concreção, resultado naturalístico, que é a derrubada da árvore.
A tentativa, a exemplo do que se dá em crimes que deixam vestígios, é perfeitamente possível.

> **Jurisprudência:** Se a conduta do agente, embora reprovável, não se amolda às figuras típicas dos arts. 38 e 39 da Lei n. 9.605/98, em razão da ausência de elemento constitutivo do tipo, qual seja, floresta, imperiosa a absolvição do apelante. É certo que o réu defende-se dos fatos narrados na denúncia, não de sua capitulação legal, assim, havendo a condenação pela prática de um delito não descrito na denúncia, configurada está a violação ao princípio da correlação entre a peça acusatória e a decisão e, por conseguinte, aos princípios da ampla defesa e do contraditório, sendo, portanto, imperioso excluir da sentença a condenação do apelante pelo crime de desobediência. (TJMG, Ap. Crim. n. 1.0209.09.094925-3/001, 1ª Câm. Crim., rel. Des. Kárin Emmerich, publ. 07.03.2014)

Corte seletivo de árvores nativas de grande porte em área de preservação permanente. Cometimento de delito contra o meio ambiente. Condenação mantida. (TJRS, Ap. Crim. n. 70.043.334.754, 4ª Câm. Crim., rel. Des. Aristides Pedroso de Albuquerque Neto, *DJ* 06.10.2011)

Não se pode falar em princípio da insignificância, uma vez que não importa a quantidade de árvores abatidas, mas sim o desvalor da conduta, já que o dano ambiental não pode ser quantificado, porque a agressão ao meio ambiente atinge toda a coletividade, produzindo desequilíbrio ao ecossistema. Apelo ministerial provido. (TJRS, Ap. Crim. n. 70.036.849.727, 4ª Câm. Crim., rel. Des. Constantino Lisbôa Azevedo, *DJ* 09.09.2010)

2.4. Dano direto ou indireto às Unidades de Conservação

Art. 40. Causar dano direto ou indireto às Unidades de Conservação e às áreas de que trata o art. 27 do Decreto n. 99.274, de 06 de junho de 1990, independentemente de sua localização.

Pena – reclusão, de 1 (um) a 5 (cinco) anos.

§ 1º Entende-se por Unidades de Conservação de Proteção Integral as Estações Ecológicas, as Reservas Biológicas, os Parques Nacionais, os Monumentos Naturais e os Refúgios de Vida Silvestre.

§ 2º A ocorrência de dano afetando espécies ameaçadas de extinção no interior das Unidades de Conservação de Proteção Integral será considerada circunstância agravante para a fixação da pena.

§ 3º Se o crime for culposo, a pena será reduzida à metade.

Tipo objetivo

O verbo "causar", que integra o tipo da figura delitiva prejudicial ao meio ambiente, tem o sentido étimo de determinar, desencadear, provocar.

Elementos do tipo

A conduta vedada pelo legislador é implicativa de dano, ou seja, de estrago, de lesão aos bens jurídicos tutelados, que são as unidades de conservação, assim entendidas:

espaço territorial e seus recursos ambientais, incluindo as águas jurisdicionais, com características naturais relevantes, legalmente instituído pelo Poder Público, com objetivos de conservação e limites definidos, sob regime especial de administração, ao qual se aplicam garantias adequadas de proteção. (art. 2º, I, Lei n. 9.985/2000)

O comportamento proibido também incide "Nas áreas circundantes das unidades de conservação, num raio de 10 km (dez quilômetros), qualquer atividade que possa afetar a biota, ficará subordinada às normas editadas pelo Conama" (Conselho Nacional do Meio Ambiente), nos termos do art. 27 do Decreto n. 99.247/90.

Para efeito de esclarecimento, o termo "biota" significa o conjunto dos seres animais e vegetais de uma região.

Para efeito da prática delitiva, pouco importa onde estão localizadas as unidades de conservação ou as áreas que a elas são circundantes.

O dano, assim entendido o estrago, a lesão causada pelo autor do delito, pode ser direto, ou seja, incidir diretamente sobre as unidades aludidas e as áreas a elas circundantes, ou indireto, o que as alcança de maneira oblíqua.

Em função do princípio da reserva legal, o tipo penal tem de descrever com exatidão os elementos que o integram, fazendo com que se compreenda o alcance da norma. Nessa ordem de consideração, quando o legislador faz uso do dano direto, tem-se a exata noção de sua incidência (p. ex.: cortar uma árvore). Entretanto, no que diz respeito ao dano indireto, não há como se determinar ou precisar quando ele ocorre, por se cuidar de uma situação vaga, imprecisa. *In casu*, fica extremamente difícil, se não impossível, determinar o nexo de causalidade a que alude o art. 13, *caput*, do Código Penal. Diante disso, deve-se conceber que o legislador feriu de maneira bastante grave o princípio da legalidade.

Em abono ao que está sendo sustentado, o seguinte magistério:

> A conduta prevista consiste em causar dano direto ou indireto, ou seja, provocar o dano diretamente à unidade de conservação, ou praticar algum ato que, reflexamente, atinja a área protegida. Luiz Regis Prado entende que a expressão "causar dano direto ou indireto" é muito abstrata e, por isso, a norma em estudo é inconstitucional. No mesmo sentido é o entendimento de Roberto Delmanto, que vislumbra inconstitucionalidade da expressão "dano indireto", por violação ao princípio constitucional da taxatividade, entendendo que apenas o dano direto pode constituir crime. A mesma crítica é feita por Luís Paulo Sirvinskas, que também coloca que o tipo penal é extremamente aberto e de difí-

cil aplicação prática e que é uma questão tormentosa apurar o que é dano direto e indireto, sendo que este último se confunde com o dano culposo.[28]

Tutela penal

A proteção jurídica se destina ao meio ambiente, ao ecossistema, no que concerne às unidades de conservação e áreas circundantes.

Sujeito ativo

Por se tratar de crime comum, qualquer pessoa poderá praticá-lo, inclusive a pessoa jurídica.

Sujeito passivo

É a coletividade, bem como o Estado e, pelo menos de forma indireta, o ente estatal que se encontre vinculado à unidade de conservação e proteção, assim como aqueles que se localizam em torno dela.

Elemento subjetivo

O delito ecológico telado é punido a título de dolo genérico e de forma culposa. Assim, o sujeito ativo do fato delituoso tem a vontade livre e consciente de proporcionar dano direto ou indireto aos bens jurídicos protegidos.

Pode, outrossim, o agente responder por crime culposo, quer a título de imprudência, negligência ou imperícia. *In casu*, o legislador determina ("será"), que a pena seja reduzida pela metade (§ 3º), o que se justifica, porquanto a conduta do delinquente se mostra menos reprovável, embora, tecnicamente, o fator culpa, a rigor, não possa ser situação de decréscimo da reprimenda legal.

Consumação e tentativa

Por se cuidar de crime material, a consumação ocorre com o efeito dano, ou seja, com a produção do resultado naturalístico.

Essa modalidade delitiva comporta a tentativa, quando o crime não se consuma por circunstâncias alheias à vontade do agente.

---

28   MACIEL, Silvio. *Legislação criminal especial*: ciências criminais, v. 6, p. 776.

O legislador, no § 1º, a título explicativo, define o que se deve entender por unidades de conservação de proteção integral, o que, no fundo, se constitui mera repetição do que se encontra ancorado no art. 8º da Lei n. 9.985, de 18 de julho de 2000, que regulamenta o art. 225, § 1º, I a IV, da Constituição Federal, que institui o Sistema Nacional de Unidades de Conservação da Natureza: "Art. 8º O grupo das unidades de proteção integral é composto pelas seguintes categorias de unidade de conservação: I – estação ecológica; II – reserva biológica; III – parque nacional; IV – monumento natural; V – refúgio de vida silvestre".

No que diz respeito à estação ecológica, dispõe o art. 9º da Lei n. 9.985/2000:

A estação ecológica tem como objetivo a preservação da natureza e a realização de pesquisas científicas. § 1º A estação ecológica é de posse e domínio públicos, sendo que as áreas particulares incluídas em seus limites serão desapropriadas, de acordo com o que dispõe a lei. § 2º É proibida a visitação pública, exceto quando com objetivo educacional, de acordo com o que dispuser o Plano de Manejo da unidade ou regulamento específico. § 3º A pesquisa científica depende de autorização prévia do órgão responsável pela administração da unidade e está sujeita às condições e restrições por este estabelecidas, bem como àquelas previstas em regulamento. § 4º Na estação ecológica só podem ser permitidas alterações dos ecossistemas no caso de: I – medidas que visem a restauração de ecossistemas modificados; II – manejo de espécies com o fim de preservar a diversidade biológica; III – coleta de componentes dos ecossistemas com finalidades científicas; IV – pesquisas científicas cujo impacto sobre o ambiente seja maior do que aquele causado pela simples observação ou pela coleta controlada de componentes dos ecossistemas, em uma área correspondente a no máximo três por cento da extensão total da unidade e até o limite de um mil e quinhentos hectares".

Relativamente à reserva biológica, dispõe o art. 10 da supradita lei:

A reserva biológica tem como objetivo a preservação integral da biota e demais atributos naturais existentes em seus limites, sem interferência humana direta ou modificações ambientais, excetuando-se as medidas de recuperação de seus ecossistemas alterados e as ações de manejo necessárias para recuperar e preservar o equilíbrio natural, a diversidade biológica e os processos ecológicos naturais. § 1º A reserva biológica é de posse e domínio públicos, sendo que as áreas particulares incluídas em seus limites serão desapropriadas, de acordo com o que dispõe a lei. § 2º É proibida a visitação pública, exceto aquela com objetivo educacional, de acordo com regulamento específico. § 3º A pesquisa científica depende de autorização prévia do órgão responsável pela administração da unidade e está sujeita às condições e restrições por este estabelecidas, bem como àquelas previstas em regulamento.

Concernentemente aos parques nacionais, normatiza o art. 11 da sobredita Lei:

O parque nacional tem como objetivo básico a preservação de ecossistemas naturais de grande relevância ecológica e beleza cênica, possibilitando a realização de pesquisas científicas e o desenvolvimento de atividades de educação e interpretação ambiental, de recreação em contato com a natureza e de turismo ecológico. § 1º O parque nacional é de posse e domínio públicos, sendo que as áreas particulares incluídas em seus limites serão desapropriadas, de acordo com o que dispõe a lei. § 2º A visitação pública está sujeita às normas e restrições estabelecidas no plano de manejo da unidade, às normas estabelecidas pelo órgão responsável por sua administração, e àquelas previstas em regulamento. § 3º A pesquisa científica depende de autorização prévia do órgão responsável pela administração da unidade e está sujeita às condições e restrições por este estabelecidas, bem como àquelas previstas em regulamento. § 4º As unidades dessa categoria, quando criadas pelo Estado ou Município, serão denominadas, respectivamente, Parque Estadual e Parque Natural Municipal.

Quanto ao monumento natural, consubstancia o art. 12 da mencionada Lei:

O monumento natural tem como objetivo básico preservar sítios naturais raros, singulares ou de grande beleza cênica. § 1º O monumento natural pode ser constituído por áreas particulares, desde que seja possível compatibilizar os objetivos da unidade com a utilização da terra e dos recursos naturais do local pelos proprietários. § 2º Havendo incompatibilidade entre os objetivos da área e as atividades privadas ou não havendo aquiescência do proprietário às condições propostas pelo órgão responsável pela administração da unidade para a coexistência do monumento natural com o uso da propriedade, a área deve ser desapropriada, de acordo com o que dispõe a Lei. § 3º A visitação pública está sujeita às condições e restrições estabelecidas no plano de manejo da unidade, às normas estabelecidas pelo órgão responsável por sua administração e àquelas previstas em regulamento.

Em relação ao refúgio de vida silvestre, está contido no art. 13 da predita Lei o seguinte regramento:

> O refúgio de vida silvestre tem como objetivo proteger ambientes naturais onde se asseguram condições para a existência ou reprodução de espécies ou comunidades da flora local e da fauna residente ou migratória. § 1º O refúgio de vida silvestre pode ser constituído por áreas particulares, desde que seja possível compatibilizar os objetivos da unidade com a utilização da terra e dos recursos naturais do local pelos proprietários. § 2º Havendo incompatibilidade entre os objetivos da área e as atividades privadas ou não havendo aquiescência do proprietário às condições propostas pelo órgão responsável pela administração da unidade para a coexistência do refúgio de vida silvestre com o uso da propriedade, a área deve ser desapropriada, de acordo com o que dispõe a Lei. § 3º A visitação pública está sujeita às normas e restrições estabelecidas no plano de manejo da unidade, às normas estabelecidas pelo órgão responsável por sua administração, e àquelas previstas em regulamento. § 4º A pesquisa científica depende de autorização prévia do órgão responsável pela administração da unidade e está sujeita às condições e restrições por este estabelecidas, bem como àquelas previstas em regulamento.

No § 2º, o tipo penal estudado estabeleceu uma agravante especial, prevendo, dessa maneira, que a *sanctio iuris* será majorada na segunda fase, se ocorrer dano relativamente às espécies ameaçadas de extinção no interior das unidades de conservação. Trata-se de norma em branco, posto que necessita, para integrá-la, de lista da autoridade competente indicando quais tipos de flora estão sujeitos à extinção.

A majorante especial merece pleno apoio porquanto nessa situação a conduta do agente é gradualmente muito mais nociva ao meio ambiente, merecendo ser mais veementemente reprovada sua conduta com acréscimo da reprimenda legal.

Jurisprudência: A proteção ao meio ambiente é matéria de competência comum da União, dos estados, do Distrito Federal e dos municípios (art. 23, VI e VII, da Constituição da República), sendo que, na ausência de dispositivo constitucional ou legal expresso acerca da Justiça competente para tratar dos crimes ambientais, via de regra, o processamento e julgamento de tais feitos far-se-á perante a Justiça Estadual, precedentes do STF e STJ. No caso sob exame, a conduta foi praticada dentro do Parque Nacional da Serra da Bocaina, a saber, a coleta de 200 kg de sementes de "Pinheiro do Paraná" (auto de infração n. 008225-A do Ibama). As consequências foram: dano à reprodução das espécies, em razão dos cortes nos troncos das árvores. O interesse da União é direto e específico. O Parque Nacional da Serra da Bocaina é uma unidade de conservação federal, criada pelo Decreto Federal n. 7.694, de 6 de junho de 1972, e é administrado pela autarquia em regime especial vinculado ao Ministério do Meio Ambiente, Instituto Chico Mendes de Conservação da Biodiversidade. Recurso em sentido estrito provido, para fixar a competência da Justiça Federal para julgar e processar o feito, nos termos da fundamentação. (TRF-2ª Região, RSE n. 3.558, 2ª T. Esp., rel. Des. Fed. Messod Azulay Neto, *e-DJF2R* 19.02.2014)

1. Se a peça acusatória se reveste dos requisitos necessários, demonstrando o nexo entre as condutas dos réus e o delito imputado, oportunizando-lhes o exercício do direito de defesa, não há que se falar em inépcia da denúncia. 2. Pratica o crime do art. 40 da Lei n. 9.605/98 o agente que danifica unidade de conservação (Parque Nacional), retirando ilegalmente da área protegida grande quantidade de palmito *in natura*. 3. Materialidade, autoria e dolo comprovados nos autos, especialmente pelo auto de prisão em flagrante, boletim de ocorrência, auto de apresentação e apreensão e laudo técnico. 4. Se da narrativa dos fatos na denúncia e da prova produzida durante a instrução da ação penal não se extrai a certeza de que um dos corréus participou da conduta típica, deve ser mantida a sentença absolutória, em face da aplicação do princípio do *in dubio pro reo*. 5. É vedada a utilização de inquéritos policiais e ações penais em curso para agravar a pena-base (Súmula n. 444 do STJ). 6. Com relação ao *quantum* de aumento da pena-base, prevalece neste Tribunal um critério de proporcionalidade matemática, segundo o qual, em regra, cada judicial considerada negativa implica aumento de um oitavo da diferença entre o mínimo da pena em abstrato e o termo médio. Tal critério leva em conta a previsão de oito circunstâncias judiciais no art. 59 do CP, aliado ao entendimento de que, em casos de predomínio de judiciais desfavoráveis, a pena-base deve se situar no termo médio, apurado mediante soma do mínimo e do máximo em abstrato, dividido por dois. 7. Embora o sistema de fixação da pena adotado pelo Código Penal contemple uma relativa indeterminação, a adoção de critérios matemáticos de proporcionalidade, para além do pragmatismo, permite também a concretização do princípio da igualdade, ao evitar que réus em situações muito assemelhadas venham a ser tratados de forma diversa com base apenas em pautas subjetivas de valoração. Assim, a proporcionalidade matemática é conveniente para a maior parte dos casos, ressalvado o temperamento de casos que destoem da normalidade,

em função do grau acentuado de relevância de determinada circunstância judicial possa receber valoração mais aguda. 8. Na aplicação das agravantes e atenuantes, na segunda fase da dosimetria da pena, deve ser aplicada, em regra, a fração de 1/6, conforme entendimento do STJ. (TRF-4ª Região, Ap. Crim. n. 00049929320034047002, 7ª T., rel. Des. Fed. José Paulo Baltazar Junior, DE 20.02.2014)

Fartamente comprovadas a materialidade e autoria delitivas pela prática do crime previsto no art. 40 da Lei n. 9.605/98 ("Causar dano direto ou indireto às unidades de conservação e às áreas de que trata o art. 27 do Decreto n. 99.274, de 06 de junho de 1990, independentemente de sua localização"); pelo auto de infração lavrado pelo Instituto Brasileiro do Meio Ambiente e dos Recursos Naturais Renováveis – Ibama, firmado pela recorrente. Pelas condições expostas no laudo pericial acerca dos danos causados; pela prova testemunhal produzida, a condenação deve ser mantida. O crime previsto no art. 40 da Lei n. 9.605/98 não exige especial fim de agir ou especial de praticar o dano, que, não sendo relevante o fato de ter sido respeitada a interdição do "quiosque" ou o fato de não terem se iniciado as atividades comerciais no local. A ausência de qualquer elemento indicativo de que a apelante não tinha condições de conhecer o caráter ilícito da conduta inviabiliza a aplicação da isenção da pena decorrente do erro de proibição previsto no art. 21 do Código Penal. Em se tratando de crimes ambientais, apenas em situações excepcionais é possível afastar o crime pela aplicação do princípio da insignificância penal, diante da indisponibilidade e relevância do interesse jurídico tutelado para a preservação do meio ambiente. O crime ambiental visa à tutela de interesse de titularidade difusa, cujo dano não pode ser mensurado em sua inteireza, dada a complexidade das relações que compõem o ecossistema, valor essencial à preservação do meio ambiente, necessário à sobrevivência da própria humanidade. Muitas vezes, a degradação de uma grande área decorre da soma de danos causados a pequenas áreas, em razão do que a sanção penal possui relevante caráter preventivo e educativo. Fixada a pena privativa de liberdade em 1 (um) ano, deve ser observada a primeira parte do § 2º do art. 44 do Código Penal, para proceder à substituição por apenas uma pena restritiva de direitos. Recurso parcialmente provido. (TRF-2ª Região, Ap. Crim. n. 10.797, 2ª T. Esp., rel. Des. Fed. André Fontes, e-DJF2R 21.10.2013).

> Art. 40-A. *(Vetado.)*
> § 1º Entende-se por Unidades de Conservação de Uso Sustentável as Áreas de Proteção Ambiental, as Áreas de Relevante Interesse Ecológico, as Florestas Nacionais, as Reservas Extrativistas, as Reservas de Fauna, as Reservas de Desenvolvimento Sustentável e as Reservas Particulares do Patrimônio Natural.
> § 2º A ocorrência de dano afetando espécies ameaçadas de extinção no interior das Unidades de Conservação de Uso Sustentável será considerada circunstância agravante para a fixação da pena.
> § 3º Se o crime for culposo, a pena será reduzida à metade.

Esse regramento legal foi introduzido na Lei dos Crimes Ambientais pela Lei n. 9.985, de 18 de julho de 2000, porém o disposto em seu *caput* foi vetado. Diante disso, prepondera o tipo descrito no art. 40, inserindo-se nele, além dos parágrafos que já foram examinados, aqueles que serão considerados a seguir.

Unidade de conservação de uso sustentável tem por objeto "compatibilizar a conservação da natureza com o uso sustentável de parcela dos seus recursos naturais". É o que se encontra normatizado no art. 7º, § 2º, da Lei n. 9.985/2000). Enfim, o uso dos recursos naturais não deve afetar a conservação da natureza.

Áreas de proteção ambiental, de maneira bastante singular e para atender o dispositivo penal, podem ser terras públicas ou privadas. Têm por objeto proteger a diversidade biológica, disciplinar o processo de ocupação e assegurar a sustentabilidade dos recursos naturais (art. 15, Lei n. 9.985/2000).

As áreas de relevante interesse ecológico têm características naturais extraordinárias ou abrigam exemplares raros da biota regional, tendo por escopo manter os ecossistemas naturais de importância regional ou local e regular o uso admissível dessas áreas, compatibilizando-as com os objetivos de conservação da natureza. Pode ela ser constituída por áreas públicas ou privadas. É o que se encontra previsto no art. 16, *caput* e seu § 1º, da Lei n. 9.985/2000.

Por sua vez, floresta nacional é uma área com cobertura florestal predominantemente com espécies nativas, tendo como objetivo básico o uso múltiplo sustentável dos recursos florestais e a pesquisa científica, com ênfase em métodos para a exploração sustentável de florestas nativas. Pode ser nacional, estadual ou municipal. Essa floresta é de posse e domínio públicos, sendo que as áreas particulares incluídas em seus limites devem ser desapropriadas de acordo com o que dispõe a lei. É o que se encontra normatizado no *caput* e § 1º do art. 17 da Lei n. 9.985/2000.

Reserva extrativa é aquela em que se exploram os recursos naturais e, complementarmente, é feita criação de pequenos animais, bem como é exercida a agricultura. São proibidas a exploração de recursos minerais e caça amadorista ou profissional (art. 18, Lei n. 9.985/2000).

Reserva de fauna é aquela que reúne animais de espécies nativas, terrestres ou aquáticas, residentes ou migratórias, adequadas para estudos técnico-científicos. É proibido o uso amador ou profissional da caça (art. 19, Lei n. 9.985/2000).

Reserva de desenvolvimento sustentável é uma área natural que abriga populações tradicionais, cuja existência baseia-se em sistemas sustentáveis de exploração dos recursos naturais (art. 20, Lei n. 9.985/2000).

Reserva particular do patrimônio natural é uma área privada, gravada com perpetuidade, com o objetivo de conservar a diversidade biológica, sendo certo que o mencionado gravame constará de termo de compromisso assinado perante o órgão ambiental, que verificará a existência de interesse público, e será averbado à margem da inscrição no Registro Público de Imóveis. É o que dispõe o art. 21, respectivamente *caput* e § 1º, da Lei n. 9.985/2000).

A exemplo do que se encontra disciplinado no art. 40 da Lei n. 9.605/98, o legislador, na presente complementação típica, insere também uma agravante especial, devendo, por conseguinte, ser majorada a *sanctio iuris* na segunda fase do procedimento trifásico, quando houver a ocorrência de dano afetando espécies ameaçadas de extinção no interior das unidades de conservação de uso sustentável. Aqui, também, verifica-se a presença de norma em branco, posto que necessita, para integrá-la, de lista da autoridade competente indicando quais tipos de flora estão sujeitos à extinção.

A teor do que foi precedentemente sustentado, a majorante especial merece pleno apoio, porquanto nessa situação a conduta do agente é gradualmente muito mais nociva ao meio ambiente, merecendo ser mais veementemente reprovada com acréscimo da reprimenda legal.

Finalmente, há previsão da prática de delito culposo, assunto jurídico esse que já foi exposto quando da análise do art. 40, não havendo necessidade de novas considerações em torno desse tema jurídico. Aliás, a rigor, essa previsão também deveria ser vetada com o *caput* do comando legal, uma vez que, sem a descrição típica específica, o parágrafo que trata da conduta culposa ficou sem sentido, prevalecendo essa mesma disciplina jurídica encampada pelo § 3º do art. 40, que é unicamente a identidade típica que prevalece, sendo certo que os §§ 1º e 2º do art. 40-A são complementares a ela.

2.5. Provocação de incêndio em mata ou floresta

> Art. 41. Provocar incêndio em mata ou floresta:
> Pena – reclusão, de 2 (dois) a 4 (quatro) anos, e multa.
> Parágrafo único. Se o crime é culposo, a pena é de detenção de 6 (seis) meses a 1 (um) ano, e multa.

Tipo objetivo

A conduta vedada no preceito sancionatório é definida pelo verbo "provocar", cujo significado é dar causa.

Elementos do tipo

O comportamento do agente tem por objeto proporcionar incêndio, que é indicativo de colocar, de atear, fogo.

Sua ação se converge à "mata" ou à "floresta", que, por sinal, são termos que se equivalem, são a mesma coisa, ambos implicam grande número de árvores aglomeradas.

Com efeito, em termos de definição, mata é um terreno amplo, em que crescem árvores silvestres; selva, bosque; conjunto das árvores de um bosque; enquanto floresta é uma grande extensão de terreno plantada de árvores.

Nesse sentido, assinala Paulo José da Costa Jr. que "floresta é a formação arbórea densa, de alto porte, que recobre área de terra mais ou menos intensa (item 18 do Anexo I da Portaria n. 486 – § 86)".[29]

Tutela penal

A proteção do legislador incide sobre o meio ambiente, na defesa do ecossistema, porquanto ameaça de sanção penal o agente que, com sua ação ofensiva, tenha comportamento perigoso capaz de destruir mata ou floresta.

Elemento subjetivo

O comportamento do agente pode ser doloso ou culposo. Na hipótese do dolo, sua modalidade é a genérica: vontade livre e consciente de praticar a

---

29   *Curso de direito penal*, p. 114.

conduta vedada pelo legislador. No caso da culpa, ela pode se manifestar por intermédio da imprudência, da negligência ou da imperícia.

Diferentemente do que ocorreu nos tipos penais anteriores, o legislador não cuidou da prática culposa do crime comentado como atenuante especial, mas lhe atribuiu sanção específica, como pode ser verificado no comando legal trasladado. Sem dúvida, esse comportamento legislativo segue a tônica usualmente empregada no direito penal, cominando normalmente pena de detenção aos fatos puníveis decorrentes de culpa.

Sujeito ativo

O delito esquadrinhado é comum, motivo pelo qual pode ele ser efetivado por qualquer pessoa como autora, coautora ou partícipe, não exigindo, por conseguinte, para sua configuração, agente especial.

De outro lado, não somente a pessoa física poderá responder pela prática delituosa, mas também a jurídica.

Sujeito passivo

A teor do que se depara nos crimes ecológicos, a mata ou floresta, por integrar o meio ambiente, é um bem comum de toda a sociedade, motivo pelo qual esta, assim como o Estado, coloca-se no polo passivo da prática criminosa. Se a mata ou floresta for particular, secundariamente vítima do crime é seu proprietário.

Consumação e tentativa

O crime se aperfeiçoa com a provocação do incêndio, independentemente de haver ou não destruição do bem jurídico protegido. Trata-se, portanto, de crime formal.

No que tange à tentativa, esta se mostra inviável, mesmo porque o indivíduo provoca ou não o incêndio. Não existe *iter criminis*, que é próprio de crime material.

A exemplo do que acontece com o delito de incêndio capitulado no art. 250 do Código Penal, cuida-se de crime de perigo, uma vez que a provocação de incêndio coloca em perigo a mata ou a floresta.

Em circunstâncias desse matiz, não há necessidade de que exista o incêndio para efeito de caracterização delitiva e, menos ainda, que sobrevenha destruição parcial ou total dos precitados bens ambientais, cuja situação será de exaurimento delitivo.

Incêndio no Código Penal

O legislador ordinário, no art. 250 do CP, previu a figura penal do incêndio com a seguinte constituição de tipo: "Causar incêndio, expondo a perigo a vida, a integridade física ou o patrimônio de outrem".

É de aferição meridiana que as identidades típicas, a prevista na Lei Ambiental e aquela versada no CP, são independentes, mesmo porque tutelam bens jurídicos diversos e específicos para cada figura delitiva. Diante disso, cuidando-se de floresta ou mata, pelo princípio da especialidade, aplica-se o dispositivo que está sendo inspecionado.

Entretanto, se o incêndio for em lavoura e pastagem, aplica-se o art. 250, § 1º, do CP, posto que tais bens não são protegidos pelo legislador especial. Trata-se de estrita observância ao princípio da legalidade ou da reserva legal.

Jurisprudência: Considerando que a vegetação do bioma Mata Atlântica foi destruída, não só através de corte de árvores, mas também em virtude de ter sido provocado incêndio no local, é de se considerar a absorção do delito previsto no art. 38-A da Lei n. 9.605/98 pelo crime mais grave, insculpido no art. 41 do mesmo diploma legal. Estando demonstradas a autoria e a materialidade do crime de provocar incêndio em floresta ou mata, a condenação por esse crime é medida que se impõe. (TJMG, Ap. Crim. n. 1.0056.10.004081-7/001, 3ª Câm. Crim., rel. Des. Fortuna Grion, publ. 04.04.2014)

O art. 158 do Código de Processo Penal determina a obrigatoriedade da realização de exame pericial direto ou indireto quando a infração deixar vestígios. Sendo possível, mas não realizada perícia técnica que ateste a ocorrência de incêndio na mata ou floresta apontada, a absolvição do apelante é medida que se impõe, ante a ausência da prova da materialidade. (TJMG, Ap. Crim. n. 1.0429.08.014733-4/001, 2ª Câm. Crim., rel. Des. Nelson Messias de Morais, publ. 18.12.2013)

Os crimes dos arts. 40 e 41 da Lei n. 9.605/98 são daqueles que deixam vestígio (exatamente o dano e o incêndio), o que significa que, para demonstração da materialidade, é imprescindível o laudo pericial, a teor dos arts. 148 e 159, § 1º, do CPP com incidência na hipótese por força do art. 79 da Lei n. 9.605/98. O exame de corpo de delito é a regra. Inexistência de demonstração no sentido de que os vestígios não mais subsistem. Prova documental sem especificar a distância da propriedade do Parque Nacional da restinga de Jurubatiba. Inexistência de provas de que a propriedade se localizava na zona de amortecimento, a teor do art. 5º, III, da Resolução Conama n. 428/2010, o que se mostra insuficiente para a condenação. Recurso provido, para absolver o acusado. (TRF-2ª Região, Ap. Crim. n. 9.435, 2ª T. Esp., rel. Des. Fed. Marcello Ferreira de Souza Granado, E-DJF2R 23.10.2013)

Diante da ausência de provas de que o apelado tenha incendiado floresta ou mata considerada de preservação permanente, não deve responder pela prática do delito previsto no art. 41 da Lei n. 9.605/98. Um conjunto probatório franzino não autoriza uma condenação, sobretudo de natureza penal. Negado provimento ao recurso acusatório. (TJMG, Ap. Crim. n. 1.0223.12.008467-6/001, 7ª Câm. Crim., rel. Des. Marcílio Eustáquio Santos, publ. 19.07.2013)

Para a caracterização do delito previsto no art. 41 da Lei n. 9.605/98, é preciso restar comprovado que o local do incêndio se trata de mata, ou seja, conjunto de árvores de médio porte, não sendo suficiente que existam algumas árvores dispersas pelo terreno. (TJMG, Ap. Crim. n. 1.0377.11.000062-9/001, 6ª Câm. Crim., rel. Des. Furtado de Mendonça, publ. 24.05.2013)

2.6. Fabricar, vender, transportar ou soltar balões

Art. 42. Fabricar, vender, transportar ou soltar balões que possam provocar incêndios nas florestas e demais formas de vegetação, em áreas urbanas ou qualquer tipo de assentamento humano:
Pena – detenção, de 1 (um) a 3 (três) anos, ou multa, ou ambas as penas cumulativamente.

Tipo objetivo

O verbo "fabricar" tem o significado de produzir, construir; enquanto o núcleo do tipo representado pelo verbo "vender" implica comercializar. Por sua vez, "transportar" é levar de um lugar para outro; e, finalmente, "soltar" é lançar, liberar.

Deduz-se que a espécie delitiva comentada se classifica como tipo misto alternativo, uma vez que o legislador, ao traçar as condutas proibidas, usou a conjunção alternativa "ou". Isso significa, em termos penais, que na eventualidade de o agente praticar mais de uma conduta vedada, ele responderá por um único delito.

Elementos do tipo

O comportamento proibido está vinculado com o balão, assim entendido o veículo mais leve que o ar, que é impulsionado por ar quente decorrente de labareda de fogo provocada por uma mecha contendo substância inflamável, a exemplo do querosene, do breu. É aquele balão que normalmente se usa em festas juninas.

Com acerto, observam Vladimir Passos de Freitas e Gilberto Passos de Freitas:

> Falando a lei em "balões que possam causar incêndio", exclui aqueles que, por seu mecanismo – não usam líquidos e nem combustíveis e apagam-se em curto espaço de tempo –, não apresentam condições de perigo. Há alguns de pequeno porte, conhecidos como "lanterninhas", que se apagam rapidamente. Estes não se incluem na proibição legal, porque não provocam incêndio.[30]

Sem dúvida, se o balão, pelas suas condições físicas, não se mostra apto a provocar incêndio, ou seja, colocar em risco as florestas e demais formações de vegetações, bem como assentamento humano, quem o solta não comete o crime contra o meio ambiente sob dissertação. Logo, a conduta vedada não é soltar balões, mas sim balões que sejam capazes de provocar incêndio.

A situação de perigo com a transgressão típica pode percutir sobre floresta, que se constitui um conjunto de árvores, sendo certo que, conforme anteriormente exposto, é o mesmo que mata.

O tipo criminal esquadrinhado também faz alusão à vegetação, cujo conceito é amplo, compreendendo os arbustos e os pastos canteiros.

De outro lado, o dispositivo legal examinado também faz menção às áreas urbanas, que são os locais em que se situam as cidades e o assentamento humano: qualquer local onde moram pessoas.

Tutela penal

A incriminação posta pelo legislador especial tem por escopo a proteção do meio ambiente, envolvendo balão apto a provocar incêndio.

---

30   *Crimes contra a natureza*, p. 172.

Elemento subjetivo

É o dolo genérico: vontade livre e consciente de praticar alguma das condutas proibidas pelo tipo sancionatório.

Sujeito ativo

O crime pode ser praticado por qualquer pessoa, física ou jurídica. Não se exige sujeito especial.

Sujeito passivo

As vítimas do crime discorrido são a sociedade e, secundariamente, as pessoas físicas ou jurídicas que são vítimas do incêndio ou da possibilidade de isso ocorrer.

Consumação e tentativa

Por ser crime formal, o crime de incêndio em questão se consuma com a realização de algum núcleo do tipo.

Por ser crime de perigo, não há necessidade que o evento fogo venha a se concretizar, bem como que venha a ocorrer eventual destruição ou dano aos bens jurídicos protegidos pela norma penal, o que se eleva à condição de exaurimento delitivo.

2.7. Extração de pedra, areia, cal ou qualquer espécie mineral sem autorização

> Art. 44. Extrair de florestas de domínio público ou consideradas de preservação permanente, sem prévia autorização, pedra, areia, cal ou qualquer espécie de minerais:
> Pena – detenção, de 6 (seis) meses a 1 (um) ano, e multa.[31]

---

31 O art. 43 foi vetado.

Tipo objetivo

A conduta não permitida pelo legislador, a qual é punida, é a ação do agente de "extrair", que, etimologicamente, implica retirar.

Elementos do tipo

O elemento que compõe o preceito penal e que pode ser objeto do comportamento do sujeito ativo é a floresta de domínio público, aquela pertencente a ente estatal, porém de uso da população.

Entende-se por floresta de preservação permanente aquela cuja conservação é por prazo indeterminado, conforme declaração do poder público.

A ação proibida pelo regramento sancionatório de regência converge à pedra, que se constitui um fragmento da rocha, um agregado sólido que ocorre naturalmente e é constituído por um ou mais minerais ou mineraloides. A camada externa sólida da Terra, conhecida por litosfera, é constituída por rochas. Os termos populares *pedra* e *calhau* referem-se a pedaços soltos de rochas ou fragmentos.

O comportamento vedado pelo legislador também incide sobre a areia, que é um conjunto de partículas de rochas desagregadas, um material de origem mineral finamente dividido em grânulos, composto basicamente de dióxido de silício, com 0,063 a 2 mm. Forma-se na superfície da Terra pela fragmentação das rochas de erosão e pela ação do vento ou da água. Por meio de processos de sedimentação, pode ser transformada em arenito. É utilizada nas obras de engenharia civil, em aterros, na execução de argamassas e concretos e também na fabricação de vidros. O tamanho de seus grãos tem importância nas características dos materiais que a utilizam como componente. Constituída por fragmentos de mineral ou de rocha, cujo tamanho varia, conforme a escala de Wentworth: maior que 64 µm (0,064 mm) e menor que 2 mm.

A proteção também percute sobre a cal, também conhecida como óxido de cálcio, que é uma das substâncias mais importantes para a indústria, sendo obtida por decomposição térmica de calcário a 900°C. Também chamada de cal viva, ou cal virgem, é um composto sólido branco.

De maneira geral, o legislador também coloca seu manto protetor sobre qualquer outra espécie de minerais. Trata-se de norma penal em branco, que deverá, portanto, ser complementada por outra norma, indicando quais são esses elementos naturais.

A extração da pedra, da areia, da cal ou de qualquer espécie de minerais deixa de ser vedada quando há autorização de órgão pertencente ao meio ambiente, a exemplo do Instituto do Meio Ambiente e dos Recursos Naturais Renováveis (Ibama), pois o legislador utiliza no tipo penal de regência o elemento normativo: "sem prévia autorização".

A permissão em questão deverá provir normalmente de órgãos ligados ao meio ambiente, a exemplo do que acontece com o Ibama ou pelo DNPM (Departamento Nacional de Produção Mineral).

Em circunstâncias desse matiz, havendo permissão pertinente, a conduta de extração levada a efeito pelo agente passa a ser lícita, em conformidade com o Direito, motivo pela qual ela é atípica.

Justifica-se a permissibilidade da retirada desses minerais da natureza, porquanto são eles imprescindíveis, notadamente, para a construção civil. Entretanto, para que essa atividade seja exercida, mostra-se necessária a permissão outorgada por órgão do meio ambiente, que deve fazer a devida avaliação da mencionada extração, principalmente do local em que se encontram aqueles minerais, para que não haja inconveniência grave ao meio ambiente. Logo, esse controle se mostra indispensável para a própria preservação do ecossistema.

Tutela penal

O manto protetor do legislador recai sobre a pedra, a areia, a cal ou qualquer outra espécie de minerais, que são elementos naturais que integram o meio ambiente, posto que se forem retirados de maneira desordenada, sem avaliação prévia, isso poderá causar prejuízo irreversível ao meio ambiente.

Enfim, como assentado por Roberto Delmanto et al.: "O objeto jurídico é o meio ambiente, notadamente as florestas de domínio público ou consideradas de preservação permanente, velando-se pela permanência dos minerais com vistas a manter o equilíbrio ecológico".[32]

Elemento subjetivo

A conduta do agente é punida a título de dolo eventual: vontade livre e consciente de extrair as espécies de minerais sem a devida autorização.

---

32   *Leis penais especiais comentadas*, p. 607.

Sujeito ativo

Tratando-se de crime comum, a transgressão típica pode ser levada a efeito por qualquer pessoa, física ou jurídica. Não se exige sujeito especial.

Sujeito passivo

A sociedade e, secundariamente, as pessoas físicas ou jurídicas proprietárias da área de que foi retirado o mineral.

Consumação e tentativa

O verbo "extrair" é indicativo de resultado naturalístico. Cuida-se, portanto, de crime material.

A tentativa é plenamente possível, quando o agente, ao iniciar a execução do crime, com o ato de retirada da espécie mineral, por circunstâncias alheias à sua vontade, não consegue consumá-lo, a exemplo da interferência de órgão ambiental ou de qualquer pessoa.

2.8. Corte ou transformação em carvão de madeira de lei infringindo normas legais

> Art. 45. Cortar ou transformar em carvão madeira de lei, assim classificada por ato do Poder Público, para fins industriais, energéticos ou para qualquer outra exploração, econômica ou não, em desacordo com as determinações legais:
> Pena – reclusão, de 1 (um) a 2 (dois) anos, e multa.

Tipo objetivo

A conduta vedada pelo comando penal de regência é "cortar", que tem o sentido de separar uma parte da outra, derrubar pelo corte.

O comportamento, sob a forma de "transformar", que em última análise implica modificar, alterar, também é proibido.

Elementos do tipo

As condutas não autorizadas pela legislação dizem respeito ao carvão, que se constitui na substância proveniente da queima da madeira, que produz a combustão.

O que não se mostra permitido é o corte ou a transformação em carvão da madeira de lei, a qual é dura e se destina à construção, conforme classificação dada pelo poder público.

Cabe ao poder público, no caso os órgãos que rgulam a proteção ao meio ambiente, classificar, ou seja, numerar quais são as madeiras consideradas de lei. Trata-se, indubitavelmente, de norma penal em branco, devendo ser preenchida por outro comando normativo, que pode ser um decreto, uma portaria, uma resolução ou mesmo uma lei com finalidade regulamentadora.

O corte ou a transformação em carvão tem por escopo fins industriais, ou seja, toda e qualquer espécie de atividade ou trabalho com a finalidade de realizar qualquer negócio ou empreendimento com objetivo dominante de lucro; bem como o energético, cujo fim buscado é a produção de energia.

De outro lado, de maneira genérica, o corte e a transformação previstos no tipo penal também são vedados em qualquer exploração que, em princípio, conduz à vantagem, proveito obtido com o mencionado corte ou transformação, em relação aos quais o legislador destacou como exemplos os fins industrial e energético.

Todavia, o legislador concedeu uma amplitude bastante grande ao termo "exploração", fazendo incidir em seu conceito o fator econômico ou não, o que se justifica, porquanto o fim último da proibição está na preservação do meio ambiente, que poderá ser degradado, quer o agente tenha por finalidade vantagem financeira ou não. É o que ocorre, por exemplo, quando o corte ou a extração vedados são para uso próprio do agente ou de terceiros.

No dispositivo sancionatório há uma ressalva constitutiva elementar do tipo penal: "em desacordo com as determinações legais". Isso implica entender que, se houver permissão ou autorização de órgãos reguladores do meio ambiente, o corte ou a transformação em carvão de madeira de lei são permitidos e legais, o que afasta a incidência da tipicidade.

Tutela penal

A proteção penal tem por escopo o meio ambiente e, de forma especial, a madeira de lei.

Do ponto de vista histórico, a madeira de lei é uma expressão que nasceu quando o Brasil ainda era colônia de Portugal. Por ela foram designadas as madeiras que só podiam ser derrubadas se a Coroa portuguesa autorizasse, ou seja, deveria haver permissão de ordem legal.

Sabe-se que o pau-brasil foi muito explorado na época colonial, motivo pelo qual, na época, a primeira árvore a ser classificada como madeira de lei foi essa espécie, em uma tentativa de impedir que ela fosse contrabandeada por navios espanhóis, franceses e ingleses que aportavam na costa da colônia. Posteriormente, madeiras como o jatobá e a peroba também foram incluídos nessa categoria.

Sobrevindo a Independência do Brasil, a expressão madeira de lei continuou a ser usada, e a tutela passou a percutir também sobre outras espécies, como o ipê, o mogno, o cedro e o jacarandá.

Não se deve descurar, e isso é importante deixar assentado, que a necessidade de controle ambiental da exploração dos recursos naturais advém da multiplicidade de impactos ambientais que a atividade, quando exercida de forma indiscriminada, pode ocasionar ao meio ambiente. Tal é o caso do manejo em ecossistemas terrestres – a exploração da madeira, da lenha, dos subprodutos florestais e da silvicultura (povoamentos florestais) –, cujos impactos ambientais afetam os ecossistemas, comprometendo a existência de formações vegetais nativas, espécies vegetais e animais endêmicas, fauna migratória, espécies raras e ameaçadas de extinção, entre outras.

Elemento subjetivo

O delito *sub exame*, para sua caracterização no aspecto subjetivo, é o dolo, porém na modalidade específica, tendo por norte que o legislador utiliza no texto legal da expressão "para fins".

Sujeito ativo

O crime objeto de esquadrinhamento não exige para sua composição agente especial. Tratando-se, por conseguinte, de crime comum, sua prática pode ser levada a efeito por qualquer pessoa, incluindo a jurídica.

Sujeito passivo

Na passividade delitiva encontram-se a sociedade e, secundariamente, as pessoas físicas ou jurídicas proprietárias da área de onde provém a madeira de lei.

Consumação e tentativa

As duas condutas previstas no regramento legal indicam a existência de crime material, ou seja, do ponto de vista criminal, suscetível de *iter criminis*. Diante disso, o delito se consuma com o resultado naturalístico de cortar ou transformar em carvão madeira de lei.

A exemplo do que acontece com essa modalidade delitiva, a tentativa é plenamente possível.

> **Jurisprudência:** A norma incriminadora exposta no art. 45 da Lei dos Crimes Ambientais tem como fim proteger as madeiras de lei, já a externada pelo art. 39 do mesmo diploma visa resguardar a biodiversidade. Contudo, havendo corte de árvores classificadas como madeira de lei em área de preservação permanente, deve-se aplicar o princípio da consunção, pois se trata de resultado único. Conforme as regras do aludido princípio-regra, se um tipo abstrato englobar conduta de outro, a imputação deve cingir-se àquela mais grave. Portanto, *in casu*, a infração contida no art. 39 da Lei n. 9.605/98, há de ser absorvida pela narrada no art. 45 do aludido diploma legal. Em se tratando de crime ambiental, a existência de lesão concreta afasta a aplicação da excludente de tipicidade calcada no princípio da insignificância, pois o dano ao meio ambiente é cumulativo e a nocividade das condutas a ele lesivas é sentida por todos os cidadãos, mesmo que a médio ou longo prazo. V.V. Ementa: Crime ambiental. Princípio da insignificância. Absolvição que se decreta. Em respeito ao princípio da intervenção mínima, dispondo que só se deve invocar a responsabilização penal nos casos em que ela for realmente necessária, e constatando-se que a lesão causada ao bem juridicamente tutelado é insignificante, cabível é a aplicação do princípio da bagatela, absolvendo-se o apelante. Provimento do recurso que se impõe. (TJMG, Ap. Crim. n. 1.0534.10.002220-9/001/001, 3ª Câm. Crim., rel. Des. Antônio Carlos Cruvinil, publ. 19.06.2013)

A prescrição, após o trânsito em julgado da sentença condenatória para a acusação, regula-se pela pena aplicada, devendo o magistrado observar, entretanto, para o cômputo, o lapso temporal exigido, os marcos interruptivos existentes. Uma vez demonstrado que o agente, de forma livre e consciente, sem autorização do EFE, ateou fogo em área de plantio de eucalipto (mata), caracterizado está o dolo necessário para a configuração do delito previsto no art. 41 da Lei n. 9.605/98, restando delineados todos os contornos do tipo penal, sendo incabível se falar em absolvição. Para a configuração do delito previsto no art. 45 da Lei n. 9.605/98, é indispensável a prova de que a madeira cortada ou transformada em carvão era classificada por ato do Poder Público como madeira de lei. (TJMG, Ap. Crim. n.

1.0461.09.057111-2/001, 1ª Câm. Crim., rel. Des. Alberto Deodato Neto, publ. 10.09.2013)

2.9. Compra ilegal de madeira, lenha, carvão e outros produtos de origem vegetal

> Art. 46. Receber ou adquirir, para fins comerciais ou industriais, madeira, lenha, carvão e outros produtos de origem vegetal, sem exigir a exibição de licença do vendedor, outorgada pela autoridade competente, e sem munir-se da via que deverá acompanhar o produto até final beneficiamento:
> Pena – detenção, de 6 (seis) meses a 1 (um) ano, e multa.
> Parágrafo único. Incorre nas mesmas penas quem vende, expõe à venda, tem em depósito, transporta ou guarda madeira, lenha, carvão e outros produtos de origem vegetal, sem licença válida para todo o tempo da viagem ou do armazenamento, outorgada pela autoridade competente.

Tipo objetivo

Do ponto de vista étimo, "receber" é acolher, aceitar; enquanto "adquirir" é indicativo de comprar.

Elementos do tipo

O recebimento ou a aquisição tem fins comerciais, ou seja, destinam-se à compra e venda ou, então, industriais, que é a transformação da matéria-prima em bem de consumo e produção.

As condutas vedadas se projetam à madeira, que é um material produzido a partir do tecido formado pelas plantas lenhosas com funções de sustentação mecânica. Sendo um material naturalmente resistente e relativamente leve, é utilizado de maneira frequente para fins estruturais e de sustentação de construções. É um material orgânico, sólido, de composição complexa, em que predominam as fibras de celulose e hemoceluloses por lenhina.

A madeira caracteriza-se por absorver facilmente água (higroscopia) e por apresentar propriedades físicas diferentes consoante a orientação espacial (ortotropia). As plantas que produzem madeira (árvores) são perenes e lenhosas, caracterizadas pela presença de caules de grandes dimensões, em geral denominados troncos, que crescem em diâmetro ano após ano. Pela sua disponibilidade e características, a madeira foi um dos primeiros materiais a ser utilizados pela humanidade, mantendo, apesar do aparecimento dos materiais sintéticos, uma imensidade de usos diretos e servindo de matéria-prima para múltiplos outros produtos. É também importante fonte de energia, sendo utilizada como lenha para cozinhar e outros usos domésticos em boa parte do mundo. A sua utilização para a produção de polpa está na origem da indústria papeleira e de algumas indústrias químicas, nas quais é utilizada como fonte de diversos compostos orgânicos. Na indústria de marcenaria, a fabricação de móveis em madeira é uma das mais expandidas, o mesmo acontecendo na carpintaria, para construção de diversas estruturas, incluindo navios. A madeira é um dos materiais mais utilizados em arquitetura e engenharia civil. A indústria florestal ocupa vastas áreas da Terra, e a exploração de madeira em florestas naturais continua a ser uma das principais causas de desflorestação e de perda de hábitat para múltiplas espécies, ameaçando severamente a biodiversidade em nível planetário.

Também o comportamento vedado diz respeito à lenha, que se constitui pedaços de madeira, ramos ou fragmentos de troncos de árvores, utilizados, notadamente, em fornos e lareiras para produzir energia e fogo. Antes do surgimento do gás, a lenha era amplamente usada em fogão visando produzir fogo, para efeito de cozimento de alimentos.

No que tange ao carvão, repetindo o que foi precedentemente posto, constitui-se na substância proveniente da queima da madeira e produz combustão.

De outro lado, o legislador, de maneira abrangente, proíbe que as ações previstas no tipo sancionatório percutam sobre "outros produtos de origem vegetal". A expressão é bastante vasta, devendo ser ajustada para os fins colimados no dispositivo incriminador, que diz respeito à flora, sob pena de molestar, pelo menos de forma indireta, o princípio da legalidade.

Assim,

> a referência a produtos de origem vegetal poderia levar os menos avisados a considerar que os produtos industrializados de origem vegetal estariam abrangidos pelo tipo. À evidência que tal não ocorre. A origem vegetal aqui prevista e merecedora de proteção penal é a relativa às plantas, ao reino vegetal.[33]

Outrossim, figura também como elemento normativo do tipo penal, o recebimento ou a aquisição dos bens nele mencionados, "sem exigir a exibição

---

33 FREITAS, Vladimir Passos de; FREITAS, Gilberto Passos de. *Crimes contra a natureza*, p. 182.

de licença do vendedor, outorgada pela autoridade competente, e sem munir-se da via que deverá acompanhar o produto até final beneficiamento".
Com efeito,

> a conduta punível consiste em receber ou adquirir, para fins comerciais, tais produtos sem exigir a exibição de licença do vendedor. A licença é sempre expedida pela autoridade competente. E uma via deverá acompanhar o produto, até final beneficiamento. Tais locuções constituem elementos normativos do tipo, as quais, desde que presentes, legitimam a conduta. É a licença fornecida pela autoridade que irá possibilitar o controle daquele que extraiu a madeira, ou outros produtos naturais da floresta. É ela chamada de *Guia Florestal*, devendo acompanhar os produtos desde a extração, o transporte, até a venda final. É obrigatória para todos aqueles que comercializam, consomem, transportam, mantêm em depósito, compram, vendem ou utilizam qualquer matéria-prima proveniente de florestas.[34]

Ademais,

> para que a ação seja típica, a conduta há que ser praticada sem a exigência de exibição de licença do seu beneficiamento. Tal licença é a denominada "Guia Florestal", exigível sempre que houver movimento de material de origem vegetal (*vide* a esse respeito a Instrução Normativa n. 1/80, expedida pelo IBDF – Instituto Brasileiro de Desenvolvimento Florestal). Se houver a referida licença, a conduta será atípica. Caso o agente abuse da licença, haverá o crime, podendo ainda incidir a circunstância agravante prevista no art. 15, II, *o*, da Lei n. 9.605/98).[35]

De outro lado, em substituição à autorização para o transporte de produtos florestais (ATPF), que era regulada pela Portaria Normativa n. 44-N, de 06.04.1993, expedida pelo Ibama, foi substituída pelo Documento de Origem Florestal (DOF).

Esse DOF é uma licença obrigatória para o controle do transporte e do armazenamento de produtos e subprodutos florestais de origem nativa, inclusive o carvão vegetal nativo (Portaria MMA n. 253/2006). O documento deve conter informações sobre as espécies, tipo do material, volume, valor do carregamento, placa do veículo, origem, destino, além da rota detalhada do trans-

---

34 COSTA JR., Paulo José da; COSTA, Fernando José da; MILARÉ, Édis. *Direito penal ambiental*, p. 119.
35 DELMANTO, Roberto; DELMANTO JR., Roberto; DELMANTO, Fábio M. de Almeida. *Leis penais especiais comentadas*, p. 613.

porte. O DOF acompanha o produto ou subproduto florestal nativo por meio de transporte rodoviário, aéreo, ferroviário, fluvial, marítimo ou conjugado nessas modalidades.

A utilização do DOF, que é o sistema *on-line* de controle do transporte de produtos e subprodutos florestais, propicia aos órgãos do meio ambiente ter acesso às informações sobre o transporte florestal oriundo de florestas nativas em tempo real.

Não bastasse isso, as informações geradas pelos sistemas de controle eletrônico subsidiam as ações de fiscalização do transporte e produtos e subprodutos florestais. Com o DOF, os trabalhos de fiscalização em campo também passaram a direcionar as análises dos dados gerados pelo sistema de fiscalização no intuito de identificar os ilícitos ambientais relacionados à exploração, ao transporte e ao consumo de produtos florestais provenientes de exploração ilegal.

Enfim, como o disciplinamento sobre a exibição de licença do vendedor outorgada pela autoridade competente sempre sofre variação de ordem normativa, quando da verificação de evento delituoso ocasional, como o que está sendo esquadrinhado, cumpre observar qual ato da autoridade administrativa ligada ao meio ambiente está prevalecendo.

Tutela penal

O objetivo colimado pelo legislador é a proteção do meio ambiente, com especial ênfase à madeira, à lenha, ao carvão e a outros produtos de origem vegetal.

Elemento subjetivo

O tipo penal examinado exige, para a sua adequação do ponto de vista subjetivo, o dolo específico, tendo por norte a vontade livre e consciente do agente de direcionar o uso para fins comerciais ou industriais. A expressão, "fins", como é cediço, é implicativa de dolo específico.

Sujeito ativo

Por se cuidar de crime comum, qualquer pessoa pode cometê-lo, seja física ou jurídica.

Sujeito passivo

A vítima do fato punível em espécie é a sociedade e, secundariamente, as pessoas físicas ou jurídicas proprietárias da área onde foram extraídas a madeira, a lenha, o carvão e outros produtos de origem vegetal.

O parágrafo único do art. 46 da Lei n. 9.605/98 estabelece aquilo que se denomina figura típica por equiparação: "incorre nas mesmas penas quem [...]".

Conforme elenco estabelecido pelo dispositivo sob referência, também pratica o delito ecológico o agente que vende, ou seja, comercializa; expõe à venda (apresenta ao público para efeito de venda); tem em depósito, que significa o ato de armazenar; transporta (levar de um lugar para outro) ou guarda, que é implicativo de manter em vigilância (tipo objetivo) tais produtos.

De outro lado, é importante deixar consignado que as situações de expor à venda, ter em depósito e manter em guarda são denotativas de crime permanente, assim entendido aquele cuja execução se prolonga no tempo.

Outrossim, cuida-se de tipo misto alternativo. Isso porque o legislador, ao explicitar e identificar as formas de conduta puníveis, usa a conjunção alternativa "ou". Isso implica entender e afirmar que, se o agente cometer mais de um comportamento vedado, responderá por um único fato delituoso.

A ação do agente converge à madeira, à lenha, ao carvão e a outros produtos de origem vegetal, a exemplo do que acontece com o *caput* do tipo penal, sendo certo que esses objetos do delito já foram conceituados precedentemente (elementos do tipo).

No que diz respeito ao elemento normativo do tipo: "sem licença válida para todo o tempo de viagem ou do armazenamento, outorgada pela autoridade competente", em conformidade com o que foi dissertado quando do exame do *caput*, fica na dependência da expedição de ato normativo provindo dos órgãos vinculados ao meio ambiente, que podem sofrer variações de ordem temporal.

De outro lado, à eloquência, se o agente tiver licença legítima emanada de órgão ambiental relativa ao tempo de viagem ou do armazenamento, sua conduta será legal e atípica.

Concernentemente à tutela penal, sujeito ativo e passivo, aplica-se integralmente o que foi posto quando da abordagem do *caput* do dispositivo sancionatório.

O dolo que anima o delito discorrido é o genérico: vontade livre e consciente de praticar as condutas proibidas previstas no tipo penal (elemento subjetivo).

Na hipótese da venda, o delito se consuma quando há a tradição da madeira, da lenha, do carvão ou de outros produtos de origem vegetal. Trata-se de crime instantâneo. A tentativa é possível: o agente não consegue vender o produto por circunstâncias alheias à sua vontade

De outro lado, é importante deixar consignado que, na situação de expor à venda, ter em depósito e manter em guarda, transportar, o crime tem denotação permanente, ou seja, sua execução se prolonga no tempo. Nessa modalidade delitiva o crime se consuma quando o agente pratica a ação. Não é permitida a tentativa (consumação e tentativa).

Jurisprudência: 1. A conduta de guardar lenhas, oriundas de produto vegetal, sem licença válida (art. 46, parágrafo único) constitui um *post factum* impunível, já que se trata de um mero exaurimento da conduta anterior, qual seja, a destruição da vegetação situada em área de preservação permanente, motivo pelo qual esta ação praticada pelo apelante não formaliza uma infração penal (art. 386, III, do Código de Processo Penal). 2. O princípio da insignificância é de aplicação excepcional quando o caso envolve delito contra o meio ambiente, bem jurídico merecedor de especial proteção no contexto atual, evitando-se, em todos os casos que a reiteração da conduta tenha repercussão negativa ao meio ambiente. (TJMG, Ap. Crim. n. 1.037710.001318-6/001, 3ª Câm. Crim., rel. Des. Paulo Cézar Dias, publ. 09.07.2013)

2.10. Impedir ou dificultar a regeneração de floresta e demais formas de vegetação

> Art. 48. Impedir ou dificultar a regeneração natural de florestas e demais formas de vegetação:
> Pena – detenção, de 6 (seis) meses a 1 (um) ano, e multa.[36]

Tipo objetivo

A conduta que caracteriza o delito alvo de considerações doutrinárias é "impedir", que tem o sentido etimológico de não permitir, obstruir.

O verbo "dificultar" também é parte integrante da figura penal esquadrinhada, assim entendida a ação do agente de tornar custoso, difícil.

---

36   O art. 47 foi vetado.

A conjunção alternativa "ou" é indicativa de tipo penal misto. Isso significa, em outros termos, que basta uma só conduta do agente para que o fato punível fique demonstrado. Ainda, mesmo que o sujeito ativo tenha praticado ambos os comportamentos, ele somente responderá por um único delito.

A teor do esclarecido por Vladimir Passos de Freitas e Gilberto Passos de Freitas:

> Duas são as formas de conduta previstas no tipo: impedir ou dificultar. *Impedir* é obstruir, não permitir, tornar impraticável. Por exemplo, cortar a vegetação em solo que foi desmatado, de forma a impedir a recuperação. *Dificultar* é tornar difícil, custoso, demorado. Por exemplo, soltar o gado em local de preservação permanente, que se acha degradado e que começa a se recuperar. Nota-se que a conduta do agricultor que compra área com reserva florestal devastada e que impede a sua regeneração configura o crime em análise, pois, segundo pacífica jurisprudência do STJ, tem ele o ônus de preservar a área.[37]

Elementos do tipo

É elemento descritivo do crime sob consideração a regeneração natural, implicativa de reconstituição pela própria natureza, ou seja, espontaneamente, sem a interferência humana.

Essa regeneração diz respeito à floresta, que se constitui conjunto de árvores, e as formas de vegetação, assim entendidos em sentido estrito os arbustos, que são vegetação lenhosa cujo caule é ramificado desde a base. Nesse conceito também se incluem os pastos e os canteiros.

Todavia, vegetação é um termo geral para a vida vegetal de uma região; isso se refere às formas de vida que cobrem os solos, as estruturas espaciais ou qualquer outra medida específica ou geográfica que possua características botânicas. É mais amplo que o termo *flora*, que se refere exclusivamente à composição das espécies. É o conjunto de plantas nativas de certo local que se encontram em qualquer área terrestre, desde que nessa localidade haja condições para o seu desenvolvimento. Tais condições são: luz, calor, umidade e solos favoráveis, nos quais é indispensável a água.

Enfim, o agente, com sua ação típica, impede (p. ex.: promove queimada na área, impermeabilização do solo, edificação de alvenaria) ou dificulta a regeneração natural de floresta e demais formas de vegetação (p. ex.: realiza

---

37 *Crimes contra a natureza*, p. 187.

criação de animais que consomem a vegetação quando esta está se recuperando ou brotando).

Tutela penal

A objetividade jurídica converge ao meio ambiente, procurando preservar seu equilíbrio, e de forma particular à recuperação da floresta ou de outra forma de vegetação danificada.

Sujeito ativo

Cuidando-se de crime comum, qualquer pessoa poderá cometer a infração típica, inclusive a jurídica.

Sujeito passivo

A passividade delitiva incide sobre a sociedade, porquanto qualquer agressão ao meio ambiente percute sobre ela, por ser de seu interesse imediato a mantença de um ambiente saudável, bem como do ecossistema.

De outro lado, dependendo das circunstâncias, de modo indireto, também pode ser vítima do crime o proprietário ou detentor da área que foi prejudicada.

Elemento subjetivo

O crime ecológico dissertado pressupõe, para sua realização no campo subjetivo, o dolo genérico: vontade livre e consciente de impedir ou dificultar a regeneração de floresta e demais formas de vegetação.

Consumação e tentativa

Por se tratar de crime material, o evento delituoso se consuma quando ocorre o resultado naturalístico, que é o impedimento ou a dificultação vedada pelo tipo penal.

A tentativa é plenamente possível, porquanto iniciada a ação o delito não se consuma por circunstâncias alheias à vontade do agente. Exemplo: é lançado veneno em determina forma de vegetação, porém por intervenção humana ou da própria natureza a substância em questão não gera nenhum efeito.

De modo particularizado, quando do exame da extinção da punibilidade em item específico, foi feita alusão ao dispositivo penal examinado no que tange à prescrição.

Não é demais relembrar que há posicionamento quer doutrinário, quer jurisprudencial, assentando inteligência no sentido de que esse delito material se constitui crime permanente, porquanto a violação é feita de maneira contínua e duradoura. Há também posição em sentido inverso, sustentando que se trata de crime de efeito permanente.

Deve-se tolerar, quando muito, que o delito em espécie constitui-se crime material de efeito permanente, porém jamais crime permanente, porquanto o fato típico ambiental não reúne as premissas da permanência.

A ação do agente finaliza no impedimento ou na dificultação, que, por sua vez, na última situação permite a repetição da conduta criminosa, porém, em nenhuma dessas hipóteses pode-se conceber que a consumação se prolonga no tempo.

Jurisprudência: Comprovado, através do auto de constatação do dano ambiental, que o corte raso de espécies vegetais não atingiu área de preservação permanente, deve ser mantida a absolvição do acusado. Apelação do Ministério Público improvida. (TJRS, Ap. Crim. n. 70.046.948.873, 4ª Câm. Crim., rel. Des. Gaspar Marques Batista, *DJ* 29.03.2012)

2.11. Destruição, dano ou lesão de plantas ornamentais

Art. 49. Destruir, danificar, lesar ou maltratar, por qualquer modo ou meio, plantas de ornamentação de logradouros públicos ou em propriedade privada alheia:
Pena – detenção, de 3 (três) meses a 1 (um) ano, ou multa, ou ambas as penas cumulativamente.
Parágrafo único. No crime culposo, a pena é de 1 (um) a 6 (seis) meses, ou multa.

Tipo objetivo

No campo descritivo, que é próprio do tipo, conforme doutrina lançada por Beling, as condutas proibidas, enunciadas de forma alternativa, são "destruir", que corresponde a eliminar, arruinar; "danificar", que etimologicamente é implicativo de estragar, deteriorar; "lesar", que lexicamente é ferir, contundir; e, finalmente, "maltratar", que é prejudicar, mutilar.

Por se cuidar de tipo misto alternativo, se o agente realizar mais de uma conduta entre as que foram mencionadas, responderá por uma única transgressão típica de cunho ecológico.

Elementos do tipo

O legislador, na composição do tipo penal, faz alusão às plantas de ornamentação, que são vegetais que servem de enfeite, tanto de lugar público como particular.

Na verdade essa modalidade de vegetação corresponde a toda planta cultivada pela sua beleza. São muito usadas na arquitetura de interiores e no paisagismo de espaços externos. Há indícios de que, desde os primórdios da humanidade, algumas espécies, como o lírio branco (*Lilium candidum*), eram cultivadas para esse fim (o lírio branco, especificamente, foi registrado em pinturas da civilização minoica, sendo este o registro mais antigo do cultivo dessa espécie).

A ação proibida relaciona-se com a planta ornamental que se encontra em logradouro público, onde se situam as praças, os jardins e os parques, locais normalmente utilizados pelas pessoas de maneira geral.

Enquanto essa modalidade de plantas compreendida em propriedade particular tem um sentido mais específico para residências, chácaras, estâncias ou locais assemelhados, onde se cultivam plantas.

Objetividade jurídica

Visa à proteção do meio ambiente e, de forma particular, das plantas ornamentais.

Sujeito ativo

Tendo em linha de consideração que a figura típica objeto de discurso é comum, qualquer pessoa pode cometer a transgressão, quer seja física, quer se trate de jurídica.

Sujeito passivo

Figura como vítima da infração penal a sociedade e, secundariamente, o proprietário das plantas ornamentais atingidas, podendo ser, inclusive, a União, o estado ou o município, dependendo de a quem pertence o logradouro público onde se encontram essas espécies vegetais.

Elemento subjetivo

O fato punível pressupõe, para sua caracterização, o dolo genérico: vontade livre e consciente de praticar a conduta proibida.

O tipo penal em referência previu também o cometimento delitivo por intermédio da culpa, em quaisquer de suas modalidades: imprudência, negligência ou imperícia.

Deve ficar exposto que, em função do princípio da intervenção mínima, o preceito se mostra inconstitucional quanto à punição a título de culpa. É inconcebível punir, por exemplo, aquele que, por imprudência, negligência ou imperícia, venha maltratar planta ornamental.

2.12. Destruição ou dano às florestas nativas ou plantadas ou à vegetação

> Art. 50. Destruir ou danificar florestas nativas ou plantadas ou vegetação fixadora de dunas, protetora de mangues, objeto de especial preservação:
> Pena – detenção, de 3 (três) meses a 1 (um) ano, e multa.

Tipo objetivo

As condutas não permitidas pelo legislador são "destruir", que tem o sentido de eliminar, e de "danificar", que é estragar.

A conjunção alternativa "ou" significa que o tipo penal sob referência é misto alternativo, sendo certo que se o agente praticar ambas as condutas responderá por um só crime.

Elementos do tipo

O comportamento vedado do agente atinge as florestas nativas, implicativas de conjunto de árvores originais.

De maneira mais ampla, a floresta nativa, também denominada primária, virgem ou primitiva, é uma floresta antiga sem perturbação significativa e que nunca foi explorada ou influenciada, direta o indiretamente, pelo ser humano, e, assim, exibe características ecológicas únicas e, em alguns casos, pode ser classificada como uma comunidade clímax. Essas características incluem diversidade de árvore que servem como *habitat* de vida selvagem diversificada que leva a maior biodiversidade do ecossistema florestal. A estrutura diversificada das árvores inclui copas e clareiras de multicamadas, com árvores de alturas e diâmetros diferentes, e diversidade de espécies de árvores.

Por seu turno, florestas plantadas são árvores produzidas artificialmente por meio de mãos humanas.

O comportamento do agente também pode atingir a vegetação fixadora de dunas. As dunas, em termos de geografia física, são uma montanha de areia criada a partir de processos eólicos. São elas sustentadas pelas plantas. Logo, a vegetação tem por objetivo fixá-las.

De outro lado, não se pode perder de vista que a Resolução Conama n. 4, de 18 de setembro de 1985, dispôs em seu art. 2º que, para efeitos desta Resolução, são estabelecidas as seguintes definições: "Duna: formação arenosa produzida pela ação dos ventos no todo, ou em parte, estabilizada ou fixada pela vegetação".

Repetindo o que já foi alvo de considerações na análise de outro tipo penal, vegetação é forma de vida que cobre os solos, as estruturas espaciais ou qualquer outra medida específica ou geográfica que possua características botânicas.

A vegetação também se mostra útil na qualidade de protetora de mangues, que constituem locais de lama escura e mole.

No âmbito do que interessa em termos de meio ambiente, o manguezal, também chamado de mangue ou mangal, é um ecossistema costeiro, de transição entre os ambientes terrestres e marinho, uma zona úmida característica de regiões tropicais e subtropicais. A vegetação também tem a função de protegê-lo.

A mencionada Resolução Conama n. 4 também definiu o que se deve entender por manguezal: "Manguezal: ecossistema litorâneo que ocorre em terrenos baixos sujeitos à ação das marés localizadas em áreas relativamente abrigadas e formado por vasas lodosas recentes às quais se associam comunidades vegetais características".

Por seu turno, no âmbito da multiplicidade de legislação sobre o mesmo tema, que muitas vezes se revela dispensável ou plenamente desaconselhável em decorrência da instabilidade que pode ser conferida a determinado conceito ou definição, a Resolução Conama n. 10 normatiza que:

> Art. 5º As definições adotadas para as formações vegetais de que trata o artigo 4º, para efeito desta Resolução, são as seguintes: I – Manguezal – vegetação com influência flúvio-marinha, típica de solos limosos de regiões estuarinas e dispersão descontínua ao longo da costa brasileira, entre os Estados do Amapá e Santa Catarina. Nesse ambiente halófito, desenvolve-se uma flora especializada, ora dominada por gramíneas (*Spartina*) e amarilidáceas (*Crinun*), que lhe conferem uma fisionomia herbácea, ora dominada por espécies arbóreas dos gêneros *Rhizophora*, *Laguncularia* e *Avincennia*. De acordo com a dominância de cada gênero, o manguezal pode ser classificado em mangue vermelho (*Rhizophora*), mangue branco (*Laguncularia*) e mangue siriúba (*Avicennia*), os dois primeiros colonizando os locais mais baixos e o terceiro os locais mais altos e mais afastados da influência das marés. Quando o mangue penetra em locais arenosos denomina-se mangue seco.

Outrossim, o preceito incriminador contém em seu bojo o elemento normativo "objeto de especial preservação", e fica a critério dos órgãos ligados ao meio ambiente torná-lo efetivo.

Sob outro vértice de análise, tendo por consideração sua posição topográfica no texto penal, essa preservação especial se refere unicamente à vegetação fixadora de dunas e protetora de mangues, escapando consequentemente de sua incidência as florestas nativas ou plantadas.

Tutela penal

O que o legislador procura resguardar é a proteção ao meio ambiente, o ecossistema, e de forma particular a floresta nativa ou plantada, bem como a vegetação fixadora de dunas e protetora de mangues.

Não há a mínima dúvida de que os mangues possuem grande função no âmbito do ecossistema, porquanto servem, inclusive, de hábitat de animais de várias espécies.

Assim é que os mangues são a espinha dorsal das costas dos oceanos tropicais, muito mais importantes para a biosfera do oceano global do que anteriormente previsto. E, embora essa mata de mau cheiro lamacento não tenha o encantamento de florestas tropicais ou recifes de corais, uma equipe de pesquisadores observou que a linha costeira de plantas lenhosas fornecem mais de 10% do carbono orgânico dissolvido fornecido ao oceano pela terra. As árvores de manguezal, cujas raízes pneumatóforas protegem as zonas úmidas costeiras contra o oceano, formam um importante hábitat, berçário para inúmeras espécies de peixes, crustáceos, mamíferos, aves e insetos. Cobrem menos de 0,1% da superfície terrestre global, e mesmo assim são responsáveis por um décimo do carbono orgânico dissolvido (COD) que flui da terra para o mar. Instituições alemãs de pesquisas analisaram a saída de carbono a partir de uma floresta de manguezal no Brasil e sugerem que a sua vegetação é uma das principais fontes de matéria orgânica dissolvida no oceano.

Em arremate, na esteira do que restou assentado por Paulo José da Costa Jr. et al.,

> A objetividade jurídica é a preservação de certas espécies de flora, como as florestas nativas, a vegetação fixadora de dunas ou protetora de mangues. É a vegetação que impede a areia das dunas de ser arrastada pelo vento. É ela igualmente que protege os mangues, servindo também de alimentação à fauna ictiológica.[38]

Melhor esclarecendo, ictiologia é o ramo da zoologia, ou ciência dos animais, que estuda os peixes. Logo, fauna ictiológica é aquela que diz respeito aos peixes.

Sujeito ativo

Cuidando-se de crime comum, sujeito ativo é qualquer pessoa, física ou jurídica.

Sujeito passivo

A exemplo do que normalmente acontece com os tipos penais envolvendo o meio ambiente, a passividade delitiva incide sobre toda a sociedade e, secundariamente, ao proprietário de florestas plantadas.

---

38   *Direito penal ambiental*, p. 124.

Elemento subjetivo

O delito é punido a título de dolo eventual: vontade livre e consciente de praticar a destruição ou danificação nas formas previstas no modelo legal.

Consumação e tentativa

Ambos os núcleos do tipo que informam o preceito sancionatório comentado indicam a existência de crime material, ou seja, que produz resultado naturalístico. Diante disso, o delito se consuma com a efetiva destruição ou danificação das florestas ou da vegetação mencionadas no tipo penal.

Diante da constatação de crime material, a tentativa se mostra possível, uma vez que estando em curso o *iter criminis* o delito não se realiza com a consequente destruição ou danificação por circunstâncias alheias à vontade do agente.

2.13. Desmatamento, exploração ou degradação de floresta

> Art. 50-A. Desmatar, explorar economicamente ou degradar floresta, plantada ou nativa, em terras de domínio público ou devolutas, sem autorização do órgão competente:
> Pena – reclusão de 2 (dois) a 4 (quatro) anos e multa.
> § 1º Não é crime a conduta praticada quando necessária à subsistência imediata pessoal do agente ou de sua família.
> § 2º Se a área explorada for superior a 1.000 ha (mil hectares), a pena será aumentada de 1 (um) ano por milhar de hectare.

Tipo objetivo

O núcleo do tipo representado pelo verbo "desmatar" é implicativo de derrubar árvores em grande quantidade.

A desflorestação ou desflorestamento é o processo de desaparecimento completo e permanente das florestas, atualmente causado em sua maior parte pela atividade humana.

A conduta de "explorar economicamente" conduz a tirar proveito, ter lucro em decorrência do desmatamento.

Por sua vez, o verbo "degradar" significa deteriorar, estragar, desgastar, floresta.

Verifica-se que no texto legal foi adicionada a conjunção alternativa "ou". Isso leva a entender, de maneira inexorável, que se trata de tipo misto alternativo. Diante disso, mesmo que o agente pratique mais de um comportamento proibido, ele será incriminado por um único delito.

Elementos do tipo

As condutas vedadas estão relacionadas com a floresta plantada, composta por árvores produzidas artificialmente por meio de mãos humanas.

Esses comportamentos típicos também alcançam a floresta nativa, que é a vegetação natural, nascida espontaneamente por força da natureza. É o mesmo que floresta primitiva ou originária.

A floresta em questão é aquela que se encontra situada em terras de domínio público, assim compreendidas aquelas que pertencem à União, aos estados ou aos municípios.

Também, a ação delituosa atinge as terras devolutas, que são terrenos públicos, ou seja, propriedades de domínio público que nunca pertenceram a um particular, mesmo estando ocupadas.

O legislador emprega no tipo o elemento normativo "sem autorização do órgão competente". Diante disso, caso haja permissão de órgão ligado ao meio ambiente, o agente pode desmatar, explorar economicamente ou degradar floresta, sendo sua conduta tida como legítima, atípica, não delituosa.

Tutela penal

O manto protetor criado pelo legislador dirige-se ao meio ambiente e, de forma particular, a floresta nativa ou plantada.

Sujeito ativo

O delito examinado, por ser comum, pode ser praticado por qualquer pessoa, física ou jurídica, não necessitando, para sua composição, de agente especial.

Sujeito passivo

A ação do agente vitima a sociedade como um todo, mesmo porque a proteção ao meio ambiente, ao ecossistema, é de interesse de toda a coletividade, porquanto representa a manutenção de vida saudável.

Elemento subjetivo

O fato típico esquadrinhado também exige, para sua configuração, que o agente tenha obrado com vontade livre e consciente de praticar as condutas incriminadoras (dolo eventual).

Consumação e tentativa

Os verbos que compõem a figura delitiva consistentes em "desmatar" ou "degradar" exigem um resultado naturalístico, motivo pelo qual o crime se revela de natureza material, consumando-se com o efetivo ato de derrubar árvores em grande quantidade ou de promover sua deterioração.

Ambos os comportamentos dão ensejo ao *conatus*, eis que, iniciada a ação de desmatamento ou de degradação, os crimes não se consumam por circunstâncias alheias à vontade do agente.

De outro lado, a ação de explorar economicamente se consuma quando o sujeito ativo consegue o proveito ou a vantagem em decorrência do desmatamento.

Por se tratar de crime formal, a tentativa se revela impossível. Logo, o agente tem ou não lucro.

Estado de necessidade

No § 1º do comando normativo de natureza punitiva, o legislador estabeleceu uma situação de estado de necessidade. Previu, dessa maneira, uma exculpante, ou seja, causa excludente da antijuridicidade da conduta individual.

Em circunstâncias desse matiz, se o agente, para sustento de sua família ou sua própria, corta determinado número de árvores, pratica ato lícito, porquanto age conforme lhe permite o Direito. No caso, inexoravelmente, prevalece o interesse pessoal em detrimento do meio ambiente.

Majorante especial da pena

Tendo em vista a quantidade da área explorada, que é considerada elevada, a sanção penal é acrescida, na proporção do dano causado ao meio ambiente, consoante dispõe o § 2º do regramento jurídico estudado.

De maneira expressa, o legislador estabeleceu uma graduação em relação ao aumento previsto para a *sanctio legis*: um ano por milhar de hectare. Assim, a cada milhar em que for constatada pericialmente a exploração, deverá ser somado um ano de sanção penal.

Para se ter uma noção da quantidade do prejuízo provocado ao meio ambiente, como condição para o acréscimo da pena, cada hectare equivale a 100.000 m². Todavia, a incidência da causa de aumento somente pode ser aplicada quando a área objeto de exploração for superior a 1.000 hectares. Portanto, o legislador levou em consideração a dimensão da área desmatada para efeito de lucro. Para ser mais claro, se a área explorada for inferior ao patamar precitado, a causa de aumento especial sob consideração não se aplica.

É de constatação e de aferição meridianas que *in casu* se justifica o tratamento penal mais rigoroso, partindo-se da premissa de que o ato exploratório foi muito significativo em relação ao prejuízo determinado ao meio ambiente, o que aumenta consideravelmente a reprovabilidade da conduta do agente.

Nota-se, outrossim, que a majorante abordada somente se adota na conduta de "explorar economicamente", não alcançando o desmatamento ou a degradação pertinente.

2.14. Comercialização ou utilização de motosserra

> Art. 51. Comercializar motosserra ou utilizá-la em florestas e nas demais formas de vegetação, sem licença ou registro da autoridade competente:
> Pena – detenção, de 3 (três) meses a 1 (um) ano, e multa.

Tipo objetivo

O termo "comercializar" é implicativo de negociar, tem sentido amplo, compreendendo em seu bojo a ação de comprar, vender ou trocar. Por sua vez, *utilizar* é fazer uso, empregar.

Trata-se de tipo penal misto alternativo, ante a conjunção "ou", inserida no tipo penal. Logo, o agente pode ser punido por realizar qualquer uma das ações vedadas.

Elementos do tipo

Entende-se por motosserra a serra acionada por motor que tem por objetivo cortar árvores ou qualquer outra vegetação.

Repetindo o que já restou adicionado no fluir deste trabalho jurídico, a floresta é composta por um conjunto de árvores, enquanto as formas de vegetação, assim entendidas, em sentido estrito, são compostas por arbustos, que são uma vegetação lenhosa cujo caule é ramificado desde a base. Nesse conceito também se incluem os pastos e os canteiros.

De outro lado, o legislador faz uma ressalva: "sem licença ou registro da autoridade competente".

A matéria sobre esse assunto jurídico está disciplinada pelo Código Florestal (Lei n. 12.651, de 25 de maio de 2012, que dispõe sobre a proteção da vegetação nativa). Nessa ordem de consideração, conforme o art. 69 do mencionado diploma legal: "São obrigados a registro no órgão federal competente do Sisnama os estabelecimentos comerciais responsáveis pela comercialização de motosserras, bem como aqueles que as adquirirem".

Ademais, conforme dispositivo encontrado no § 1º do precitado preceito: "A licença para o porte e uso de motosserras será renovada a cada 2 (dois) anos".

Ainda, nos termos do mencionado regramento legal: "Os fabricantes de motosserras são obrigados a imprimir, em local visível do equipamento, numeração cuja sequência será encaminhada ao órgão federal competente do Sisnama e constará nas correspondentes notas fiscais".

A teor do observado por Antônio de Azevedo Sodré, relativamente àquele art. 69,

> este artigo ratifica o disposto na Lei n. 6.938/81, na Lei de Crimes Ambientais, e na Instrução Normativa n. 10/2001 – do Ibama, que trazem a obrigatoriedade dos estabelecimentos comerciais e proprietários de motosserras se registrarem no Ibama, inclusive pagando Taxa de Controle e Fiscalização Ambiental – TCFA. Isso se dá porque as motosserras são usadas no corte de árvores e podem ser usadas indiscriminadamente, trazendo riscos ao meio ambiente, como bem sabemos que ocorre, principalmente na Amazônia. Além disso, tais proprietários devem requerer a licença de porte e uso de motosserra (LPU), a qual deverá ser renovada a cada 2 anos. Cada motosserra fabricada e vendida deve conter uma numeração sequencial, como ocorre com a numeração dos chassis de veículos automotores, para que constem nas notas fiscais e nos registros dos fabricantes, para a fácil identificação do fabricante e adquirente.[39]

---

39 *Novo Código Florestal comentado*: Lei n. 12.651/2012, p. 252.

Tutela penal

A proteção converge ao meio ambiente ligado às florestas e demais formas de vegetação, levando-se em conta que se não houver um controle, principalmente sobre o uso de motosserras, os danos produzidos à flora serão gigantescos, em face da não moderação quanto ao emprego desse equipamento, proporcionando um devastamento amplamente prejudicial ao ecossistema.

Ad argumentandum, a prática está a demonstrar, de maneira irretorquível, que o homem, em virtude da ganância econômica, não respeita o próprio meio em que vive, que é indispensável à sua sobrevivência em termos naturais.

Sujeito ativo

Tratando-se o evento típico de crime comum, a transgressão que lhe é inerente pode ser praticada por qualquer pessoa, incluindo a jurídica.

Sujeito passivo

Por seu turno, a preservação do ecossistema de interesse geral e a passividade delitiva incidem sobre a sociedade. E, de maneira reflexa, incidem sobre o proprietário que sofreu a influência do prejuízo em virtude do comportamento delitógeno do sujeito ativo.

Elemento subjetivo

O fato típico sob comento pressupõe, para sua realização subjetiva, o dolo genérico: vontade livre e consciente de praticar a ação vedada pelo legislador.

Consumação e tentativa

No que tange ao verbo "comercializar", o crime se consuma no ato da realização da transação. *In casu*, a tentativa se mostra viável, porquanto o agente pode ser impedido de realizar a venda por circunstâncias que escapam de seu controle.

Situação diversa acontece com o núcleo do tipo *utilizar*, em que o delito se consuma unicamente com o ato de fazer o uso da motosserra em desconformidade com a legislação vigente.

Não existe nenhuma contrariedade em face do direito penal de se considerar que a situação examinada é constitutiva de crime unissubsistente, sendo aquele constituído de um só ato (ato único), em que a realização de apenas uma conduta esgota a concretização do delito. Impossível, por essa razão, a tentativa. Logo, ou o agente faz uso da motosserra ou não faz. Não há nenhum caminho a ser seguido (*iter criminis*).

2.16. Penetração em Unidade de Conservação conduzindo substâncias ou instrumentos sem autorização

> Art. 52. Penetrar em Unidades de Conservação conduzindo substâncias ou instrumentos próprios para caça ou para exploração de produtos ou subprodutos florestais, sem licença da autoridade competente:
> Pena – detenção, de 6 (seis) meses a 1 (um) ano, e multa.

Tipo objetivo

A conduta punível é representada pelo verbo "penetrar", que no sentido étimo é implicativo de adentrar, de ingressar.

Elementos do tipo

O ingresso vedado diz respeito à unidade de conservação, que, em sentido geral, tem por objetivo preservar a natureza, admitindo-se, exclusivamente, o uso indireto dos recursos naturais, salvo nos casos expressos por lei.

Esse elemento da figura delituosa não deixa de ter caráter normativo, porquanto sua definição jurídica se encontra consubstanciada no art. 2º da Lei n. 9.985, de 18 de julho de 2000, que regulamenta o art. 225, § 1º, I a IV, da Constituição Federal, institui o Sistema Nacional das Unidades de Conservação da Natureza, além de outras providências:

> Para os fins previstos nesta Lei, entende-se por: I – unidade de conservação: espaço territorial e seus recursos ambientais, incluindo as águas jurisdicionais, com características naturais relevantes, legalmente instituído pelo Poder Público, com objetivos de conservação e limites definidos, sob regime especial de administração, ao qual se aplicam garantias adequadas de proteção.

De outro lado, nunca é demais deixar observado que as mencionadas unidades de conservação ostentam a seguinte *summa divisio*: unidades de proteção integral (estação ecológica, reserva biológica, parque nacional, monumento natural e refúgio de vida silvestre) e de uso sustentável (áreas de proteção ambiental, de relevante interesse ecológico, floresta nacional, reserva extrativa, reserva da fauna, reserva de desenvolvimento sustentável e reserva particular do patrimônio natural).

No que diz respeito aos elementos que integram as unidades de proteção integral, eles já foram objeto de considerações amplas quando da abordagem do art. 40, o mesmo ocorrendo com aqueles relativos à unidade de uso sustentável, na oportunidade de esquadrinhamento do art. 40-A, não havendo, por conseguinte, necessidade de repetição.

Esse tipo de penetração acontece por meio de condução, que é implicativa de carregar consigo, de substâncias, que em sentido genérico significa qualquer tipo de material, ou instrumentos, que são objetos destinados à execução mecânica de um trabalho.

O objetivo da condução dessas substâncias ou instrumento tem por precípuo fim a caça, que, em última análise, compreende a apreensão de animais.

Alternativamente pode ter por finalidade a exploração, que é tirar proveito de ordem econômica de produtos, como sendo aquilo que é fabricado com o uso de material florestal.

Outrossim, a exploração telada pode envolver subproduto, que é o resto daquilo que é utilizado do produto florestal (p. ex.: serragem).

De maneira bastante esclarecedora, lembram Roberto Delmanto et al.:

> Como exemplo de instrumentos próprios para a caça, podem ser citados as armas de fogo, armadilhas, gaiolas ou qualquer artifício voltado a apanhar animais. Por instrumentos voltados à exploração de produtos ou subprodutos tem-se as serras, motosserra, machados, facões etc.[40]

No sentido do que está sendo analisado, também elucidativo e preciso se revela o magistério de Paulo José da Costa Jr. et al., *verbis*:

> Instrumentos próprios para caça são armas de fogo ou brancas, redes, gaiolas, armadilhas, alçapões, visgos, venenos, explosivos. Destinam-se à exploração de produtos florestais, como a árvore, ou de subprodutos, como raízes, frutos, fo-

---

40   *Leis penais especiais comentadas*, p. 629.

lhas e sementes, instrumentos como a serra (manual ou elétrica), o serrote, o machado, ou a própria enxada e o facão (usual na extração clandestina de palmito).[41]

Os exemplos colacionados, tendo em vista sua amplitude, conduzem a uma amostra significativa em torno das substâncias ou dos instrumentos que podem ser utilizados para causar gravame ao meio ambiente.

Entretanto, nada mais pertinente deixar assentado que a definição substâncias ou instrumentos que podem conduzir à infração típica, já que o legislador não estabeleceu, corretamente, nenhum *numerus clausus*, tem uma incidência amplíssima, compreendendo qualquer meio que possa ser utilizado pelo agente para causar dano ao ecossistema.

O legislador utiliza como elemento normativo do tipo a expressão "sem licença da autoridade competente". É de indubitável clareza, como, aliás, já foi alvo de considerações em outros tipos criminais ecológicos, que se houver permissão emanada normalmente por órgão vinculado ao meio ambiente, a exemplo do Ibama, o agente pode promover a caça ou a exploração dos produtos e dos subprodutos florestais.

Tutela penal

A proteção tem como meta o meio ambiente, com incidência na unidade de conservação no que diz respeito à flora e à fauna.

Sujeito ativo

A conduta delitiva pode ser praticada por qualquer pessoa, física ou jurídica. Não se exige, portanto, sujeito especial.

Sujeito passivo

A vítima do fato punível é toda a sociedade, porquanto ela é a destinatária por excelência da manutenção e da preservação do meio ambiente.

Também poderá figurar na passividade o particular, quando for ele possuidor ou proprietário da área que foi objeto de penetração.

---

41   *Direito penal ambiental*, p. 129.

Elemento subjetivo

O dolo genérico: vontade livre e consciente de penetrar na referida unidade, com substâncias ou instrumentos que se destinam à exploração ou à caça vedada.

Pelo menos de maneira implícita se verifica o elemento subjetivo do delito (dolo específico), posto que a referida penetração tem finalidade a exploração ou caça que o legislador, como regra, não permite.

Consumação e tentativa

O verbo "penetrar" é indicativo de crime formal, o que leva a entender que o delito se consuma quando da entrada do agente nas unidades de conservação com as substâncias ou instrumentos visando fim não permitido pelo legislador.

Assim, é de evidência solar que, para haver o aperfeiçoamento do delito, não há necessidade da ocorrência do prejuízo ao meio ambiente. Se isso vier a se verificar, trata-se de exaurimento da prática delitiva.

Por ser crime formal, não há como se sustentar a tentativa. Assim, o agente se introduz ou não na unidade pertinente. Não há, dessa maneira, caminho a ser percorrido.

2.17. Aumento da pena nos crimes contra a flora

> Art. 53. Nos crimes previstos nesta Seção, a pena é aumentada de 1/6 (um sexto) a 1/3 (um terço) se:
> I – do fato resulta a diminuição de águas naturais, a erosão do solo ou a modificação do regime climático;
> II – o crime é cometido:
> a) no período de queda das sementes;
> b) no período de formação de vegetações;
> c) contra espécies raras ou ameaçadas de extinção, ainda que a ameaça ocorra somente no local da infração;
> d) em época de seca ou inundação;
> e) durante a noite, em domingo ou feriado.

Ab initio, é importante deixar salientado que o art. 15 da Lei Ambiental trata das circunstâncias que agravam a pena relativamente a todas as espécies de delitos contra o meio ambiente, o que já foi devidamente comentado.

O preceito que passará a ser abordado prevê circunstância agravante de maneira especial aos crimes contra a flora, motivo pelo qual está sendo objeto de análise de forma isolada.

O legislador previu o acréscimo da reprimenda legal no importe de 1/6 a 1/3 nos crimes cometidos contra a flora. Tal aumento aplica-se na terceira fase do cálculo da pena.

Para efeito de estabelecer o *quantum* a ser acrescido na pena, o aplicador da norma deve se guiar pelos vetores objetivos e subjetivos encartados no art. 6º da Lei dos Crimes Ambientais, assunto esse precedentemente dissertado na abordagem do precitado dispositivo.

É interessante deixar sublinhado que promover o aumento da *sanctio legis* não é uma faculdade concedida pelo legislador ao aplicador da norma penal. O termo "é", inserido no tipo penal de regência conduz à obrigatoriedade, à compulsoriedade. Essa imposição deve ceder lugar caso se verifique outra causa de aumento, evitando-se a ilegalidade da ocorrência do *bis in idem*, implicativo de dupla valoração.

No que tange ao inciso I, terá lugar a majorante quando o crime ecológico implicar a diminuição das águas naturais, aquelas que são produzidas espontaneamente pela natureza. A título da diminuição abordada, pode ser citada como exemplo a seca de um rio ou de um lago.

O critério levado em consideração pelo legislador são as consequências que podem ser geradas pela transgressão típica de natureza ambiental.

Também terá lugar o acréscimo quando a ação do agente provocar erosão, corrosão ou danificação gradativa do solo.

De se deixar pontilhado, para melhor entender o tema jurídico posto à discussão, que a erosão é um processo de deslocamento de terra ou de rochas de uma superfície. Por intermédio dela, haverá o desgaste do solo, das rochas e seu transporte, em geral feito pelas águas da chuva, pelo vento ou, ainda, pela ação do gelo quando expande o material no qual se infiltra a água congelada.

Ademais, a erosão destrói as estruturas (areias, argilas, óxidos e húmus) que compõem o solo, levando seus nutrientes e sais minerais existentes para as partes baixas do relevo.

De modo bastante amplo, a erosão, ao atingir o solo, em grande quantidade, provoca deslizamentos, infiltrações e mudanças na consistência do terreno. Dessa forma, provoca o deslocamento de terra.

De outro lado, a erosão pode ocorrer por ação de fenômenos da natureza, sendo portanto determinada por causas naturais, como as chuvas e os ventos.

Entretanto, também é importante considerar que a erosão pode decorrer da mudança de temperatura e do vulcanismo, uma vez que quando um vulcão entra em erupção quase sempre ocorre um processo de erosão, pois a quantidade de terra e rochas deslocadas é grande. Ademais, a mudança na composição química do solo também pode provocar a erosão.

Não se pode perder de horizonte, outrossim, que a erosão pode ser determinada por ação humana, o que tem sido registrado de maneira iterativa por meio da degradação do meio ambiente ou do ecossistema.

Indubitavelmente, o ser humano pode ser um importante agente provocador das erosões. Ao retirar a cobertura vegetal de um solo, este perde sua consistência, pois a água, que antes era absorvida pelas raízes das árvores e das plantas, passa a infiltrar no solo. Esta infiltração pode causar a instabilidade do solo e a erosão.

Atividades de mineração, de forma desordenada, também podem provocar erosão. Ao retirar uma grande quantidade de terra de uma jazida de minério, os solos próximos podem perder sua estrutura de sustentação.

Enfim, quando constatada pericialmente a erosão determinada por ato humano, de regra, a pena deverá ser acrescida, caso haja condenação por crime ambiental.

Sob outro aspecto de constatação, o ataque à flora pode também determinar a diminuição ou o aumento da temperatura em determinado local, modificando consideravelmente o clima, o que impõe um tratamento repressivo mais rigoroso ao autor do delito ecológico.

No inciso II o que impõe o aumento da *sanctio legis* são as condições em que a infração é cometida.

A primeira hipótese sublinhada no inciso precitado diz respeito ao período da queda das sementes. Por ocasião desse evento, de regra natural, haverá a proliferação da espécie surgindo a germinação de novas plantas, o que concorre sobremaneira não só para o aumento da vegetação, mas também para sua preservação.

Diante disso, o aumento da pena se justifica, já que a ação do agente causa especial dano ao surgimento de novas plantas, o que implica maior reprovabilidade de sua conduta delituosa em relação ao meio ambiente.

Outra situação que concorre para tornar mais volumosa a *sanctio legis* verifica-se quando o fato punível for praticado no período de formação da vegetação. Nessa situação, após a germinação, o vegetal começa a se desenvolver, quando então, pela ação do agente, esse não chega a uma fase adulta e a de seu melhor aproveitamento pela natureza, o que faz entender o tratamento penal mais rigoroso ao autor do crime ecológico.

Também constitui causa de acréscimo da *sanctio poenalis* quando o crime é cometido contra espécies raras ou ameaçadas de extinção.

Espécies raras são aquelas difíceis de ser encontradas; enquanto as ameaçadas de extinção são plantas que estão sujeitas ao desaparecimento completo.

Deve ser observado que o Ibama, por intermédio da Portaria n. 6-N, de 15.01.1992, relaciona as espécies raras e ameaçadas de extinção, o que deverá ser verificado em cada caso concreto. Por outro lado, para os fins buscados pelo legislador, pouco importa que a ameaça somente ocorra no local onde foi perpetrada a transgressão penal.

Indistintamente, em ambas as situações apontadas, a previsão de aumento da sanção penal é plenamente acolhida, porquanto a ação criminosa do agente causa dano de considerável monta ao meio ambiente, o que afeta toda a sociedade na qualidade de destinatária de um sistema ecológico saudável e equilibrado.

Eleva-se da mesma forma à condição de acréscimo da reprimenda legal quando o crime ecológico é cometido em época de seca, ou seja, quando se verifica estiagem, falta de chuvas ou por ocasião de inundação, a qual é implicativa de alagamento provocado pelas enchentes.

Indiscutivelmente, tais fatores são causas do desequilíbrio do ecossistema (relacionamento mútuo entre o meio ambiente e a flora, a fauna e os microrganismos que nele habita, proporcionando um equilíbrio da natureza), o que também justifica uma pena maior, porquanto nessas situações as plantas estão mais debilitadas, quer pelo excesso da falta de chuvas, quer pelo seu aumento considerável.

A transgressão do tipo penal de cunho ecológico durante a noite, domingo ou feriado, possibilita menor fiscalização e, por consequência, maior facilidade na prática do crime, o que recomenda o acréscimo da sanção penal.

3. Poluição e outros crimes ambientais

3.1. Causar poluição de qualquer natureza

> Art. 54. Causar poluição de qualquer natureza em níveis tais que resultem ou possam resultar em danos à saúde humana, ou que provoquem a mortandade de animais ou a destruição significativa da flora:
> Pena – reclusão, de 1 (um) a 4 (quatro) anos, e multa.
> § 1º Se o crime é culposo:
> Pena – detenção, de 6 (seis) meses a 1 (um) ano, e multa.
> § 2º Se o crime:
> I – tornar uma área, urbana ou rural, imprópria para a ocupação humana;

II – causar poluição atmosférica que provoque a retirada, ainda que momentânea, dos habitantes das áreas afetadas, ou que cause danos diretos à saúde da população;
III – causar poluição hídrica que torne necessária a interrupção do abastecimento público de água de uma comunidade;
IV – dificultar ou impedir o uso público das praias;
V – ocorrer por lançamento de resíduos sólidos, líquidos ou gasosos, ou detritos, óleos ou substâncias oleosas, em desacordo com as exigências estabelecidas em leis ou regulamentos:
Pena – reclusão, de 1 (um) a 5 (cinco) anos.

§ 3º Incorre nas mesmas penas previstas no parágrafo anterior quem deixar de adotar, quando assim o exigir a autoridade competente, medidas de precaução em caso de risco de dano ambiental grave ou irreversível.

Considerações

Ao lado dos crimes ambientais contra a fauna e a flora, também foram traçados modelos típicos envolvendo a poluição, além de se criarem outras figuras de delitos ambientais.

O legislador, ao fazer menção à "poluição e outros crimes ambientais" considera que a poluição também se insere no campo ambiental. Logo, cominar sanção penal àquele que causa poluição implica concorrer de maneira bastante positiva para a proteção do meio ambiente, do próprio ecossistema.

Verifica-se nos dispositivos sancionatórios que serão examinados, que há uma preocupação muito grande do legislador com a saúde humana, com a mortandade dos animais e com a própria destruição significativa da flora.

De maneira específica relacionada com o homem, uma vez que relativamente à fauna e à flora há incriminação em vários matizes, como, aliás, já houve estudo a respeito, não causa estranheza que seja ele também objeto de atenção, uma vez que, ao lado das plantas e dos animais, ele também integra o meio ambiente e, como tal, deve também ser protegido. Isso porque, um ambiente puro, sem poluição, é indispensável para sua qualidade de vida.

No particular enfocado, Silvio Maciel exorta que:

> Esta seção possui tipos penais que tutelam, além do meio ambiente, outros bens jurídicos humanos. Em outras palavras, aqui há tipos penais que têm como ob-

jetividade imediata não só o meio ambiente, mas a vida, a integridade física, o direito de moradia digna, o lazer das pessoas etc.[42]

Tipo objetivo

A conduta incriminada é representada pelo verbo "causar", que etimologicamente tem o significado de provocar, determinar.

Assiste plena razão a Vladimir Passos de Freitas e Gilberto Passos de Freitas, para quem o comportamento do agente também pode ser omissivo:

> Causar poluição implica, em princípio, conduta comissiva, ou seja, aquela em que a realização do tipo se manifesta por atos positivos. Nada impede, entretanto, que tal conduta se apresente de forma omissiva, ou seja, que o agente deixe de praticar ato a que está obrigado, com a intenção de omitir-se. Por exemplo, o capitão de um navio, sabendo que a tripulação está lançando lixo no mar. Omite-se, desta forma, permitindo que a atividade nociva continue.[43]

A provocação da degradação do meio ambiente tanto pode ser concretizada por intermédio de comportamento positivo, bem como por conduta comissiva por omissão, ou seja, o agente, por intermédio de sua vontade, deixa de adotar providência que esteja em seu alcance para evitar a poluição. Exemplo característico desse matiz pode ser encontrado na atividade de agente encarregado de determinado setor de usina que, podendo não permitir que substância poluente seja jogada em rio, deliberadamente anui com esse lançamento, determinando a mortandade de um número significativo de peixes.

De outro lado, para efeito didático e explicativo, não se deve confundir conduta omissiva-comissiva, em que na primeira conduta o agente atua com omissão e na segunda positivamente, o que é indicativo de dolo, com comportamento culposo derivado de negligência, imprudência ou imperícia.

Elementos do tipo

A ação vedada do agente diz respeito à poluição, que se constitui sujeito prejudicial a qualquer ser vivo.

---

42 *Legislação criminal especial*: ciências criminais, v. 6, p. 798.
43 *Crimes contra a natureza*, p. 218.

De maneira genérica, o termo "poluição" refere-se à degradação do ambiente por um ou mais fatores prejudiciais à saúde deste, assim como daqueles seres vivos que a ele se mostram integrados.

Sob outra ótica de análise, por poluição entende-se a introdução pelo homem, direta ou indiretamente, de substâncias ou energia no ambiente, provocando um efeito negativo no seu equilíbrio, causando assim danos na saúde humana, nos seres vivos e no ecossistema ali presente.

Nota-se, outrossim, que o legislador não definiu o que se deve entender por poluição, empregando o termo em sentido amplo, o que não significa, absolutamente, que se trata de norma penal em branco.

O que importa para caracterizar o tipo penal é que o comportamento humano fez gerar degradação ao meio ambiente, independentemente do mecanismo que foi utilizado para conseguir o desequilíbrio ecológico que se mostra altamente prejudicial não só ao ser humano, mas também determinar a mortandade de animais ou a destruição significativa da flora.

Em circunstâncias desse matiz, a poluição pode ser determinada por intermédio do emprego de substâncias, quaisquer que sejam sua natureza, som e energia, os quais se mostrem nocivos ao meio ambiente, posto que foram adotados de maneira inadequada, não podendo, por conseguinte, serem suportados.

É importante deixar consignado, em uma concepção inicial, que a degradação pertinente é ação do próprio homem, agredindo o mesmo meio ambiente em que ele vive. Assim, o ser humano concorre, inexplicavelmente, para sua própria falta de qualidade de vida e saúde, colocando-as em permanente risco, que pode, inclusive, determinar sua morte.

Diante dessa conduta inexplicável do ser humano, o legislador se mostra obrigado a constituir tipos penais ameaçando de sanção o sujeito que, com sua ação, coloca em risco não somente sua própria integridade, como também a indenidade física alheia.

A poluição, que se constitui causa subjacente da punição, independentemente de sua natureza, ou seja, quaisquer que sejam as substâncias ou energias poluentes, é aquela em nível insuportável, que não pode ser tolerada, fazendo resultar ou possibilitar a ocorrência de ofensa à saúde somática (corpo) ou psíquica do indivíduo.

Assiste plena razão a Silvio Maciel, tendo por escólio os próprios termos normativos que compõem o comando normativo de regência:

> O tipo penal refere-se à poluição de *qualquer natureza: atmosférica* (ex.: emissão de monóxido de carbono por motores de veículos e emissão de clorofluor-

carbonetos (CFC) na utilização de aerossóis); *hídrica* (ex.: lançamentos de produtos químicos, de resíduos animais, de fertilizantes agrícolas, de petróleo e derivados etc.); *térmica* (lançamento de substâncias que causem aumento de temperatura na água, com a diminuição dos níveis de oxigênio e mortandade de animais); *do solo* (ex.: lixo tóxico, amianto ou asbesto etc.); *sonora* etc.[44]

De outro lado, a degradação que também é objeto de ameaça sancionatória é capaz de determinar a extinção de qualquer espécie animal ou a destruição, a extinção, da flora em sentido lato, compreendendo a floresta, a mata, a vegetação.

Não obstante o que foi dissertado, não pode passar despercebido que o legislador procurou estabelecer um conceito jurídico em torno da poluição, ao compor o dispositivo encartado no art. 3º da Lei n. 6.938, de 31 de agosto de 1981, que dispõe sobre a Política Nacional do Meio Ambiente, seus fins e mecanismos de formulação e aplicação:

> Para os fins previstos nesta Lei, entende-se por: [...] III – poluição, a degradação da qualidade ambiental resultante de atividades que direta ou indiretamente: *a)* prejudiquem a saúde, a segurança e o bem-estar da população; *b)* criem condições adversas às atividades sociais e econômicas; *c)* afetem desfavoravelmente a biota[45]; *d)* afetem as condições estéticas ou sanitárias do meio ambiente; *e)* lancem matérias ou energia em desacordo com os padrões ambientais estabelecidos.

Deve ser observado, por outro lado, que a definição de poluição se verifica "para os fins previstos nesta lei". Disso resulta que deve ser feita avaliação qualitativa e quantitativa de seu emprego para efeito da conduta penal.

Lendo-se atentamente os dizeres normativos que foram trasladados, comparando-os com os elementos do tipo sancionatório, verifica-se que o legislador, na supradita lei, estima como poluição a conduta que prejudique a saúde, a segurança, o bem-estar da população, além da criação adversa a que faz menção e outras circunstâncias que também já foram mencionadas, prescindindo de repetição.

Todavia, nos lindes normativos do dispositivo penal, a poluição, na qualidade de fator característico de transgressão típica, somente se concentra, a

---

44 *Legislação criminal especial*: ciências criminais, v. 6, p. 800.
45 Biota é o conjunto de seres vivos de um ecossistema, o que inclui a flora, a fauna, os fungos e outros grupos de organismos (bio = vida; eco = conjunto).

título de elementar do tipo, relativamente a danos à saúde pública, provocação da mortandade de animais ou destruição significativa da flora.

Tutela penal

Objetividade jurídica concentra-se na proteção ao meio ambiente, com incidência no ser humano, no animal e na flora, que, indubitavelmente, merece atenção especial de tutela, por serem os seres vivos que mais estão sujeitos a sofrer os danos provocados pela degradação do ecossistema.

Nunca é demais tornar a enfatizar, tendo por escopo lavrar uma inteligência mais precisa e voltada ao entendimento pleno do amparo que procura o legislador penal conferir, que o ecossistema é a unidade principal de estudo da ecologia e pode ser definido como um sistema composto pelos seres vivos (meio biótico) e o local onde eles vivem (meio abiótico, onde estão inseridos todos os componentes não vivos do ecossistema, como os minerais, as pedras, o clima, a própria luz solar etc.) e todas as relações destes com o meio e entre si.

Em sentido bastante abrangente, a preocupação central converge à água (mares, rios, lagoas, represas, lençóis freáticos, aquíferos, nascentes), ar (nitrogênio, oxigênio e argônio) e solo (corpo de material inconsolidado, que recobre a superfície terrestre emersa, entre a litosfera e a atmosfera),[46] que são os elementos naturais atingidos pela poluição e pela degradação.

Sujeito ativo

Cuidando-se de crime comum, que não exige agente especial, qualquer pessoa pode cometer a infração típica, quer seja física, quer se trate de jurídica.

Mostra-se oportuno lembrar que a Lei n. 6.938/81 deixou consignado no inciso IV de seu art. 3º o seguinte comando normativo: "poluidor, a pessoa física ou jurídica, de direito público ou privado, responsável, direta ou indiretamente, por atividade causadora de degradação ambiental".

Esse preceito, indiscutivelmente, também tem incidência para efeito da passividade ativa, uma vez que crime ambiental pode ser praticado por pessoa física e com ela a pessoa jurídica, pouco importando se de natureza pública ou privada, mesmo porque a lei não faz nenhuma distinção entre uma e outra. Assim, basta, para efeitos de ordem sancionatória, que tenha ela natureza jurídica.

---

46   A rigor, os solos são constituídos de três fases: sólida (minerais e matéria orgânica), líquida (solução do solo) e gasosa (ar).

De outro lado, a responsabilidade que vincula a pessoa a título de cometimento de crime ecológico é projetada em qualquer sentido, ou seja, pouco importa que ela tenha atuado direta ou indiretamente para a efetivação do tipo penal. O que basta, para efeito punitivo, é que haja um nexo causal, um liame positivo ou negativo de sua conduta que fez decorrer a poluição. Sem dúvida, "o resultado, de que depende a existência do crime, somente é imputável a quem lhe deu causa. Considera-se causa a ação ou omissão sem a qual o resultado não teria ocorrido (art. 13, CP)".

Sujeito passivo

É vítima do crime a sociedade e, secundariamente, a pessoa que foi vítima da poluição e o proprietário do animal morto ou da floresta.

Elemento subjetivo

O delito ecológico em espécie é integrado pelo dolo eventual: vontade livre e consciente de realizar a conduta proibida.

Também há a previsão da causa da poluição de forma culposa, podendo a conduta do agente ter sido imprudente, negligente ou imperita.

Corretamente, o legislador, seguindo as diretrizes do direito penal, cominou pena significativamente mais branda quando o delito foi praticado culposamente.

No § 2º do preceito sancionatório esquadrinhado, o legislador previu uma *sanctio legis* mais rigorosa, tendo em vista a maior gravidade da atividade poluidora. Trata-se de forma qualificada do delito *sub examine*, ou seja, de crime qualificado pelo resultado.

Entende-se por área imprópria para ocupação humana, o local não adequado para que haja habitação do ser humano, tendo em vista o risco causado pela sujeira prejudicial à saúde.

A área em questão poderá ser urbana, assim entendida tudo aquilo que se refere a uma cidade, uma vila, ou mesmo uma povoação destinada exclusivamente às construções, ou casas de moradia. Assim, tendo em vista o objeto da proteção jurídica, que é a pessoa humana, o conceito de área urbana deve ser o mais amplo possível.

Por sua vez, a expressão "área rural" é empregada para designar ou se referir a tudo o que pertence ao campo ou à agricultura, situando-se fora dos limites urbanos das cidades e das vilas.

Por seu turno, na hipótese de poluição atmosférica, a degradação do ar é tão significativa que se torna capaz de fazer retirar a população do local, ainda que momentaneamente, aguardando que o ar mude de qualidade, bem como que possa determinar danos à saúde da população. Logo, havendo a caracterização de uma ou outra situação contida na norma *sub examine*, a pena deverá ser alterada para maior, incidindo, por conseguinte, a qualificadora.

Esclarecendo ainda mais a inteligência do preceito abordado:

> [...] a poluição atmosférica se dá com a emissão de substâncias capazes de provocar danos à saúde humana. Muitas são as causas que podem gerar a poluição atmosférica em razão do lançamento de produtos nocivos no ar, como a combustão de fósseis, gás de veículos automotores e resíduos provenientes de queimadas. Dentre os efeitos gerados por tal espécie de poluição, citem-se doenças pulmonares, inclusive câncer, a chuva ácida e a inversão térmica.[47]

Nunca é demais deixar ressaltado que a poluição atmosférica refere-se a mudanças da atmosfera susceptíveis de causar impacto no nível ambiental ou da saúde humana pela contaminação por gases, partículas sólidas, líquidos em suspensão, material biológico ou energia. Assim é que a adição dos contaminantes pode provocar danos diretamente à saúde humana, bem como ao ecossistema ou por elementos resultantes dos contaminantes.

Ademais, a mencionada poluição é causa determinante de mais impactos no meio ambiental, exercendo ação direta no aquecimento total, sendo responsável por degradação do ecossistema e potencializadora de chuvas ácidas (aquelas cuja acidez é substancialmente maior do que a resultante do dióxido de carbono (CO_2) atmosférico dissolvido na água precipitada), altamente prejudiciais aos seres vivos que compõem o meio ambiente.

No que concerne à poluição hídrica, é a sujeira causada não somente na água potável, mas também em qualquer tipo de local provido de água, a exemplo do mar, dos rios, dos lagos e das represas, determinando a interrupção do abastecimento.

Essa espécie de degradação, também conhecida como poluição das águas, é caracterizada pela introdução de qualquer matéria ou energia responsável pela alteração das propriedades físico-químicas de um corpo de água. Os principais responsáveis por esse tipo de poluição são os lançamentos de efluentes industriais, agrícolas e comerciais e esgotos domésticos, além de resíduos sóli-

---

47   DELMANTO, Roberto; DELMANTO JR., Roberto; DELMANTO, Fábio M. de Almeida. *Leis penais especiais comentadas*, p. 636.

dos diversos. Isso compromete a qualidade das águas superficiais e subterrâneas, afetando a saúde de espécies animais.

Os danos decorrentes dessa contaminação são incalculáveis; além de comprometer de maneira bastante séria a qualidade da água para abastecimento, ela contribui para a morte de espécies aquáticas, além de propiciar a proliferação de doenças, a exemplo de febre tifoide, meningite, cólera, hepatites A e B, entre outras.

Portanto, a degradação da água compromete seriamente o meio ambiente e, consequentemente, os seres vivos que nele habitam.

No que tange ao uso público das praias, isso ocorrerá quando a poluição não permitir que as pessoas fiquem impedidas de frequentar praias ou tenham dificuldade em fazê-lo.

Outra qualificadora diz respeito ao lançamento de resíduos sólidos, líquidos ou gasosos, ou de detritos (lixo), óleos ou substâncias oleosas, que normalmente são restos ou sobras, na natureza, em desacordo com as normas legais ou regulamentares. No caso, haverá uma quantidade maior de poluição do meio ambiente.

Do ponto de vista conceitual, resíduo é tudo aquilo que não é aproveitado nas atividades humanas, proveniente das indústrias, do comércio e das residências. É o que resta, sobra.

De maneira específica, resíduos sólidos são partes de resíduos que são gerados após a produção, utilização ou transformação de bens de consumo (p. ex.: computadores, automóveis, televisores, aparelhos celulares, eletrodomésticos etc.).

Resíduos líquidos são todos os restos provenientes das diversas atividades humanas, quando descartados no meio ambiente. São materiais não aproveitados que se encontram no estado líquido.

Um dos principais resíduos dessa natureza é o proveniente da lixiviação dos materiais encontrados nos lixões e aterros sanitários, conhecido como chorume.

Por seu turno, resíduos gasosos são uma mistura perigosa de gases residuais, poeiras e outras pequenas partículas lançadas na atmosfera. São resultantes de reações químicas feitas pelas bactérias: fermentação aeróbica, aquela que é produzida por intermédio de oxigênio, e anaeróbicas, que se criam sem a presença do oxigênio. Entre seus principais produtos estão o dióxido de carbono (CO_2) e o metano (CH_4).

No § 3º, o legislador, ao fazer uso da frase "incorre nas mesmas penas previstas no parágrafo anterior", está estabelecendo um tipo penal por equiparação. O comportamento punido é de natureza omissa. Quem tiver a obrigação de adotar medidas de precaução para evitar risco de dano ambiental grave (sério) ou irreversível (que não pode ser reparado) sofrerá sanção penal em conformidade com o § 2º (reclusão de 1 a 5 anos).

Por se tratar de crime de perigo abstrato, para que o tipo se aperfeiçoe, não há necessidade da ocorrência de risco grave ou irreversível ao meio ambiente. Basta a ocorrência da não adoção da medida de precaução. É uma infração de mera conduta (tipo objetivo e elementos do tipo).

Tutela penal

A proteção incide no meio ambiente, com especial referência à medida de precaução.

Sujeito ativo

Diferentemente do que ocorre no *caput*, a figura penal sob comentário exige para sua adequação sujeito especial: pessoa obrigada a agir conforme lhe determina a lei. Trata-se, portanto, de crime próprio.

Sujeito passivo

A exemplo do que ocorre em todas as atividades típicas envolvendo o meio ecológico, a vítima sempre será a sociedade, pois a degradação a atinge de maneira direta.

Elemento subjetivo

A subjetividade do fato punível é representada pelo dolo genérico: vontade livre e consciente de deixar de adotar a medida a que está obrigado em virtude de imposição legal.

Consumação e tentativa

Por se cuidar de crime de mera conduta, não exigindo para sua concreção resultado naturalístico, a consumação se evidencia por ocasião da omissão.

A tentativa é plenamente impossível, porquanto ela inexiste em sede de crime culposo.

Jurisprudência: Para a caracterização do delito previsto no art. 54 da Lei n. 9.605/98, a poluição deverá ser de considerável magnitude, de modo que cause ou, pelo menos, possa causar danos à saúde humana, circunstância essa que não restou devidamente comprovada nos autos. O agente que, abusando de sinais acústicos, perturba o sossego alheio, responde pela figura prevista no art. 42 da Lei de Contravenções Penais. (TJMG, Ap. Crim. n. 1.0647.08.087570-9/001, 1ª Câm. Crim., rel. Des. Matheus Chaves Jardim, publ. 10.01.2014)

Tratando-se do delito previsto no art. 54, § 2º, IV, da Lei n. 9.605/98 de crime de perigo concreto ou de resultado, para a sua ocorrência, deve restar demonstrado que a poluição causada pelo agente efetivamente ocasionou danos à saúde humana ou a mortandade de animais, ou ainda a destruição significativa da flora. Para que a conduta do agente subsuma-se àquela descrita no mencionado artigo, deve restar devidamente evidenciada nos autos, por meio de perícia técnica, ocorrência de mortes de animais ou o extermínio da flora existente no local, ou, ainda, efetivo risco à saúde pública em decorrência de uma ação ou inobservância a um dever objeto de cuidado por parte do mesmo, de forma a causar patente poluição ao meio ambiente. Não restando comprovado nos autos que o lançamento de resíduos líquidos e sólidos em curso d'água acarretou poluição em níveis efetivamente nocivos à saúde humana, à flora ou à fauna, a manutenção da absolvição é medida que se impõe. Recurso ministerial improvido. (TJMG, Ap. Crim. n. 1.0083.11.001087-9/001, 7ª Câm. Crim., rel. Des. Marcílio Eustáquio Santos, publ. 21.02.2014)

Uma vez ausente elemento constitutivo do tipo previsto no art. 38 da Lei n. 9.605/98, qual seja floresta, a manutenção da absolvição é medida que se impõe. Para a caracterização do delito previsto no art. 54 da Lei n. 9.605/98, faz-se necessária a ocorrência de efetiva lesão ou perigo de dano à saúde humana, à flora ou à fauna. O perigo, portanto, deve ser concreto, real e presente. Destarte, somente punível a poluição efetivamente perigosa ou danosa para a saúde humana, ou que provoque a morte de animais ou a destruição significativa da flora. Recurso não provido. (TJMG, Ap. Crim. n. 1.0498.06.006352-2/001, 1ª Câm. Crim., rel. Des. Kárin Emmerich, publ. 07.03.2014)

1. O art. 54 da Lei n. 9.605/98 (Lei dos Crimes Ambientais), no seu *caput*, traz como figura típica um crime comissivo ("causar poluição..."), mas, em seu § 3º, retrata um crime omissivo próprio ("... deixar de adotar... medidas de precaução em caso de risco de dano ambiental grave ou irreversível"). Os crimes omissivos próprios (ou omissivos puros) são os que descrevem uma conduta negativa, de não

fazer o que a lei determina. Já os crimes comissivos, quando têm seu resultado doloso alcançado mediante a omissão de um agente que possui o dever jurídico de impedi-lo, tornam-se crimes omissivos impróprios (ou comissivos por omissão). 2. A parte final do art. 2º da Lei n. 9.605/98 reflete uma norma de extensão que impõe o dever jurídico de agir a diretores, administradores e gerentes de pessoas jurídicas, o que torna sua omissão penalmente relevante, nos termos do art. 13, § 2º, *a*, do Código Penal. 3. A conduta de omitir-se na recuperação de área degradada após extração e beneficiamento de carvão mineral que ocasionou poluição atmosférica e hídrica e danos à saúde da população, flora e fauna locais configura o crime previsto no art. 54, *caput*, da Lei n. 9.605/98, e não o delito previsto no § 3º do mesmo artigo. A incidência da regra de extensão, prevista no art. 2º da Lei n. 9.605/98, junto com a omissão relevante do agente, permite a responsabilização pelo crime comissivo, descrito art. 54, *caput*, da Lei de Crimes Ambientais. 4. Não se mostra adequada a penalização dos agentes delitivos por omissão dolosa, enquanto não for faticamente viável o cumprimento de obrigação imposta em ação coletiva para recuperação ambiental de área poluída. 5. A cessão ou o arrendamento de áreas ou de direitos sobre os restos da mineração (cessão do passivo ambiental), efetuada por contrato, não produz o efeito de transferir a responsabilidade ambiental do poluidor. 6. Comprovadas a materialidade e a autoria delitivas, e inexistindo causas que excluam o crime ou isentem a pena, é imperiosa a condenação. 7. A gravidade dos fatos, tendo em vista suas consequências para a saúde pública e para o meio ambiente, pode ser constatada mediante laudos técnicos e demais exames realizados pela autoridade ambiental. 8. É altamente reprovável a conduta do réu que dolosamente abandona a área poluída após décadas de exploração comercial e, ademais, efetua manobras societárias com o intuito de atribuir a responsabilidade a terceiros. 9. São gravíssimas as consequências do dano ambiental referente ao escoamento de ácido sulfúrico para cursos d'água, provocando a acidez de rios e eliminando qualquer possibilidade de vida nos ambientes afetados, além da combustão espontânea de gás sulfídrico, o que é altamente tóxico, ocasionando chuva ácida e sérios prejuízos à saúde humana, à fauna e à flora. 10. Para efeitos da legislação ambiental, bons ou maus antecedentes se referem não só ao cometimento de crimes, mas também ao cumprimento das normas ambientais, incluindo-se as determinações de recomposição da área degradada constantes em Ação Civil Pública. 11. Incide a agravante prevista no art. 15, II, *f*, da Lei n. 9.605/98, se o dano ambiental atinge áreas urbanas ou quaisquer assentamentos humanos. 12. Nos crimes ambientais, a possibilidade de substituição da pena privativa de liberdade por penas restritivas de direitos possui regramento próprio (arts. 7º a 13 da Lei n. 9.605/98). (TRF-4ª Região, Ap. Crim. n.

00022896320064047204, 7ª T., rel. Des. Fed. José Paulo Baltazar Junior, *DE* 23.01.2014)

Fato atípico. Cabimento do *habeas corpus* para proteção da pessoa jurídica, conforme precedente do Supremo Tribunal Federal, sob o argumento de que, no momento em que se reconhece corréu (art. 225, § 3º, da CF), tem que dar-se a ela o direito à ação constitucional contra perpetração de ilegalidade. A poluição sonora não se presta á conformação típica do art. 54 da Lei n. 9.605/98, por não alcançar o bem jurídico tutelado, ou seja, os sons, os ruídos ou as vibrações, ainda que em níveis excessivos, porque não são capazes de causar alterações substanciais no meio ambiente. Entendimento desta Câmara. Deferido o trancamento da ação penal, nos termos do art. 386, III, do CPP. Ordem concedida. (TJRS, *HC* n. 70.056.708.431, 4ª Câm. Crim., rel. Des. Rogério Gesta Leal, *DJ* 17.10.2013)

Absolvição em segundo grau. Necessidade de perícia que comprove que o produto era perigoso ou nocivo à saúde humana ou ao meio ambiente para configuração do delito tipificado no art. 54 da Lei n. 9.605/98. Dúvida quanto à materialidade delitiva. Deram provimento ao apelo defensivo. (TJRS, Ap. Crim. n. 70.051.267.896, 4ª Câm. Crim., rel. Des. Marcel Esquivel Hoppe, *DJ* 21.03.2013)

Restou comprovada a responsabilidade do acusado pelo depósito irregular de resíduos sólidos, diretamente no solo e a céu aberto. Sem o devido acondicionamento, ocasionando infiltração de chorume no solo e nas águas superficiais. Todavia, não restou demonstrado o perigo concreto de dano à saúde humana e ao meio ambiente que tal conduta teria causado. Sobremais, há fração da prova técnica que foi executada após a rescisão contratual, não sendo mais o recorrente responsável pelo lixo urbano. Logo, forçosa a absolvição do imputado por insuficiência de prova. (TJRS, Ap. Crim. n. 70.051.036.754, 4ª Câm. Crim., rel. Des. Marco Antônio Ribeiro de Oliveira, *DJ* 29.01.2013)

O art. 54, *caput*, da Lei n. 9.605/98 diz respeito ao meio ambiente, não guardando qualquer relação com a poluição sonora decorrente do uso abusivo de instrumentos musicais ou aparelhos sonoros. Apelo improvido. (TJRS, Ap. Crim. n. 70.050.411.446, 4ª Câm. Crim., rel. Des. Aristides Pedroso de Albuquerque Neto, *DJ* 22.11.2012)

Há segmento probatório evidenciando, em uma análise perfunctória, que durante o período referido na inicial acusatória, o denunciado permitiu o depósito irregular de resíduos na área de aterro sanitário, expondo a perigo de dano à saúde humana e ao meio ambiente. Por outro lado, o acusado, em sua resposta escrita, a despeito de ter alegado a inexistência de crime ambiental, não logrou demonstrar de forma inequívoca a manifesta atipicidade do episódio descrito na peça incoativa, especialmente levando-se em conta a fração probatória mencionada. Logo, havendo início de prova hábil à demonstração da prática delitiva denunciada, imperioso o recebimento da exordial e o consequente prosseguimento do feito. Denúncia recebida. (TJRS, Procedimento Ordinário n. 70.044.897.247, 4ª Câm. Crim., rel. Des. Marco Antônio Ribeiro de Oliveira, *DJ* 05.04.2012)

Pessoa jurídica denunciada sem indicação da pessoa física a ela vinculada e diretamente responsável pelo ato danoso ao meio ambiente. Ofensa à teoria da dupla imputação. Trancamento da ação penal. Segurança concedida. Possível a responsabilização penal de pessoa jurídica pelo cometimento de crime ambiental, nos termos dos arts. 225, § 3°, da Constituição Federal, e 3° da Lei n. 9.605/98. Entretanto, preconiza a teoria da "Dupla imputação" a necessidade de imputação concomitante da empresa acusada e da pessoa física a ela vinculada diretamente responsável pelo ato danoso ao meio ambiente. Tal teoria vem sendo pacificamente acatada pelo Superior Tribunal de Justiça e por esta Câmara. Nesse cenário, não tendo o órgão ministerial denunciado a pessoa natural vinculada à impetrante e diretamente responsável, comissiva ou omissivamente, pelo delito ambiental, cogente o trancamento da ação penal em relação a ela. Segurança concedida. (TJRS, MS n. 70.047.045.877, 4ª Câm. Crim., rel. Des. Marco Antônio Ribeiro de Oliveira, *DJ* 15.03.2012)

Poluição causada pelo lançamento de substâncias oleosas ao subterrâneo, potencialmente capazes de causar danos à saúde humana e provocar a mortalidade de animais. Funcionamento de serviço potencialmente poluidor sem licença dos órgãos ambientais competentes. Condenação mantida. Apelo improvido. Unânime. (TJRS, *HC* n. 70.039.925.888, 4ª Câm. Crim., rel. Des. Aristides Pedroso de Albuquerque, *DJ* 31.03.2011)

O art. 54, *caput*, da Lei n. 9.605/98, diz respeito ao meio ambiente, não guardando qualquer relação com a poluição sonora decorrente do uso abusivo de instrumentos musicais ou aparelhos sonoros. Absolvição mantida. Apelo improvido. Unânime. (TJRS, Ap. Crim. n. 70.026.822.726, 4ª Câm. Crim., rel. Des. Aristide Pedroso de Albuquerque Neto, *DJ* 12.01.2009)

Queima de casca de arroz. Poluição atmosférica. Altos níveis não caracterizados. Absolvição mantida. Para a caracterização do crime ambiental previsto no art. 54

da Lei n. 9.605/98, imperioso que a poluição causada pelo agente seja em alto nível. Do contrário, quando a conduta, embora inadequada, for insuficiente para causar grave dano ao meio ambiente local, deve ser mantida a absolvição. Recurso do Ministério Público improvido. (TJRS, Ap. Crim. n. 70.025.004.292, 4ª Câm. Crim., rel. Des. Gaspar Marques Batista, *DJ* 16.02.2009)

> Poluição ambiental e armazenamento de produto perigoso sem licença. Art. 54, *caput* e § 2º, V, e art. 56, *caput*, da Lei n. 9.605/98. Poluição ambiental. Para a configuração do delito, basta a potencialidade de risco à saúde humana. Depósito de cromo e outros resíduos químicos com possibilidade de infiltração no solo e contaminação dos mananciais subterrâneos. Armazenamento de substâncias tóxicas em desacordo com normas regulamentares. Tratando-se de empresa de galvanização, pela própria natureza da atividade empresarial, desnecessária a perícia do material armazenado, uma vez que a prova colhida não deixa dúvidas de que os produtos são nocivos ao meio ambiente. Condenações mantidas. Penas adequadamente fixadas. Negaram provimento ao apelo. (TJRS, Ap. Crim. n. 70.051.842.573, 4ª Câm. Crim., rel. Des. Marcel Esquivel Hoppe, *DJ* 06.02.2013)

> Transporte de produto tóxico, perigoso e nocivo à saúde humana e ao meio ambiente, em desacordo com as exigências estabelecidas em leis. Art. 56 da Lei n. 9.605/98. Atipicidade de conduta. Irregularidade administrativa. Absolvição mantida. Recurso improvido. Tendo em vista a farta documentação comprovando o atendimento às exigências legais, especificamente as autorizações da Fepam para transporte de cargas perigosas, há mera irregularidade administrativa, no caso concreto, devendo nesta esfera haver solução. (TJRS, Ap. Crim. n. 70.027.958.594, 4ª Câm. Crim., rel. Des. José Eugênio Tedesco, *DJ* 01.07.2009)

3.2. Execução de pesquisa, lavra ou extração de recursos minerais sem autorização

> Art. 55. Executar pesquisa, lavra ou extração de recursos minerais sem a competente autorização, permissão, concessão ou licença, ou em desacordo com a obtida:
> Pena – detenção, de 6 (seis) meses a 1 (um) ano, e multa.
> Parágrafo único. Nas mesmas penas incorre quem deixa de recuperar a área pesquisada ou explorada, nos termos da autorização, permissão, licença, concessão ou determinação do órgão competente.

Núcleo do tipo

O verbo executar exprime a ideia de levar a efeito.

Elementos do tipo

Verifica-se pelos termos normativos no dispositivo examinado que o legislador volta o tipo penal ao assunto envolvendo mineração.

Diante disso, a conduta vedada diz respeito à pesquisa mineral, o que é definido pelo Código de Minas, instituído pelo Decreto-lei n. 227, de 28 de fevereiro de 1967, cujo art. 14 contém a seguinte redação: "Entende-se por pesquisa mineral a execução dos trabalhos necessários à definição da jazida, sua avaliação e a determinação da exequibilidade do seu aproveitamento econômico".

Por sua vez, o § 1º do referido comando normativo está vazado nos seguintes termos:

> A pesquisa mineral compreende, entre outros, os seguintes trabalhos de campo e de laboratório: levantamentos geológicos pormenorizados da área a pesquisar, em escala conveniente, estudos dos afloramentos e suas correlações, levantamentos geofísicos e geoquímicos; aberturas de escavações visitáveis e execução de sondagens no corpo mineral; amostragens sistemáticas; análises físicas e químicas das amostras e dos testemunhos de sondagens; e ensaios de beneficiamento dos minérios ou das substâncias minerais úteis, para obtenção de concentrados de acordo com as especificações do mercado ou aproveitamento industrial.

Por outro lado, a expressão lavra também deve ser verificada no campo da mineração, cuja definição se encontra inserida no art. 36 do Código de Minas, *verbis*: "Entende-se por lavra o conjunto de operações coordenadas objetivando o aproveitamento industrial da jazida, desde a extração das substâncias minerais úteis que contiver, até o beneficiamento das mesmas".

A expressão extração é implicativa de retirada de recursos minerais, que se insere no amplo conceito de lavra, conforme se depreende de sua definição transcrita anteriormente.

Recursos minerais devem ser vistos em sentido amplo, compreendendo em seu bojo os recursos metálicos, que são, entre outros, ferro, alumínio, manganês, cobre, mercúrio, chumbo, estanho, ouro, prata e urânio.

Também se engloba entre eles o cloreto de sódio, o enxofre, os fosfatos, os nitratos, a areia, a argila, o cascalho, o amianto, a água, o petróleo e o carvão mineral.

Se as ações contidas no tipo penal forem praticadas com autorização, permissão ou licença da autoridade competente, no caso aquela ligada ao meio ambiente, a conduta do agente será em conformidade com a lei, sendo por conseguinte sua ação atípica.

Todavia, se não obstante ter havido a concessão devida o agente não cumprir as diretrizes por ela estabelecidas, à evidência, que seu comportamento será tido como típico, delituoso.

No que diz respeito à pesquisa, dispõe o art. 15 do Código de Minas: "A autorização de pesquisa será outorgada pelo DNPM a brasileiros, pessoa natural, firma individual ou empresas legalmente habilitadas, mediante requerimento do interessado".

No que concerne à lavra, quanto ao aproveitamento industrial da jazida, o art. 37 do Código de Minas normatiza que:

> Na outorga da lavra, serão observadas as seguintes condições: I – a jazida deverá estar pesquisada, com o relatório aprovado pelo DNPM; II – a área de lavra será a adequada à condução técnico-econômica dos trabalhos de extração e beneficiamento, respeitados os limites da área de pesquisa. Parágrafo único. Não haverá restrições quanto ao número de concessões outorgadas a uma mesma empresa.

De outro lado, não se pode deixar de verificar o disciplinamento estabelecido pela Lei n. 7.805, de 18 de julho de 1989, que alterou o Decreto-lei n. 227/67 anteriormente referido, criando o regime de permissão de lavra garimpeira.

Na ordem cronológica dos dispositivos de interesse para o presente trabalho, o art. 4º da Lei n. 7.805/89 dispõe que: "A permissão de lavra garimpeira será outorgada pelo diretor-geral do Departamento Nacional de Produção Mineral – DNPM, que regulará, mediante portaria, o respectivo procedimento para habilitação".

Por sua vez o art. 10 normatiza que:

> Considera-se garimpagem a atividade de aproveitamento de substâncias minerais garimpáveis, executadas no interior de áreas estabelecidas para este fim, exercida por brasileiro, cooperativa de garimpeiros, autorizada a funcionar como

empresa de mineração, sob o regime de permissão de lavra garimpeira. § 1º São considerados minerais garimpáveis o ouro, o diamante, a cassiterita, a columbita, a tantalita e wolframita, nas formas aluvionar, eluvionar e coluvial; a sheelita, as demais gemas, o rutilo, o quartzo, o berilo, a muscovita, o espodumênio, a lepidolita, o feldspato, a mica e outros, em tipos de ocorrência que vierem a ser indicados, a critério do Departamento Nacional de Produção Mineral – DNPM. § 2º O local em que ocorre a extração de minerais garimpáveis, na forma deste artigo, será genericamente denominado garimpo.

O art. 11 deixa preceituado que: "O Departamento Nacional de Produção Mineral – DNPM estabelecerá as áreas de garimpagem, levando em consideração a ocorrência de bem mineral garimpável, o interesse do setor mineral e as razões de ordem social e ambiental".

Por seu turno, o art. 13 consubstancia que: "A criação de áreas de garimpagem fica condicionada à prévia licença do órgão ambiental competente".

O art. 16 contém a seguinte redação: "A concessão de lavras depende de prévio licenciamento do órgão ambiental competente".

O art. 17 traça a seguinte norma: "A realização de trabalhos de pesquisa e lavra em áreas de conservação dependerá de prévia autorização do órgão ambiental que as administre".

O conteúdo do art. 21 está vazado nos seguintes termos:

A realização de trabalhos de extração de substâncias minerais, sem a competente permissão, concessão ou licença, constitui crime, sujeito a penas de reclusão de 3 (três) meses a 3 (três) anos e multa. Parágrafo único. Sem prejuízo da ação penal cabível, nos termos deste artigo, a extração mineral realizada sem a competente permissão, concessão ou licença acarretará a apreensão do produto mineral, das máquinas, veículos e equipamentos utilizados, os quais, após transitada em julgado a sentença que condenar o infrator, serão vendidos em hasta pública e o produto da venda recolhido à conta do Fundo Nacional de Mineração, instituído pela Lei n. 4.425, de 8 de outubro de 1964.

O preceito incriminador que foi trasladado, por se constituir norma especial em relação ao dispositivo ambiental que está sendo alvo de considerações doutrinárias, de natureza ordinária, prevalece sobre ele. Logo, o agente que promove lavra garimpeira ofendendo o supradito tipo penal será punido nos termos do mencionado art. 21 e não nos cânones do art. 55 da Lei Ambiental.

De modo geral, como lembram Paulo José da Costa Jr. et al.,

a atividade mineradora, se não foi devidamente planejada e fiscalizada, pode causar terrível impacto ambiental. O garimpo e a mineração, ao lado do desmatamento, produzem danos incalculáveis ao ecossistema, degradando sensivelmente o ambiente. O fato induziu o legislador constitucional a preceituar que: "aquele que explorar recursos minerais fica obrigado a reparar o meio ambiente degradado".[48]

Tutela penal

O manto protetor recai sobre o meio ambiente, com especial referência à lavra, extração de recursos naturais, posto que se o garimpo não for realizado dentro de um controle rígido acarretará prejuízos incalculáveis ao ecossistema.

Sujeito ativo

Por se cuidar de crime comum, qualquer pessoa poderá praticá-lo, quer seja física, que se trate de jurídica.

Sujeito passivo

Na qualidade de vítima da infração típica, por ela estar ligada ao meio ambiente, figura toda a sociedade.

Nada impede, outrossim, que também esteja na possibilidade delitiva, mesmo que seja de maneia secundária, o proprietário da área que ficou prejudicada pelo comportamento delituoso do sujeito ativo.

Elemento subjetivo

O fato punível em espécie é caracterizado pelo dolo genérico: vontade livre e consciente de efetivar pesquisa, lavra ou extração, sem que tenha autorização, permissão ou licença da autoridade competente ou em desacordo com aquela que foi outorgada.

---

[48] *Direito penal ambiental*, p. 142.

Consumação e tentativa

O delito se consuma simplesmente com a ação de execução, lavra ou extração, independentemente da ocorrência de evento danoso, que se constitui exaurimento do fato punível. O perigo é presumido.

No que tange à tentativa, essa se mostra plenamente possível, posto que o agente pode ser impedido de executar pesquisa, lavra ou extração, quando iniciado seu comportamento criminoso, por circunstâncias alheias à vontade do agente.

No parágrafo único o legislador editou uma figura típica por equiparação ao fazer uso da expressão: "nas mesmas penas incorre quem [...]".

Pelo que se extrai da figura delitiva, aquele que é autorizado tem permissão, licença ou concessão de explorar recursos minerais, ficando obrigado a recuperar o meio ambiente degradado. Se isso não ocorrer, responde criminalmente.

Aliás, repetindo aquilo que já foi precedentemente assinalado, em consonância com o normatizado no § 2º do art. 225 da Magna Carta da República, é obrigação do explorador de recursos minerais recuperar o meio ambiente degradado, ou seja, restituí-lo plenamente saudável.

Não obstante a previsão constitucional, afirmam Roberto Delmanto et al. que:

> É necessário, diante dos termos constantes do tipo penal, que o dever de recuperar a área conste expressamente do ato administrativo que permitiu a pesquisa ou exploração, com prazos e condições bem definidos, sob pena de não se poder exigir do agente a prática da conduta.[49]

Com efeito, a recuperação do meio ambiente aludida na Carta Política Federal tem de ser objeto de regulamentação, o que deverá ser feita por ato da autoridade administrativa ligada ao meio ambiente, a quem incumbe, quando do ato da respectiva outorga, determinar de maneira expressa como deverá ser recomposto o meio ambiente degradado. Logo, a imposição da obrigação pertinente deve ser contemporânea ao ato autorizativo ou concessivo em espécie.

Outro entendimento que não pode ser esposado, mormente porque o legislador penal no parágrafo de regência, embora possa não vincular o agente administrativo, ao deixar expresso "nos termos da", pressupõe que no ato de

---

49   *Leis penais especiais comentadas*, p. 640.

conferir a execução, lavra ou extração já fique assentada a obrigação da reparação do dano ambiental causado.

Todavia, é manifestamente claro que o órgão ligado ao meio ambiente que tem a tarefa administrativa de estabelecer mecanismos para a recomposição que se fizer necessária tem plena autonomia em estabelecer eventual maneira de recuperação almejada, tendo por suporte o tipo de prejuízo que foi determinado ao ecossistema.

Entretanto, é forçoso convir, posto que é racional entender que a extensão dessa perda ao meio ambiente somente pode ser dimensionada após a realização das atividades que foram concedidas.

Em circunstâncias desse matiz, deverá ser estabelecida a quantidade do dano ambiental, para, após, ser seu autor notificado ou intimado para corrigir a degradação, por intermédio de medidas específicas.

Após essa comunicação e o transcurso de eventual prazo para promover a correção e isso não se verificar, a omissão do agente passará a ser delituosa.

Sob outro ângulo analítico, o tipo equiparado pressupõe como elemento subjetivo o dolo genérico: vontade livre e consciente de deixar de reparar o dano causado ao ecossistema.

Outrossim, por se cuidar de crime instantâneo, ou seja, aquele que a consumação ocorre num só momento, num instante, sem continuidade temporal, sua consumação se verifica na oportunidade da conduta omissiva. A tentativa revela-se impossível já que incompatível com o comportamento negativo.

A proteção penal também incide no meio ambiente, uma vez que a imposição da recuperação pretendida pelo legislador penal sobre ele se converge.

Finalmente, sujeito ativo pode ser qualquer pessoa, física ou jurídica, obrigada a promover a reparação do dano causado ao meio ambiente; enquanto o passivo é o mesmo do *caput* do dispositivo penal sob consideração.

Jurisprudência: 1. Apelação do Réu da sentença que o condenou às penas de 03 (três) anos e 04 (quatro) meses de reclusão, a ser cumprida inicialmente em regime aberto, e de 30 (trinta) dias-multa, cada um deles no valor de 1/30 (um trigésimo) do salário mínimo vigente à época dos fatos, pela prática das condutas tipificadas no art. 2º da Lei n. 8.176/91 (exploração irregular de areia da União), e no art. 55 da Lei n. 9.605/98 (contra a higidez do meio ambiente), por ter ele, no dia 12.10.2011, no Povoado Cardoso, próximo à barragem do Rio Poxim, na cidade de São Cristóvão/SE, procedido à extração de recursos minerais e explorou matéria-prima pertencente à União, sem a competente autorização. 2. A Lei n. 8.176/91 define os crimes praticados contra a ordem econômica, enquanto a Lei n. 9.605/98 foi criada com o propósito de impor sanções às condutas lesivas ao meio ambiente, inexistindo derrogação ou conflito de normas. Precedentes do Col. STJ e deste Eg. Tribunal. 3. Materialidade e autoria devidamente provadas. Inaplicabilidade do princípio da insignificância, mesmo que pequena a quantidade obtida com a extração de areia, em tema de delito ambiental, visto que se visa preservar a higidez do meio ambiente, cujos danos, por vezes, são irreversíveis, e insuscetíveis, ao menos diretamente, de avaliação econômica. 4. Sentença que fixou a pena para ambos os delitos de forma única, em conjunto, e não separadamente. Sentença reformada para analisar a dosimetria da pena com relação aos dois crimes, separadamente. 5. A culpabilidade do réu deve ser considerada de reprovabilidade normal à espécie, visto que retirar areia de local não permitido em detrimento do meio ambiente é ínsito aos tipos penais em comento, não podendo ser usado para agravar a pena, o mesmo correndo com os motivos (obter lucro em prejuízo da União). 6. Embora haja processos em trâmite na Justiça Estadual contra o Apelante, não há notícias do trânsito em julgado de qualquer deles, de forma que deve, no caso, ser prestigiada a Súmula n. 444 do STJ, segundo a qual os "inquéritos policiais ou ações penais em andamento não podem, em razão do princípio constitucional do estado presumido de inocência, ser considerados para fins de exasperação da pena-base, seja a título de maus antecedentes, má conduta social ou personalidade" (5ª T., *HC* n. 185.835/RS, rel. Min. Laurita Vaz, j. 10.05.2011, publ. *DJU* 18.05.2011). 7. Recorrente que granjeou conceito desfavorável apenas em todos os 8 (oito) requisitos a serem considerados para a fixação da pena, nos termos do art. 59 do Código Penal, devendo ser fixada a pena privativa de liberdade para 1 (um) ano de detenção para o delito capitulado no art. 2º da Lei n. 8.176/91 e 6 (seis) meses para o crime do art. 55 da Lei n. 9.605/98. 8. Inaplicável a causa de aumento referente à continuidade delitiva, porque o agente, apesar de ter sua conduta subsumida a dois tipos penais, praticou a retirada de uma caçamba de areia sem autorização legal a um lucro de R$ 120,00 (cento e vinte reais) apenas uma vez. 9. Pena de multa reduzida para 10 (dez) dias-multa para o delito capitulado no art. 2º da Lei n. 8.176/91 e 10 (dez) dias-multa para o crime do art. 55 da Lei n. 9.605/98, cada um deles no valor unitário de 1/30 do salário mínimo vigente à época dos fatos – para cada um dos delitos, em simetria com a pena privativa de liberdade aplicada e também porque de acordo com a situação econômica do réu. 10. Manutenção do regime aberto como inicial para cumprimento da pena, nos termos do art. 33, § 2º, *c*, do CP, deve ser o aberto, bem como da substituição da pena privativa de liberdade por restritivas de direitos como determinado na sentença. 11. Provimento, em parte, da Apelação, apenas para reduzir as pena privativas de liberdade e de multa. (TRF-5ª Região, Ap. Crim. n. 10.106, 3ª T., rel. Des. Fed. Geraldo Apoliano, *DJe* 24.02.2014)

[...] A autoria delitiva se revela suficientemente comprovada diante do fato do recorrente ter se apresentado como responsável pela sociedade empresária em situação irregular, o que se confirma pelo interrogatório, pela prova testemunhal produzida e pelos atos constitutivos da pessoa jurídica, e indica o apelante como o sócio-administrador. Não há erro de proibição pelo alegado desconhecimento da ilicitude da exploração mineral sem os títulos autorizativos necessários, se os recorrentes já os haviam obtido para período anterior ao dos fatos, revelando-se, assim, o seu pleno conhecimento acerca da exigência legal, ainda pelo fato de ter sido indeferido requerimento formulado perante o DNPM (Departamento Nacional de Produção Mineral), antes da vistoria que deu azo à persecução penal. Recurso desprovido. (TRF-2ª Região, Ap. Crim. n. 10.340, 2ª T. Esp., rel. Des. Fed. André Fontes, *E-DJF2R* 17.12.2013)

1. A extração de recursos minerais, sem a devida autorização para exploração e sem licença ambiental ocasiona a incursão do agente no art. 2°, *caput*, da Lei n. 8.176/91 e no art. 55 da Lei n. 9.605/98, em concurso formal de crimes, não havendo conflito aparente de normas. 2. Impossível a aplicação do princípio da especialidade, considerando o art. 55 da Lei Ambiental como dispositivo legal especial em relação ao art. 2° da Lei n. 8.176/91, enquadrando a conduta eventualmente praticada pelo réu, ora apelante, apenas no art. 55 da Lei n. 9.605/98, com a possibilidade de transação penal prevista no art. 76 da Lei n. 9.099/95, como pretende a defesa, levando-se em conta que os bens jurídicos tutelados pelas normas mencionadas são diversos, não tendo de maneira alguma havido a derrogação da primeira norma (Lei n. 8.176/91) pela segunda (Lei n. 9.605/98). 3. Tanto esta Egrégia Corte Regional como o Superior Tribunal de Justiça vêm se posicionando no sentido de que a extração de minerais configura caso de concurso formal entre os crimes do art. 55, *caput*, da Lei n. 9.605/98 e do art. 2° da Lei n. 8.176/91, sob o fundamento de que tais leis tutelam bens jurídicos diversos, ou seja, meio ambiente (Lei n. 9.605/98) e patrimônio público (Lei n. 8.176/91), não se aplicando nesses casos o princípio da especialidade. Precedentes. 4. Configurado o concurso formal entre os crimes do art. 55, *caput*, da Lei n. 9.605/98 e o art. 2° da Lei n. 8.176/91, nos termos do art. 70 do Código Penal, a douta Juíza aplicou a pena mais grave do delito previsto no art. 2° da Lei n. 8.176/91, restando a pena definitiva de 1 (um) ano de reclusão, em regime aberto. 5. Preliminar rejeitada. 6. Ao explorar matéria-prima (argila) em área de preservação ambiental permanente pertencente à União, o réu extraiu e usurpou patrimônio público federal, sem autorização legal. Incorreu, portanto, nas práticas delitivas contidas na denúncia. 7. Materialidade delitiva demonstrada pela Comunicação de fls. 08/10, pelo Laudo de Vistoria de fls. 90/91, pelo Boletim de Ocorrência/Termo Circunstanciado de

fls. 139/140 e pelo Auto de Infração Ambiental de fls. 148. 8. Quanto à autoria, consta dos autos que o réu, ora apelante, confessou a prática delitiva durante seu interrogatório judicial (mídia de fls. 298), afirmando que, à época dos fatos, era quem administrava a retirada de argila, sabendo que o processo de licença para tal atividade estava em curso, sendo que sua autorização estava vencida. 9. Afirmou ainda ser um dos proprietários da área onde o delito foi cometido – "Sítio Bicame" que, segundo ele, teria sido invadido por outra cerâmica em procedimento ilegal, procedimento este por ele também adotado em relação a áreas de outras pessoas, na mesma região. Ou seja, o réu sabia como funcionava o processo de licença, a necessidade de licença para atividade e a demora para obtenção da mesma. 10. A testemunha de acusação, Sr. [...], geólogo, confirmou que, à época dos fatos, trabalhava em propriedade vizinha à propriedade do réu, tendo presenciado a extração de argila em larga escala, sendo certo que, à época dos fatos, ficou sabendo que o dono daquelas terras não tinha autorização para referida atividade, encaminhando estas informações às autoridades competentes (comunicação de fls. 08/10), restando confirmada a atividade clandestina desenvolvida pelo acusado (mídia de fls. 288). Informou, ainda, que havia quatro escavadeiras no local e o ritmo de trabalho dos caminhões que carregavam areia era intenso. Ressaltou, por fim, que a degradação ambiental no local era grande. 11. A autoria delitiva é certa, não havendo dúvidas de que as máquinas, presentes no local da infração, pertenciam ao réu, ora apelante, tendo ele mesmo confirmado que extraía argila do terreno sabendo que não tinha autorização legal para tanto. 12. A defesa do apelante nada trouxe aos autos além de meras alegações, não havendo qualquer outro elemento de convicção que as corroborem. Pelo contrário, a responsabilidade do apelante pelos fatos delituosos descritos na denúncia está amplamente comprovada, restando patente que [...] cometeu os delitos de lavra ou extração de argila em área de preservação ambiental permanente e o de usurpação de matéria-prima (argila) pertencente à União, sem a competente autorização legal, em concurso formal, até porque, em nenhum momento, ficou demonstrado que o réu, ora apelante, agiu de boa-fé, tendo ele plena consciência de que não possuía autorização legal do Departamento Nacional de Recursos Minerais – DNRP para a lavra de substância mineral. Tampouco, restou demonstrado haver inimizade ou interesse pessoal das testemunhas de acusação em prejudicá-lo ou incriminá-lo, atendo-se aos fatos e corroborando as alegações da acusação. 13. Em caso de confirmação da condenação, pleiteia o Ministério Público Federal o aumento da pena aplicada ao réu, já que portador de maus antecedentes, enquanto a combativa defesa requer a redução da pena aplicada ao mínimo legal. 14. Verifico que a pena imposta ao acusado já foi fixada no mínimo legal, não podendo prosperar o pleito da defesa nesse sentido. 15. Quanto à majoração da pena-base imposta ao acusado, com razão o Ministério Público Federal. De fato, ao observarmos as certidões de fls. 312/313, temos que o réu ostenta maus antecedentes, devendo ser majorada a pena imposta ao acusado. 16. Fixo a pena-base imposta ao acusado em 01 (um) ano e 02 (dois) meses de detenção, e o pagamento de 12 (doze) dias-multa. Não estando presentes agravantes ou atenuantes genéricas, bem como ausentes quaisquer causas de aumento ou diminuição de pena, fica a pena-base definitivamente fixada em 01 (um) ano e 02 (dois) meses de detenção, e o pagamento de 12 (doze) dias-multa. 17. Merece prosperar, entretanto, a irresignação da defesa em relação ao valor do dia-multa. De fato, não há nos autos elementos que permitam verificar que o réu possui condições de arcar com o dia-multa em valor superior ao mínimo legal, devendo, assim, ser considerado o valor do dia--multa no seu mínimo legal. 18. Sendo a pena imposta inferior a 04 (quatro) anos e preenchendo o réu os demais requisitos legais, substituo a pena privativa de liberdade ora imposta por duas penas restritivas de direito, consistentes em prestação de serviço à comunidade, e pena de prestação pecuniária, no valor de 1 (um) salário mínimo nacional. O cumprimento das penas se dará perante o Juízo das Execuções Penais, que acompanhará seu cumprimento. 19. Preliminar rejeitada. Recurso da acusação provido. Recurso da defesa parcialmente provido. (TRF-3ª Região, Ap. Crim. n. 49.502, 5ª T., rel. Des. Fed. Paulo Fontes, *DJF3* 10.12.2013)

1. Apelação interposta pela defesa contra sentença que condenou o réu como incurso nos arts. 2º da Lei n. 8.176/91 e 55 e 62 da Lei n. 9.605/98 (em concurso formal), à pena de 1 (um) ano e 11 (onze) meses de reclusão e 12 (doze) dias--multa, e como incurso no art. 54, § 2º, V, da Lei n. 9.605/98 (em concurso material com os anteriores), à pena de 2 (dois) anos e 1 (um) mês de reclusão e 13 (treze) dias-multa, totalizando 4 (quatro) anos de reclusão e 25 (vinte e cinco) dias-multa. 2. Materialidade dos delitos comprovada pelo auto de apreensão; auto de inspeção onde foi constatado que a pedreira encontrava-se em atividade de extração de arenito, sem as devidas licenças prévia e de instalação e operação da Cetesb; autos de infração por ter instalado atividades produtivas de extração e beneficiamento de arenito silificado sem as devidas licenças prévias e de instalação da Cetesb; fotografias; laudo pericial que atesta a existência de atividade de extração mineral na pedreira do acusado e que o local é considerado sítio arqueológico; laudo pericial que consta a existência de fósseis em algumas das placas de arenito apreendidas no caminhão; laudo de exame em veículo; autos de infração por ter disposto resíduos sólidos industriais diretamente no solo, de forma irregular e sem projeto específico, em área de recarga do Aquífero Guarani no Sítio São Bento, na zona rural do Município de Araraquara, causando poluição ambiental. 3. Autoria do delito demonstrada, uma vez que, desde 1983, era o único responsável pela

administração e gerência da empresa. Interrogado, confirmou ser o proprietário da pedreira na época das autuações, bem como que estava fazendo o carregamento das lajes de arenito no caminhão para industrializá-las no depósito. 4. Não procede a alegação da defesa de que a pedreira estava com as atividades paralisadas. Em várias oportunidades o acusado foi autuado por extrair as placas de arenito silificado, sem as licenças ambientais, ciente de que os materiais tinham valor paleontológico, tendo o próprio acusado afirmado não possuir autorização para a extração do mineral. 5. O acusado causou poluição ambiental ao lançar resíduos sólidos industriais diretamente ao solo, de forma irregular e sem projeto de proteção específico, em área de recarga do Aquífero Guarani, praticando assim o crime do art. 54, § 2º, da Lei n. 9.605/98. Em três oportunidades, o acusado sofreu imposição de penalidade de multa "por ter disposto resíduos sólidos industriais, provenientes de terceiros, de forma irregular sem projeto específico". 6. Eventual cumprimento do Termo de Ajustamento de Conduta firmado na instância administrativa não interfere no âmbito penal, em virtude da independência das esferas administrativa e criminal. Precedentes. 7. Apelação improvida. (TRF-3ª Região, Ap. Crim. n. 42.405, 1ª T., rel. Juiz Convocado Márcio Mesquita, *DJF3* 19.08.2013)

3.3. Substância tóxica, perigosa ou nociva

> Art. 56. Produzir, processar, embalar, importar, exportar, comercializar, fornecer, transportar, armazenar, guardar, ter em depósito ou usar produto ou substância tóxica, perigosa ou nociva à saúde humana ou ao meio ambiente, em desacordo com as exigências estabelecidas em leis ou nos seus regulamentos:
> Pena – reclusão, de 1 (um) a 4 (quatro) anos, e multa.
> § 1º Nas mesmas penas incorre quem:
> I – abandona os produtos ou substâncias referidos no *caput* ou os utiliza em desacordo com as normas ambientais ou de segurança;
> II – manipula, acondiciona, armazena, coleta, transporta, reutiliza, recicla ou dá destinação final a resíduos perigosos de forma diversa da estabelecida em lei ou regulamento.
> § 2º Se o produto ou a substância for nuclear ou radioativa, a pena é aumentada de 1/6 (um sexto) a 1/3 (um terço).
> § 3º Se o crime é culposo:
> Pena – detenção, de 6 (seis) meses a 1 (um) ano, e multa.

Tipo objetivo

O tipo penal inspecionado é composto por vários verbos, por inúmeros núcleos que são indicativos da conduta proibida.

O verbo "produzir" é implicativo de dar origem, criar, enquanto "processar" conduz à noção de manipular.

Por seu turno, "embalar" tem o sentido de condicionar, enquanto "importar" é trazer para dentro do território nacional. Em sentido oposto, exportar é levar para fora do espaço físico brasileiro.

Já "comercializar" significa, do ponto de vista do direito comercial, comprar ou vender, enquanto "fornecer" implica abastecer.

"Transportar" é levar de um lugar para outro; "armazenar" é ter em estoque ou armazém; "guardar" é manter sob vigília; "ter em depósito" é possuir; e "usar" é utilizar, servir.

O legislador, ao enumerar os núcleos dos tipos mencionados, faz uso da conjunção alternativa "ou", deixando assente que se cuida de tipo misto alternativo, aquele em que há uma fungibilidade entre os diversos núcleos, sendo indiferente a realização de qualquer um deles, pois o delito continua único. Logo, a realização de mais de uma conduta se revela indiferente para efeito de maior reprovabilidade ou desvalor do fato típico.

Elementos do tipo

Os comportamentos alternativamente vedados têm elo com produto ou substância tóxica, assim compreendida aquela que é venenosa, perigosa, que tem potencial de causar dano ou aquela que é nociva, maléfica. Tais substâncias ou produtos são capazes de provocar a morte ou danos à saúde humana se ingeridas, inaladas ou por contato com a pele, mesmo que em pequenas quantidades.

Outrossim, procurando estabelecer uma inteligência mais completa, as vias pelas quais os produtos químicos podem entrar em contato com o organismo humano são três: inalação, absorção cutânea e ingestão. A inalação é a via mais rápida e mais comum de entrada de substâncias para o interior do corpo humano. Já com relação à absorção cutânea, pode-se dizer que existem duas formas de as substâncias tóxicas agirem. A primeira é como tóxico localizado, quando o produto, em contato com a pele, age na sua superfície provocando uma irritação primária e localizada. E a segunda forma é como tóxico generalizado, quando a substância tóxica reage com as proteínas da pele ou mesmo penetra através dela, atinge o sangue e é distribuída pelo organismo, podendo atingir vários órgãos.

São exemplos típicos de tais substâncias os venenos em geral, agrotóxicos, combustíveis e explosivos.

No que diz respeito aos agrotóxicos, a Lei n. 7.802, de 11 de julho de 1989, insculpiu, em seu art. 15, o seguinte preceito sancionatório:

> Aquele que produzir, comercializar, transportar, aplicar, prestar serviço, der destinação a resíduos e embalagens vazias de agrotóxicos, seus componentes e afins, em descumprimento às exigências estabelecidas na legislação pertinente estará sujeito à pena de reclusão, de dois a quatro anos, além de multa.

Esse dispositivo prepondera sobre o preceito que está sendo esquadrinhado (art. 56, Lei n. 9.605/98), muito embora ambos cuidem do meio ambiente. Logo, relativamente a delito praticado envolvendo agrotóxico, aplica-se a supradita lei.

Sobre esse assunto, rege o princípio da especialidade: *lex specialis derogat generali*. Logo, se em sede de meio ambiente há lei específica regendo agrotóxicos, por ser específica afasta a lei geral dos crimes ambientais.

Também integra o tipo penal *sub examine* o produto ou a substância perigosa, ou seja, quaisquer líquidos, gases ou sólidos que ponham em risco a saúde da pessoa ou possam degradar o meio ambiente. Os agrotóxicos se enquadram neste conceito. Aliás, os vários produtos químicos que são utilizados na agricultura recebem designações genéricas: agrotóxicos, defensivos agrícolas, pesticidas, praguicidas, desinfectantes, biocidas, agroquímicos ou produtos fitofarmacêuticos ou ainda produtos fitossanitários.

De outro lado, entendem-se por substâncias nocivas à saúde humana todas aquelas que podem prejudicar o corpo humano, por meio do contato, inalação, ingestão, a exemplo com o que acontece com o solvente, dissolvente ou dispersante, que se constitui substância que permite a dispersão de outra substância em seu meio. Normalmente o dissolvente estabelece o estado físico da dissolução. Por isso diz-se que o dissolvente é o componente de uma dissolução que está no mesmo estado físico que a dissolução. Exemplo característico desse tipo é o tíner.

O preceito incriminador também faz alusão ao meio ambiente, devendo-se compreender, em sentido amplo, toda substância capaz de determinar danificação na flora, na fauna e na água, além dos demais elementos que possam integrar os recursos naturais.

Sob outro prisma, não se deve perder de horizonte que, na descrição do tipo, o legislador faz menção a um elemento normativo: "em desacordo com as exigências estabelecidas em leis ou nos seus regulamentos". Isso significa que se o comportamento do agente relativo às condutas que integram a norma sancionatória for em consonância com aquilo que é legalmente estabelecido, a ação será atípica, não encontrando, por conseguinte, moldura no tipo penal de regência.

Exsurge do próprio comando normativo esquadrinhado que deve haver autorização, por meio de normas disciplinando como devem ser utilizados os produtos ou substâncias que são nelas mencionados, a exemplo dos venenos, explosivos, solvente ou mesmo os agrotóxicos, embora seu tratamento penal esteja vinculado a lei especial, consoante foi precedentemente apontado.

Objetividade jurídica

Finalidade última do legislador penal é o amparo ao meio ambiente, ao ecossistema com incidência em produto ou material tóxico, bem como todo ao ser humano (visão antropocentrista e ecocentrista).

Sujeito ativo

Qualquer pessoa, incluindo a jurídica.

Sujeito passivo

A vítima do evento típico é a sociedade e, secundariamente, a pessoa que foi atingida pelo tóxico.

Elemento subjetivo

O comportamento proibido é realizado mediante conduta dolosa: vontade livre e consciente de praticar a conduta proibida, tendo ciência de que está colocando em risco a saúde humana e o meio ambiente (dolo genérico).

Por expressa disposição normativa, em atendimento ao princípio da legalidade, o comportamento do agente poderá ser culposo, na modalidade imprudência, negligência ou imperícia (art. 56, § 3º, Lei n. 9.605/98).

Consumação e tentativa

Tratando-se de crime formal e de perigo, basta, para sua consumação, a prática da conduta proibida, independentemente de qualquer lesão, que, verificada, constitui exaurimento do crime.
Para Roberto Delmanto et al.:

> Todavia, ao nosso ver a consumação exige a ocorrência de perigo concreto, o qual, em nossa opinião, há sempre que ser concreto (comprovável através de perícia), não se podendo admitir o crime de perigo abstrato, sob pena de ofensa aos princípios da lesividade e da proporcionalidade.[50]

Na hipótese de perigo abstrato, também denominado presumido, a lei descreve uma conduta e presume que o agente, ao realizá-la, expõe o bem jurídico a risco. Trata-se de presunção absoluta (não admite prova em contrário), bastando a realização da conduta produzida para caracterizar o delito.

Tratando-se de perigo concreto, deve ficar demonstrado que o bem jurídico foi colocado em situação de risco. Há de se provar que, efetivamente, o perigo ocorreu, pois este não é presumido. Para efeito de paradigma, é o que acontece com o crime de perigo para a vida ou saúde de outrem (art. 132, CP).

No delito examinado, lendo-se atentamente os dizeres normativos contidos no tipo penal, não se consegue definir ou entender que se cuida de crime que exige, para sua adequação, a presença do perigo real, eis que não se cogita de nenhuma exposição. Logo, a hipótese revela a presença de crime de perigo presumido, notadamente o "usar produto ou substância tóxica [...]".

No que tange à tentativa (*conatus*), esta não será admitida em todas as situações que envolverem crime permanente: armazenar, ter em depósito, guardar.

Nas modalidades produzir, processar, embalar, importar, exportar, comercializar, fornecer e transportar, a tentativa se mostra possível, porque o crime poderá não ser consumado por circunstâncias alheias à vontade do agente. Assim, iniciada a ação delituosa, o agente, independentemente de sua vontade, não consegue concretizá-la.

A teor do que já foi discursado em outras passagens desta obra jurídica e que se mostra muito comum nos delitos ecológicos, no § 1º, o legislador, institui um crime ambiental por equiparação, ao estabelecer que

---

50   *Leis penais especiais comentadas*, p. 642.

nas mesmas penas incorre quem: I – abandona os produtos ou substâncias referidos no *caput* ou os utiliza em desacordo com as normas ambientais ou de segurança; II – manipula, acondiciona, armazena, coleta, transporta, reutiliza, recicla ou dá destinação final a resíduos perigosos de forma diversa da estabelecida em lei ou regulamento.

Com relação ao inciso I, o substantivo masculino *abandono*, derivado do verbo *abandonar*, que constitui a conduta vedada, é implicativo de deixar, de largar, enquanto "utiliza", do verbo *utilizar*, tem o sentido étimo de fazer uso, de empregar (tipo objetivo).

Os comportamentos vedados dizem respeito ao produto ou substância tóxica, perigosa ou nociva à saúde humana ou ao meio ambiente (elementos do tipo). O delito equiparado pressupõe, para sua concreção, no campo subjetivo do dolo genérico: vontade livre e consciente de praticar a conduta vedada (elemento subjetivo).

Com relação à consumação, tratando-se de crime formal, instantâneo e de perigo, basta a prática do abandono ou da utilização vedada pelo legislador, independentemente de qualquer lesão, que, verificada, constitui exaurimento do crime.

Com pertinência à tentativa, quer na hipótese do abandono, quer com relação à utilização, o *conatus* não se verifica, porquanto a consumação, verificando-se em um único instante, não assinala nenhum caminho a ser seguido. Assim, não há como interromper a conduta do agente, evitando que o delito se consume por circunstâncias alheias à sua vontade.

No que diz respeito à tutela penal, sujeitos ativo e passivo, reporta-se ao mesmo que foi assentado quando do exame do *caput* do dispositivo penal sob esquadrinhamento.

Verifica-se, de outro lado, que o legislador deixa gizado como elemento normativo do tipo a utilização "de forma diversa da estabelecida em lei ou regulamento". Isso significa que no emprego dos produtos ou substâncias capazes de causar poluição ao meio ambiente, desde que feito conforme exigência estabelecida pelos órgãos vinculados ao meio ambiente, a conduta se revela atípica. Aliás, o uso com base no que se mostra exigido em lei ou regulamento, à evidência, não causa nenhuma degradação, motivo pelo qual não pode ser objeto de punição.

Tangentemente ao inciso II, a expressão "manipula", proveniente do verbo *manipular*, implica o entendimento de preparar com as mãos, preparar manuseando; "acondiciona", do verbo *acondicionar*, é indicativo de embalar; "armazena", do verbo *armazenar*, constitui a ação de guardar; "coleta", do verbo *co-*

letar, implica reunir, juntar; "transporta", do verbo *transportar*, é levar de um lugar para outro; "reutiliza", do verbo *reutilizar*, é usar o produto mais de uma vez; "recicla", do verbo *reciclar*, geralmente designa o reaproveitamento de materiais beneficiados como matéria-prima para um novo produto. A destinação final também integra o tipo sancionatório.

A conjunção alternativa "ou", utilizada na construção do tipo penal comentado, é indicativa de tipo misto alternativo, sendo certo que se o agente praticar mais de uma ação vedada responderá por uma única infração criminal (tipo objetivo).

As várias condutas mencionadas convergem a resíduos perigosos (elementos do tipo), dessa forma compreendidos aqueles de natureza venenosa, perigosa, como sendo aqueles que podem potencialmente causar dano ou efeito nocivo; aqueles que são maléficos.

Os mencionados resíduos têm natureza tóxica, sendo o material descartado, geralmente na forma química, que pode causar a morte ou danos a seres vivos. Normalmente são resíduos vindos da indústria ou comércio, porém também podem ser resíduos residenciais, da agricultura, militares, de hospitais, fontes radioativas, bem como lavanderias e tinturarias.

Enfim, resíduos perigosos têm um conceito muito amplo e abrangente.

O delito equiparado pressupõe, para sua concreção, no campo subjetivo do dolo genérico: vontade livre e consciente de praticar a conduta vedada, que é representada pelas várias ações contidas no tipo equiparado (elemento subjetivo).

No que diz respeito à consumação, tratando-se de crime formal, instantâneo e de perigo, basta para sua consumação a prática da manipulação, do acondicionamento, do armazenamento, da coleta, do transporte, da reutilização, da reciclagem e da destinação final a que alude o legislador. Não se exige, portanto, resultado naturalístico.

A tentativa se revela possível em quase todas as hipóteses proibidas, já que a ação do agente pode ser interrompida, não permitindo que haja a consumação, ressalvado o ato de armazenar, por se tratar de crime permanente, em relação ao qual não há o *conatus*.

No que diz respeito à tutela penal, sujeitos ativo e passivo, devem ser mantidas as mesmas considerações que foram externadas quando da inspeção do *caput* do preceito penal objeto de considerações doutrinárias.

A exemplo do que pode ser notado no inciso I, o legislador também estabeleceu um elemento normativo do tipo: "de forma diversa da estabelecida em lei ou regulamento". Diante disso, o agente somente será objeto de punição se praticar alguma ação prevista no comando normativo contrariando aquilo que se encontra previsto em lei ou regulamento feito por órgão vinculado ao meio ambiente. Ora, se sua conduta foi regular, *ex abundantia*, obedecendo aos postulados legais, o indivíduo não pode ser por ela sancionado, já que esta se mostra atípica.

No § 2º, o legislador estabeleceu uma causa especial de aumento, no importe de 1/6 a 1/3, quando o produto ou a substância for nuclear ou radioativa.

Produto ou substância nuclear compreende matéria que pode, por exemplo, ser sólida ou líquida, que em termos de física e química é pertencente ao núcleo do átomo, capaz de produzir energia e radiação.

Por sua vez, produto ou substância radioativa, como seu próprio nome está a indicar, é aquela que produz radiação, sendo certo que a radioatividade pode ser natural ou espontânea, como a que se manifesta nos elementos radioativos e nos isótopos que se encontram na natureza e poluem o meio ambiente, ou pode ser artificial ou induzida, ou seja, aquela provocada por transformações nucleares artificiais.

A razão do acréscimo está em que tais substâncias são acentuadamente mais danosas do que aquelas mencionadas no *caput*.

É de indiscutível aferição que as substâncias ou produtos nucleares ou radioativos são capazes de causar a poluição, degradação que atinge não somente os seres humanos, como também o meio ambiente, o ecossistema.

Jurisprudência: Art. 56, *caput*, da Lei n. 9.605/98. Atipicidade. Ausência de lesão ao bem jurídico tutelado. A conduta penal se enquadra na modalidade de crime formal, ou seja, crime de perigo abstrato, na qual a ação não depende da ocorrência de resultado naturalístico consistente na efetiva lesão ao meio ambiente. Embora diante de crime dessa natureza, a conduta praticada pelos denunciados não provocou lesão ao bem jurídico patrimônio tutelado, já que verificado o equívoco na listagem enviada junto à Fepam quanto ao reboque que transportava a carga. Recurso desprovido. (TJRS, Ap. Crim. n. 70.057.340.309, 4ª Câm. Crim., rel. Des. Rogerio Gesta Leal, DJ 21.04.2014)

Art. 56 da Lei n. 9.605/98. Perícia. Necessidade. Para configuração do delito tipificado no art. 56 da Lei n. 9.605/98 é necessária prova de que o produto seja perigoso à saúde humana ou ao meio ambiente, o que torna a perícia indispensável para comprovar a materialidade do crime. A ausência de perícia conduz à absolvição. Apelação-crime. Art. 15 da Lei n. 7.802/89. Transporte de agrotóxico em desacordo com as exigências legais. Reconstituição probatória suficiente à imposição de condenação criminal. Apelo parcialmente provido. Unânime. Art. 54 da Lei n. 9.605/98. Poluição sonora. O art. 54, *caput*, da Lei n. 9.605/98, diz respeito ao meio ambiente, não guardando qualquer relação com a poluição sonora decorrente do uso abusivo de instrumentos musicais ou aparelhos sonoros. Absolvição mantida. Apelo improvido. Unânime. (TJRS, Ap. Crim. n. 70.051.388.973, 4ª Câm. Crim., rel. Des. Aristide Pedroso de Albuquerque Neto, *DJ* 18.06.2013)

Art. 56 da Lei n. 9.605/98. Inconformidade defensiva. Ausência de laudo pericial. Acolhimento. A jurisprudência desta Câmara é no sentido de necessidade de prova pericial apta a comprovar a natureza tóxica, perigosa ou nociva à saúde humana ou ao meio ambiente dos produtos ou substâncias armazenadas em contrariedade à norma vigente. Apelo provido. (TJRS, Ap. Crim. n. 70.050.637.750, 4ª Câm. Crim., rel. Des. Marco Antônio Ribeiro de Oliveira, *DJ* 16.11.2012)

Art. 56 da Lei n. 9.605/98. Armazenamento de produto tóxico perigoso à saúde ou ao meio ambiente. Perícia. Necessidade. Para configuração do delito tipificado no art. 54 da Lei n. 9.605/98 é necessária a prova de que o produto seja perigoso à saúde humana ou ao meio ambiente, o que torna a perícia indispensável para comprovar a materialidade do crime. Sentença absolutória mantida. Apelo improvido. Unânime. (TJRS, Ap. Crim. n. 70.051.216.056, 4ª Câm. Crim., rel. Des. Aristide Pedroso de Albuquerque Neto, *DJ* 03.12.2012)

Manter em depósito garrafas plásticas de gasolina, totalizando 34 litros, não tipifica o delito do art. 56 da Lei Ambiental, por tratar-se de quantidade insuficiente para causar danos de monta ao meio ambiente, em caso de remotíssimo acidente. Recurso da defesa provido. (TJRS, Ap. Crim. n. 70.038.026.399, 4ª Câm. Crim., rel. Des. Gaspar Marques Batista, *DJ* 25.11.2010)

Art. 56, § 1º, da Lei n. 9.605/98. Abandono de pneumáticos. Terreno baldio. Dano ambiental. Desnecessidade de prova. Crime formal. A conduta do § 1º do art. 56, de abandono de produtos nocivos à saúde humana ou ao meio ambiente, configura delito formal, que se consuma independentemente da ocorrência de dano ambiental, bastando prova do efetivo abandono do produto nocivo. Recurso da defesa parcialmente provido, para declarar a extinção da punibilidade da pessoa jurídica, pela prescrição. (TJRS, Ap. Crim. n. 70.034.087.858, 4ª Câm. Crim., rel. Des. Gaspar Marques Batista, *DJ* 05.05.2010)

3.4. Aumento da pena nos crimes dolosos

Art. 58. Nos crimes dolosos previstos nesta Seção, as penas serão aumentadas:

I – de 1/6 (um sexto) a 1/3 (um terço), se resulta dano irreversível à flora ou ao meio ambiente em geral;
II – de 1/3 (um terço) até a metade, se resulta lesão corporal de natureza grave em outrem;
III – até o dobro, se resultar a morte de outrem.
Parágrafo único. As penalidades previstas neste artigo somente serão aplicadas se do fato não resultar crime mais grave.[51]

O dispositivo examinado cuida de causa especial de aumento da reprimenda legal, que deverá ser contabilizada na última fase do sistema trifásico (pena base + circunstâncias agravantes + causa de aumento – art. 68, CP).

Por expressa disposição normativa, a majorante em questão só tem incidência em se cuidando de crime doloso. Logo, é vedada sua aplicação a crime ambiental de natureza culposa, sob pena de infração ao princípio da legalidade. Sua adoção se refere aos fatos típicos encartados nos arts. 54, 55 e 56 da Lei dos Crimes Ambientais.

O acréscimo no patamar de 1/6 a 1/3 verificar-se-á quando houver dano ao meio ambiente ou à flora que não pode ser recuperado, que se torna permanente. Logo, se houver possibilidade de ser restabelecido o prejuízo ambiental, não terá lugar a agravante.

O aumento de 1/3 até metade terá emprego quando da ação do sujeito ativo resultar à pessoa lesão corporal de natureza grave, como a definida no art. 129, §§ 1º e 2º, do Código Penal.

A sanção efetivamente imposta deverá dobrar se do comportamento do agente resultar o evento morte, o que é indicativo de delito preterdoloso: dolo no antecedente e culpa no consequente.

Note-se, outrossim, que o legislador, no comando normativo de regência, emprega a expressão "serão", o que é implicativo de obrigatoriedade. Assim, concorrendo a causa de aumento prevista, cumpre ao aplicador da norma obrigatoriamente acrescer a *sanctio legis*. Não se trata, portanto, de faculdade, de discricionariedade conferida ao magistrado.

Todavia, nunca é demais deixar assentado que sempre deve ser observado que não haja a ocorrência do *bis in idem*, da dupla valoração da pena, o que é defeso.

No parágrafo único, o legislador faz uma ressalva no sentido de que, se ocorrer outro fato que seja mais grave do que aquele previsto em sede de crime ambiental, haverá a incidência de dupla apenação (p. ex.: com o propósito de

---
51 O art. 57 foi vetado.

matar pessoas, o agente deixa substância radioativa em determinado lugar, vindo a ceifar vidas). *In casu*, o agente, em concurso formal, responderá pelo delito previsto no art. 56 da Lei dos Crimes Ambientais e pelo previsto no art. 121 do Código Penal.

3.5. Construção, reforma, ampliação, instalação ou funcionamento de obras ou serviços poluidores ilegalmente

> Art. 60. Construir, reformar, ampliar, instalar ou fazer funcionar, em qualquer parte do território nacional, estabelecimentos, obras ou serviços potencialmente poluidores, sem licença ou autorização dos órgãos ambientais competentes, ou contrariando as normas legais e regulamentares pertinentes:
> Pena – detenção, de 1 (um) a 6 (seis) meses, ou multa, ou ambas as penas cumulativamente.[52]

Tipo objetivo

A exemplo do que tem ocorrido com vários delitos que ferem o meio ambiente, no preceito criminal *sub examine* a conduta do agente é informada por vários núcleos, também subordinados à conjunção alternativa "ou", tratando-se, assim, de crime misto alternativo, sendo certo que se for praticada mais de uma ação delituosa, haverá a incidência de uma única infração típica.

O verbo "construir" é implicativo de edificar, enquanto "reformar" indica a atividade de reconstruir, emendar, sendo correto que "ampliar" é aumentar e, por seu turno, "instalar" é tido como preparação para funcionamento e "fazer funcionar" é colocar em funcionamento, em atividade.

Elementos do tipo

A conduta vedada pelo dispositivo penal de regência guarda vínculo com "estabelecimentos", que na linguagem do direito comercial significa locais em que funcionam empresas.

A ação *contra legem* também incide em "obras", que são edifícios em construção, assim como em "serviços", que são implicativos de exercício de atividade.

---

52   O art. 59 foi vetado.

Os elementos mencionados para efeito penal devem ser potencialmente poluidores, ou seja, os estabelecimentos, as obras ou serviços deverão ensejar a possibilidade de vir a contrariar os padrões de emissão e os condicionantes ambientais definidos pela legislação, degradando, assim, o meio ambiente. Nota-se que o preceito de regência não exige a certeza quanto à ocorrência da degradação, contenta-se simplesmente com sua viabilidade. Basta, enfim, que seja capaz de gerar sujeira ou poluição. Enfim, para configurar o tipo, deve ficar caracterizado que a conduta do agente põe em risco o bem jurídico amparado.

De outro lado, o preceito incriminador faz uso da expressão normativa "sem licença ou autorização dos órgãos ambientais competentes". A teor do que tem sido regularmente exposto, do ponto de vista do direito administrativo, já que o termo lhe é conexo, atende-se por licença, conforme conceito lavrado por Maria Sylvia Zanella Di Pietro, "o ato administrativo unilateral e vinculado pelo qual a Administração faculta àquele que preenche os requisitos legais o exercício de uma atividade".[53]

Quanto ao termo "autorização", que se traduz em ato administrativo, "designa o ato unilateral e discricionário pelo qual a Administração faculta ao particular o desempenho de atividade material ou a prática de ato que, sem esse consentimento, seriam legalmente proibidos".[54]

O legislador, ao colocar no texto legal a conjunção alternativa "ou", deixa expresso que basta, para satisfazer o interesse do legislador penal, que a Administração, a seu critério, opte, segundo sua conveniência, pela concessão da licença, ou, se for o caso, pela autorização.

Em linhas gerais, o que se verifica é uma tênue diferença entre um e outro ato administrativo. Enquanto na licença o ato é vinculado, na autorização ele é discricionário.

Todavia, na prática ambos os atos são de natureza precária. Isso significa que, sendo conveniente para o interesse público, quer se trate de licença, quer se cuide de autorização, um ou outro pode ser cassado. Em qualquer situação, principalmente envolvendo assunto de caráter ecológico, que sempre é público, este deve prevalecer em detrimento de interesse particular.

No caso específico das obras ou serviços potencialmente poluidores que são tratados pelo regramento penal comentado, a previsão é de concessão de licenciamento, cujo assunto jurídico vem regulado pelo Decreto n. 99.274, de 6 de junho de 1990, que regulamenta a Lei n. 6.902, de 27 de abril de 1981, e a

---

53 *Direito administrativo*, p. 236.
54 Ibidem, p. 234.

Lei n. 6.938, de 31 de agosto de 1981, que dispõem, respectivamente, sobre a criação de estações ecológicas e áreas de proteção ambiental e sobre a Política Nacional do Meio Ambiente.

O regramento legal de interesse ao texto legal comentado é aquele que se encontra inserido no art. 17 do referido decreto, cujo teor é o seguinte:

> A construção, instalação, ampliação e funcionamento de estabelecimento de atividades utilizadoras de recursos ambientais, consideradas efetiva ou potencialmente poluidoras, bem assim os empreendimentos capazes, sob qualquer forma, de causar degradação ambiental, dependerão de prévio licenciamento do órgão estadual competente integrante do Sisnama, sem prejuízo de outras licenças legalmente exigíveis. § 1º Caberá ao Conama fixar os critérios básicos, segundo os quais serão exigidos estudos de impacto ambiental para fins de licenciamento, contendo, entre outros, os seguintes itens: *a)* diagnóstico ambiental da área; *b)* descrição da ação proposta e suas alternativas; e *c)* identificação, análise e previsão dos impactos significativos, positivos e negativos. § 2º O estudo de impacto ambiental será realizado por técnicos habilitados e constituirá o Relatório de Impacto Ambiental Rima, correndo as despesas à conta do proponente do projeto. § 3º Respeitada a matéria de sigilo industrial, assim expressamente caracterizada a pedido do interessado, o Rima, devidamente fundamentado, será acessível ao público. § 4º Resguardado o sigilo industrial, os pedidos de licenciamento, em qualquer das suas modalidades, sua renovação e a respectiva concessão da licença serão objeto de publicação resumida, paga pelo interessado, no jornal oficial do Estado e em um periódico de grande circulação, regional ou local, conforme modelo aprovado pelo Conama.

Tutela penal

O fim visado pelo legislador é a proteção do meio ambiente em geral. A tutela do ecossistema, no que tange à sua conservação e manutenção sadia, sem que ocorra degradação ou poluição.

Consoante escorreita asserção feita por Vladimir Passos de Freitas e Gilberto Passos de Freitas:

> A norma procura fazer com que as atividades de maior vulto sejam realizadas com o acompanhamento da autoridade ambiental. Persegue-se a aproximação do cidadão da administração pública, evitando as condutas individualistas e muito nocivas ao meio ambiente. É comum uma errada compreensão do direi-

to de propriedade, tendo-o como absoluto, o que faz com que as pessoas ajam à margem da legislação ambiental.[55]

É exatamente em função de procurar resguardar com maior segurança e controle a qualidade do meio ambiente, do ecossistema, que o legislador previu a concessão da licença ou autorização que foi precedentemente tratada.

Sujeito ativo

O crime dissertado é comum, não impondo, por conseguinte, sujeito especial. Logo, qualquer pessoa física poderá cometer a infração típica, incluindo a jurídica.

Sujeito passivo

A vítima do crime será a coletividade, porquanto um meio ambiente saudável é de seu interesse direto.

Elemento subjetivo

O delito ambiental sob consideração é animado pelo dolo genérico: vontade livre e consciente de praticar a conduta proibida.

Consumação e tentativa

Trata-se de crime formal, motivo pelo qual basta a mera prática da conduta incriminadora para que o crime se consume. A consumação é instantânea. Por se tratar de crime de perigo concreto, não há necessidade da produção de um resultado naturalístico, que seria a concreção da poluição do meio ambiente.

Não se constata a viabilidade de tentativa em relação a nenhum dos núcleos do tipo, tendo por norte o caráter instantâneo da conduta, que não demonstra nenhum caminho a ser seguido.

> **Jurisprudência:** A não realização de perícia técnica demonstrando efetivo dano às pessoas e ao meio ambiente afasta a tipificação do delito previsto no art. 60 da Lei n. 9.605/98. Apelo parcialmente conhecido, e, na parte conhecida, provido.

---

55 *Crimes contra a natureza*, p. 250.

(TJRS, Ap. Crim. n. 70.057.566.820, 4ª Câm. Crim., rel. Des. Rogério Gesta Leal, DJ 26.02.2014)

Comprovado que o agente causou poluição em níveis tais que resultem ou possam resultar danos à saúde humana, pesca em período proibido, mediante o emprego de petrechos não permitidos, bem como fez funcionar obras e serviços poluidores sem autorização ou licença, impõe-se a sua condenação nos termos dos arts. 54 e 60, ambos da Lei n. 9.605/98. (TJMG, Ap. Crim. n. 1.0461.09.057113-8/001, 2ª Câm. Crim., rel. Des. Catta Preta, publ. 30.09.2013)

3.6. Disseminação de doença, praga ou espécies

Art. 61. Disseminar doença ou praga ou espécies que possam causar dano à agricultura, à pecuária, à fauna, à flora ou aos ecossistemas:
Pena – reclusão, de 1 (um) a 4 (quatro) anos, e multa.

Tipo objetivo

O verbo "disseminar", que implica espalhar, propagar.

Elementos do tipo

A disseminação combatida pelo legislador penal diz respeito à "doença", que ostenta o sentido de enfermidade. São seus exemplos característicos, em tema de meio ambiente, a febre aftosa, o carbúnculo sintomático, a brucelose, que atacam o gado; a febre suína, a doença de Aujeszky, a paravirose suína, a circovirose suína, entre outras, que vitimam os porcos; o cancro cítrico, a lagarta dos cafezais, o estiolamento, a gamose, a rubelose, a verrugose, a melanose, a pinta preta, entre outras, que atacam as plantas.

Ao lado da doença, existe a "praga", que é indicativa de moléstia, flagelo que ataca animais e plantas e que se propaga de maneira rápida e devastadora.

Incluem-se também no dispositivo sancionatório as espécies, em cujo conceito se incorporam animais ou vegetais, que uma vez disseminados podem proporcionar estrago ao bem jurídico tutelado.

Como visto, a propagação vedada está intimamente ligada ao dano, constitutivo de prejuízo que possa ser causado à agricultura.

A disseminação com probabilidade de ser ruinosa também diz respeito à pecuária, cujo fim último é a criação de gado.

Pode atingir inclusive a fauna, que compreende em seu bojo os animais de maneira geral, incluindo-se os aquáticos, a flora, que em termos de botânica é o conjunto de táxons de plantas (geralmente as plantas verdes) características de uma região.

E, de forma geral e ampla, o legislador, na probabilidade por ele prevista a título de propagação, faz menção ao "ecossistema", que é a relação entre o meio ambiente e a fauna e flora que nele habitam. Sem dúvida, seguindo os passos do que tem sido posto no fluir do presente trabalho jurídico, o ecossistema é a unidade principal de estudo da ecologia. Constitui-se um sistema composto pelos seres vivos (meio biótico) e o local onde eles vivem (meio abiótico, onde estão inseridos todos os componentes não vivos do ecossistema, como os minerais, o clima, a própria luz solar etc.) e todas as relações destes com o meio e entre si.

É importante ressaltar, outrossim, que o legislador, na construção do tipo penal, faz uso da expressão "possam causar dano". Logo, para caracterizar a infração delituosa, basta que o ato de disseminação tenha a possibilidade de determinar prejuízo. Não se exige, por conseguinte, a ocorrência efetiva do dano.

Tutela penal

O que se busca conseguir com o preceito incriminador é a proteção ao meio ambiente em geral, bem como à agricultura e à pecuária.

Sujeito ativo

Qualquer pessoa, quer seja física ou jurídica, pode praticar a conduta proibida. O tipo não exige sujeito ativo especial.

Sujeito passivo

É vítima da incursão delitiva a sociedade como um todo, porquanto é de interesse direto seu a manutenção e preservação de um meio ambiente saudável e ideal.

De maneira indireta, também podem figurar na passividade criminosa as pessoas que lidam com a agricultura e a pecuária.

Elemento subjetivo

Do ponto de vista subjetivo, é encampado pelo dolo genérico: vontade livre e consciente de disseminar doença, praga ou espécies.

Consumação e tentativa

O legislador, na construção do tipo penal, faz uso da expressão "possam causar dano". Logo, para caracterizar a infração delituosa, basta que o ato de disseminação tenha a possibilidade de determinar prejuízo. Não se exige, por conseguinte, a ocorrência efetiva do dano.

Tratando-se de crime formal e de perigo, consuma-se com o simples ato de disseminar.

A conduta se mostra viável, porquanto o agente pode ser interrompido antes de iniciar a propagação vedada, não sendo permitido, dessa maneira, que o delito se consume por circunstâncias que escapam de seu querer.

4. Crimes contra o ordenamento urbano e o patrimônio cultural

4.1. Destruição, inutilização, deterioração do patrimônio cultural

> Art. 62. Destruir, inutilizar ou deteriorar:
> I – bem especialmente protegido por lei, ato administrativo ou decisão judicial;
> II – arquivo, registro, museu, biblioteca, pinacoteca, instalação científica ou similar protegido por lei, ato administrativo ou decisão judicial:
> Pena – reclusão, de 1 (um) a 3 (três) anos, e multa.
> Parágrafo único. Se o crime for culposo, a pena é de 6 (seis) meses a 1 (um) ano de detenção, sem prejuízo da multa.

Considerações propedêuticas

O legislador, nos regramentos punitivos que serão apontados e examinados, cuida do ordenamento urbano e do patrimônio cultural, que, é necessário deixar assentado, também são partes integrantes do meio ambiente, conforme restou exposto quando se fez considerações específicas em torno do conceito do sobredito meio. Complementando o que foi dissertado naquela oportunidade, agora com vistas mais específicas sobre os delitos que serão alvo de considerações, é oportuna a doutrina posta por Silvio Maciel, com base em lição tirada de Luís Paulo Sirvinkas, *verbis*:

> [...] a Lei Ambiental tutela o meio ambiente em sua acepção mais ampla possível, o que inclui o meio ambiente artificial e o cultural. O meio ambiente artificial é o construído pelo homem. Surge com a ocupação gradativa dos espaços naturais, transformados em espaços urbanos. É composto pelo espaço urbano fechado (edifícios, casas, clubes etc.) e pelo espaço urbano aberto (praças, avenidas, ruas etc.).[56]

De igual oportunidade se revela, o que é lecionado por Vladimir Passos de Freitas e Gilberto Passos de Freitas, *in integrum*:

> Não apenas a natureza, mas também o ordenamento urbano, o patrimônio histórico, cultural e artístico, arqueológico e paisagístico devem ser protegidos. A Constituição Federal dispõe sobre o desenvolvimento urbano nos arts. 182 e 183 e o Estatuto da Cidade (Lei n. 10.257/2001) trata do ordenamento das cidades brasileiras. Nesta linha, é de grande relevância o plano diretor dos municípios de população superior a 20.000 habitantes, através do qual se disciplina o uso do solo, assentamentos urbanos, zonas industriais, áreas de proteção ambiental, tudo de modo a propiciar o crescimento adequado do município.[57]

O plano diretor está definido no Estatuto das Cidades (Lei n. 10.257/2001) como instrumento básico para orientar a política de desenvolvimento e de ordenamento da expansão urbana do município. É uma lei municipal elaborada pela Prefeitura Municipal com a participação da Câmara Municipal e da sociedade civil, que visa a estabelecer e organizar o crescimento, o funcionamento, o planejamento territorial da cidade e orientar as prioridades de investimentos. Tem ele como objetivo orientar as ações do poder público visando a compatibilizar os interesses coletivos e garantir de forma mais justa os benefícios da urbanização, garantir os princípios de reforma urbana, direito à cidade e à cidadania, gestão democrática da cidade.

---

56 *Legislação criminal especial*: ciências criminais, v. 6, p. 817.
57 *Crimes contra a natureza*, p. 257.

Esse importante instrumento de política local tem as seguintes funções: a) garantir o atendimento das necessidades da cidade; b) garantir uma melhor qualidade de vida na cidade; c) preservar e restaurar os sistemas ambientais; d) promover a regularidade fundiária; e) consolidar os princípios da reforma urbana.

Naquilo que pode ser facilmente observado, esse instrumento de relevante política social, em toda a sua latitude, concorre para o bem-estar do cidadão, e nesse grande diapasão se encontra a melhora de vida, que se evidencia não só por intermédio de disponibilidade de equipamentos urbanos, bem como por intermédio de uma política endereçada ao meio ambiente.

Conexo ao que está sendo discursado, a Magna Carta da República, ao cuidar da política urbana, deixou consignado em seu art. 182 o seguinte preceito:

> A política de desenvolvimento urbano, executada pelo Poder Público municipal, conforme diretrizes gerais fixadas em lei, tem por objetivo ordenar o pleno desenvolvimento das funções sociais da cidade e garantir o bem-estar de seus habitantes. § 1º O plano diretor, aprovado pela Câmara Municipal, obrigatório para cidades com mais de vinte mil habitantes, é o instrumento básico da política de desenvolvimento e de expansão urbana.

Por seu turno, a expressão "patrimônio cultural", cuja proteção também é preocupação do legislador, tem sua definição expressa no art. 216, *caput*, da Constituição Federal:

> Constituem patrimônio cultural brasileiro os bens de natureza material e imaterial, tomados individualmente ou em conjunto, portadores de referência à identidade, à ação, à memória dos diferentes grupos formadores da sociedade brasileira, nos quais se incluem: I – as formas de expressão; II – os modos de criar, fazer e viver; III – as criações científicas, artísticas e tecnológicas; IV – as obras, objetos, documentos, edificações e demais espaços destinados às manifestações artístico-culturais; V – os conjuntos urbanos e sítios de valor histórico, paisagístico, artístico, arqueológico, paleontológico, ecológico e científico.

Extrata-se do preceito magno transcrito que o patrimônio cultural pode ser definido como o conjunto de todos os bens materiais ou imateriais, que, pelo seu valor próprio, devem ser considerados de interesse relevante para a permanência e a identidade da cultura de um povo. Daí possuírem eles relevante valor de interesse coletivo.

De modo irreprochável, o patrimônio constitui herança do passado, que continua se projetando para civilizações futuras, uma vez que ele se perpetua no tempo, mantendo e conservando seu valor cultural imprescindível para a própria história e para o avanço de qualquer nação. É, indiscutivelmente, o acervo maior que pode ser encontrado entre os povos, notadamente os civilizados, pois representa e documenta sua própria evolução nos diversos vetores em que ela encontra incidência.

Em sentido abrangente, o patrimônio cultural é integrado por bens móveis, como castelos, igrejas, casas, praças, conjuntos urbanos e ainda locais dotados de expressivo valor para a história, a arqueologia, a paleontologia e a ciência em geral. Nos bens móveis incluem-se, por exemplo, pinturas, esculturas e artesanato. No bens imateriais considera-se a literatura, a música, o folclore, a linguagem e os costumes.

No âmbito do que está sendo discorrido, há de se destacar o Decreto-lei n. 25, de 30 de novembro de 1937, que organiza a proteção do patrimônio histórico e artístico, cujo art. 1º contém o seguinte dispositivo:

> Constitui o patrimônio histórico e artístico nacional o conjunto dos bens móveis e imóveis existentes no país e cuja conservação seja de interesse público, quer por sua vinculação a fatos memoráveis da história do Brasil, quer por seu excepcional valor arqueológico ou etnográfico, bibliográfico ou artístico. § 1º Os bens a que se refere o presente artigo só serão considerados parte integrante do patrimônio histórico ou artístico nacional, depois de inscritos separada ou agrupadamente num dos quatro Livros do Tombo, de que trata o art. 4º desta lei. § 2º Equiparam-se aos bens a que se refere o presente artigo e são também sujeitos a tombamento os monumentos naturais, bem como os sítios e paisagens que importe conservar e proteger pela feição notável com que tenham sido dotados pela natureza ou agenciados pela indústria humana.

Tendo em vista a relevância de tais bens na qualidade de patrimônio da humanidade, que deve ser preservado e conservado, o legislador, no precitado diploma, prevê o respectivo tombamento que pode ser levado a efeito por ato da União, estados e municípios (art. 5º).

Deve também ser trazida a lume a Lei n. 3.924, de 26 de julho de 1961, que dispõe sobre os monumentos arqueológicos e pré-históricos:

Art 1º Os monumentos arqueológicos ou pré-históricos de qualquer natureza existentes no território nacional e todos os elementos que neles se encontram ficam sob a guarda e proteção do Poder Público, de acordo com o que estabelece o art. 175 da Constituição Federal. Parágrafo único. A propriedade da superfície, regida pelo direito comum, não inclui a das jazidas arqueológicas ou pré-históricas, nem a dos objetos nelas incorporados na forma do art. 152 da mesma Constituição. Art 2º Consideram-se monumentos arqueológicos ou pré-históricos: *a)* as jazidas de qualquer natureza, origem ou finalidade, que representem testemunhos de cultura dos paleoameríndios do Brasil, tais como sambaquis, montes artificiais ou tesos, poços sepulcrais, jazigos, aterrados, estearias e quaisquer outras não especificadas aqui, mas de significado idêntico a juízo da autoridade competente. *b)* os sítios nos quais se encontram vestígios positivos de ocupação pelos paleoameríndios tais como grutas, lapas e abrigos sob rocha; *c)* os sítios identificados como cemitérios, sepulturas ou locais de pouso prolongado ou de aldeiamento, estações e cerâmios, nos quais se encontram vestígios humanos de interesse arqueológico ou paleoetnográfico; *d)* as inscrições rupestres ou locais como sulcos de polimentos de utensílios e outros vestígios de atividade de paleoameríndios.

Tipo objetivo

O verbo "destruir" é arruinar, fazer desaparecer; "inutilizar" tem o sentido de tornar nulo, imprestável, enquanto "deteriorar" é indicativo de danificar.

Como costumeiramente se nota nos delitos ecológicos, há inserida neles a conjunção alternativa "ou", dando-lhe a característica de tipo misto alternativo. Assim, se o agente cometer mais de uma conduta entre aquelas incriminadas, responderá somente por um evento típico.

Elementos do tipo

O comportamento do agente no sentido de destruir, inutilizar ou deteriorar se projeta em bem especialmente protegido, que deve ter a natureza de patrimônio cultural, que se constitui o *nomen iuris* dos crimes que estão sendo objeto de inspeção.

O legislador, ao deixar de enumerar esses bens, estabeleceu aquilo que na doutrina se denomina norma penal em branco, cujo vazio deverá ser preenchido por outra norma, indicando quais são eles.

Nos termos do art. 23, III e IV, da Constituição Federal,

É competência comum da União, dos Estados, do Distrito Federal e dos Municípios: [...] III – proteger os documentos, as obras e outros bens de valor histórico, artístico e cultural, os monumentos, as paisagens naturais notáveis e os sítios arqueológicos; IV – impedir a invasão, a destruição e a descaracterização de obras de arte e de outros bens de valor histórico, artístico e cultural.

A proteção especial pode decorrer de lei, que pode ser editada pela União, estados, Distrito Federal, de maneira concorrente, conforme autorização expressa no art. 24 da Constituição Federal: "Compete à União, aos Estados, ao Distrito Federal legislar concorrentemente sobre: [...] VII – proteção do patrimônio histórico, cultural, artístico, turístico e paisagístico".

Por sua vez, o inciso IX do art. 30 desse Diploma Maior contém o seguinte mandamento: "Compete aos Municípios: [...] IX – promover a proteção do patrimônio histórico-cultural local, observada a legislação e a ação fiscalizadora federal e estadual". Nada impede, de outro lado, que o município também edite lei de sua iniciativa visando à proteção do patrimônio cultural.

Outra maneira de proteção dos bens que estão sendo objeto de considerações doutrinárias é por intermédio de ato administrativo: "todo ato praticado no exercício da função administrativa é ato da Administração".[58]

Em circunstâncias desse matiz, essa manifestação unilateral de vontade da administração pública deve ter por meta resguardar o patrimônio cultural, quando especialmente protegido.

Anteriormente foi reproduzido o art. 216, *caput*, da Carta Política Federal, no bojo do qual está definido o que se deve entender por patrimônio cultural brasileiro, sendo agora oportuno descrever o conteúdo normativo inserido em seu § 1º:

> O Poder Público, com a colaboração da comunidade, promoverá e protegerá o patrimônio cultural brasileiro, por meio de inventários, registros, vigilância, tombamento e desapropriação, e de outras formas de acautelamento e preservação.

Somente para efeito de destaque, é comumente utilizado ato administrativo consistente em desapropriação e tombamento.

A desapropriação em sentido amplo é o procedimento pelo qual o poder público, fundado na necessidade pública, utilidade pública ou interesse social, compulsoriamente, despoja alguém de certo bem, móvel ou imóvel, adquirin-

---
58 DI PIETRO, Maria Sylvia Zanella. *Direito administrativo*, p. 198.

do-o para si em caráter originário, mediante justa e prévia indenização. *In casu*, é de interesse social a desapropriação de bem que deve ser especialmente protegido, a exemplo de uma escultura ou quadro pintado por pessoa que se tornou notável nos meios artísticos.

Tombamento, por sua vez, constitui-se no ato de reconhecimento do valor cultural de um bem, que o transforma em patrimônio oficial e institui regime jurídico especial de propriedade, levando em conta sua função social. Um bem cultural é "tombado" quando passa a figurar na relação de bens culturais que tiveram sua importância histórica, artística ou cultural reconhecida por algum órgão que tem essa atribuição.

De maneira bastante ampla, o tombamento pode ser aplicado a bens móveis e imóveis de interesse cultural/ambiental em várias escalas interativas, como a de um município, de um estado, de uma nação ou de interesse mundial, quais sejam: fotografias, livros, acervos, mobiliários, utensílios, obras de arte, edifícios, ruas, praças, bairros, cidades, regiões, florestas, cascatas, entre outros. Somente é aplicado a bens de interesse para a preservação da memória e referenciais coletivos, não sendo possível utilizá-lo como instrumento de preservação de bens que sejam apenas de interesse individual. O ideal em um processo de tombamento é que não se tombem objetos isolados, mas conjuntos significantes.

Outrossim, o bem objeto de proteção especial pode também decorrer de decisão judicial:

> Há, também, os móveis ou imóveis colocados sob a proteção estatal, em virtude de decisão judicial, quando o Ministério Público (ou outro ente) ajuíza ação civil pública para que determinada região, lugar ou prédio seja preservado, em face do valor artístico ou histórico.[59]

Com efeito, o art. 4º, que rege a ação civil pública, disciplinada pela Lei n. 7.347, de 24 de julho de 1985, normatiza em seu art. 4º: "Poderá ser ajuizada ação cautelar para os fins desta Lei, objetivando, inclusive, evitar o dano ao meio ambiente, ao consumidor, à ordem urbanística ou aos bens e direitos de valor artístico, estético, histórico, turístico e paisagístico".

Nada obsta, por outro lado, que a proteção especial em questão decorra de pronunciamento jurisdicional em virtude do ajuizamento de ação popular (Lei n. 4.717, de 29.06.1965):

---

59 NUCCI, Guilherme de Souza. *Leis penais e processuais penais comentadas*, p. 925.

Art. 1º Qualquer cidadão será parte legítima para pleitear a anulação ou a declaração de nulidade de atos lesivos ao patrimônio da União, do Distrito Federal, dos Estados e dos Municípios, de entidades autárquicas, de sociedades de economia mista (Constituição, art. 141, § 38), de sociedades mútuas de seguro nas quais a União represente os segurados ausentes, de empresas públicas, de serviços sociais autônomos, de instituições ou fundações para cuja criação ou custeio o tesouro público haja concorrido ou concorra com mais de 50% (cinquenta por cento) do patrimônio ou da receita anual de empresas incorporadas ao patrimônio da União, do Distrito Federal, dos Estados e dos Municípios e de quaisquer pessoas jurídicas ou entidades subvencionadas pelos cofres públicos.
§ 1º Consideram-se patrimônio público para os fins referidos neste artigo os bens e direitos de valor econômico, artístico, estético, histórico ou turístico.

A teor do que se observa no comando normativo trasladado, qualquer pessoa do povo pode provocar o Poder Judiciário visando a conseguir um pronunciamento jurisdicional tendente à manutenção e preservação de bens que ostentam a qualidade referida no encimado parágrafo.

A ação delituosa do sujeito ativo também pode estar voltada a arquivo (local onde são guardados documentos, a exemplo do arquivo nacional, que tem por objetivo a gestão do patrimônio documental do país), registro (na acepção jurídica, entende-se o assento ou cópia, em livro próprio, de ato que se tenha praticado, ou de documentos que se tenha passado), museu (instituição em que se reúnem e conservam obras de arte, objetos de valor histórico ou científico, para fins de pesquisa e exposição pública), biblioteca (espaço físico em que se guardam livros, dispostos ordenadamente para estudo e consulta. Trata-se de coleção de livros. Biblioteca é todo espaço, seja ele concreto ou virtual que reúne coleção de informações de qualquer tipo, sejam livros, enciclopédias, dicionários, monografias, revistas, folhetos etc., ou digitalizadas e armazenadas em CD, DVD e banco de dados), pinacoteca (museu que contém um acervo de pinturas. A origem desta palavra, que significa "sala que contém uma coleção de quadros", é o latim *pinacotheca*, derivado do grego antigo *pinacothêkê*: *pinax – akos*, quadro, e *thêké*, caixa. As pinacotecas costumam conter quadros de pintores nacionais e internacionais, mas geralmente o acervo permanente é focado na arte nacional ou característica artística da região. Costuma também abrigar exposições temporárias, e às vezes a obra de artistas de renome internacional) e instalação científica ou similar (é toda aquela que tem como escopo a pesquisa e o estudo das ciências).

Entretanto, para caracterizar o crime ambiental que está sendo discursado, não basta unicamente que haja qualquer tipo de ataque a esses bens que normalmente são de interesse público, mas que eles sejam protegidos por lei, ato administrativo ou decisão judicial. Se isso não se evidenciar, o crime praticado será de outra natureza e não do tipo penal que está sendo objeto de considerações doutrinárias, a exemplo do art. 163 do Código Penal (destruir, inutilizar ou deteriorar coisa alheia).

Tutela penal

A proteção incide sobre o meio ambiente, com especial interesse aos seus aspectos artificiais, urbano e cultural.

Sujeito ativo

Por se cuidar de crime comum, qualquer pessoa física poderá cometer a infração típica, incluindo-se a jurídica.

Sujeito passivo

Se o crime estudado é contra o meio ambiente, sua vítima é a sociedade como um todo, porquanto a ação criminosa percute sobre ela.

Por outro lado, considerando-se que o bem especialmente protegido pode ter como proprietário o particular, o ato de destruição, inutilização ou deterioração o alcança, tornando-o também vítima da incursão delitiva.

Com efeito,

> o particular também poderá ser sujeito passivo. Por exemplo, o centro histórico da cidade de São Luís do Paraitinga/SP, formado por sobrados do século XIX, possui 171 edificações, a maior parte de uso residencial. Ele foi tombado pela Res. n. 55, de 13.05.1982, *DO* 28.05.1982, do Condephaat, fato que limita o uso da propriedade. Assim, dano a um daqueles imóveis atingirá o proprietário e também a coletividade.[60]

É oportuno deixar esclarecido que o proprietário do bem tombado deverá preservar e manter as características deste; entretanto, não é vedada sua alienação, desde que o poder público seja devidamente notificado e exerça seu direito de preferência na compra do bem. Porém, as possíveis obras realizadas

---

60   FREITAS, Vladimir Passos de; FREITAS, Gilberto Passos de. *Crimes contra a natureza*, p. 260.

para a conservação do bem deverão ser previamente aprovadas pelo órgão que efetuou o tombamento. A aprovação está vinculada ao nível de conservação do bem. Portanto, o que se conclui é que o proprietário do bem tombado pode ser também vítima do crime ecológico que está sendo examinado.

Elemento subjetivo

Consoante prévia previsão de cunho normativo, o delito em espécie pode ser efetivado por intermédio de comportamento doloso ou culposo (art. 62, parágrafo único, Lei n. 9.605/98).

O dolo que o compreende é o genérico: vontade livre ou consciente de praticar algum dos comportamentos vedados pelo tipo penal.

A culpa pode estar revestida de imprudência, negligência ou imperícia.

Consumação e tentativa

Verifica-se pelos termos normativos do fato punível que os núcleos que o informam indicam a existência de crime material, posto que pressupõem o surgimento de um resultado naturalístico em relação ao bem protegido. Diante disso, o crime se consuma com a efetiva destruição, inutilização ou deterioração do bem especialmente protegido: arquivo, registro, museu, biblioteca, pinacoteca, instalação científica ou similar.

Por se tratar de crime material, que exige para sua consecução o *iter criminis*, a tentativa é plenamente admitida, eis que a coisa não consegue ser destruída, inutilizada ou deteriorada, uma vez iniciada a ação, por circunstâncias alheias à vontade do sujeito ativo.

4.2. Alteração do aspecto ou estrutura de edificação ou local especialmente protegido

> Art. 63. Alterar o aspecto ou estrutura de edificação ou local especialmente protegido por lei, ato administrativo ou decisão judicial, em razão de seu valor paisagístico, ecológico, turístico, artístico, histórico, cultural, religioso, arqueológico, etnográfico ou monumental, sem autorização da autoridade competente ou em desacordo com a concedida:
> Pena – reclusão, de 1 (um) a 3 (três) anos, e multa.

Tipo objetivo

A conduta não admitida pelo legislador está consubstanciada no verbo "alterar", que significa mudar, modificar.

Elementos do tipo

A ação vetada de mudar diz respeito ao aspecto (aparência, parte exterior) ou estrutura (maneira como um edifício ou uma coisa qualquer é construída, organizada e disposta).

Na esteira do que já foi antecipado, a modificação em questão diz respeito à edificação, que significa a ação de edificar, de levantar, de construir um edifício ou templo, ou local, implicativo de sítio, lugar.

A conduta do agente somente se mostra típica no âmbito do delito ambiental se a mudança é feita em edifício ou sítio que tenha proteção especial por intermédio de lei, ato administrativo ou decisão judicial.

Na oportunidade do exame do tipo anteriormente esquadrinhado, já se dissertou *quantum satis* sobre essas modalidades de proteção especial.

Assim é que, de maneira bastante breve e sucinta, ela pode decorrer de lei editada pela União, estados, Distrito Federal (art. 24, VII, CF), bem como pelos municípios (art. 30, IX, CF).

Outra maneira de proteção dos bens que estão sendo objeto de considerações doutrinárias pode ser feita por intermédio de ato administrativo, representado por desapropriação ou tombamento, cujas definições já foram expostas aqui.

Outrossim, o bem objeto de proteção especial pode também decorrer de decisão judicial, provinda de ação civil pública ou de ação popular, remetendo-se à leitura da matéria analisada no dispositivo penal precedentemente abordado.

A proteção especial de edificação ou local decorre de seu valor **paisagístico**, como sendo aquele que se refere à paisagem artificial ou natural; **ecológico**, assim entendido aquele que diz respeito ao meio ambiente, à natureza; **turístico**, que, normalmente, constitui-se sítio destinado à visitação pública, aquela feita por turistas; **artístico**, tudo aquilo que foi produzido pela arte humana; **histórico**, que se refere a acontecimentos registrados no fluir da história; **cultural**, associado, comumente, a altas formas de manifestação artística e/ou técnica da humanidade; **religioso**, tudo aquilo que concerne às várias religiões, às crenças de maneira genérica.

Também se inclui no que está sendo discursado o valor **arqueológico**, aquele que diz respeito à arqueologia, que é a disciplina científica que estuda as culturas e os modos de vida do passado a partir da análise de vestígios materiais. É uma ciência social que estuda as sociedades já extintas, por meio de seus restos materiais, sejam estes móveis (p. ex.: um objeto de arte) ou objetos imóveis (como é o caso das estruturas arquitetônicas). Incluem-se também no seu campo de estudos as intervenções feitas pelo homem no meio ambiente, nos bens de valor **etnográfico**, que se refere à etnografia, o ramo da antropologia que trata historicamente da origem e filiação das raças e culturas – é a antropologia descritiva –, ou **monumental**, que é implicativo de monumento, estrutura construída por motivos simbólicos e/ou comemorativos, normalmente expressa por grandes obras do ponto de vista arquitetônico.

Na esteira do que tem iterativamente ocorrido em termos de crimes ecológicos, o legislador deixa expresso, a título de ressalva: "sem autorização da autoridade competente ou em desacordo com a concedida".

Diante disso, é forçoso convir que se houver permissão de qualquer autoridade administrativa no campo ambiental permitindo que o agente faça a alteração que, como regra, é tida como infração ambiental em nível criminal, estará ele agindo como a lei lhe permite, motivo pelo qual sua conduta será atípica, não podendo, por conseguinte, haver adequação no dispositivo sancionatório examinado.

Tutela penal

O amparo legal buscado pelo legislador é o meio ambiente, notadamente de caráter urbano, artificial e cultural, a exemplo do que também ocorre com o delito anteriormente analisado. De outro lado, a tutela também atinge o bem alheio, quer seja ele público, quer se trate de privado.

Sujeito ativo

Por se cuidar de crime comum, qualquer pessoa física poderá cometer a infração típica, incluindo-se a jurídica.

Sujeito passivo

Repetindo o que foi dito relativamente ao delito anteriormente analisado, se o crime estudado é contra o meio ambiente, sua vítima é a sociedade como um todo, porquanto a ação criminosa percute sobre ela.

Por outro lado, considerando-se que o bem especialmente protegido pode ter como proprietário o particular, o ato de alteração pode também alcançar o particular, a exemplo do que acontece com aquele que tem seu imóvel tombado.

Elemento subjetivo

O fato punível comentado pressupõe, para sua construção subjetiva, o dolo genérico: vontade livre e consciente de praticar a ação vedada legalmente.

Consumação e tentativa

A ação de alterar, de desfigurar, faz surgir um resultado naturalístico, motivo pelo qual o delito tem natureza material. Em circunstâncias desse matiz, ele se consuma quando se verifica o comportamento de mudar o bem jurídico protegido.

No que tange à tentativa, ela é plenamente permitida, posto que nos crimes materiais, conforme já foi exposto em várias oportunidades, há um caminho a ser seguido e, sendo ele interrompido por circunstâncias alheias à vontade do agente, este responde por tentativa. Logo, iniciada a alteração proibida, o sujeito ativo não consegue terminá-la, posto que foi impedido.

> **Jurisprudência:** Alteração de fachada de prédio considerado patrimônio histórico da cidade. Reconstituição probatória suficiente à imposição de condenação criminal. Inviável a aplicação do princípio da insignificância aos crimes ambientais, já que o dano ambiental não pode ser quantificado, pois atinge toda a coletividade. Condenação mantida. Apelo improvido. Unânime. (TJRS, Ap. Crim. n. 70.042.833.103, 4ª Câm. Crim., rel. Des. Aristide de Albuquerque Neto, *DJ* 29.09.2011)

4.3. Promoção de construção em solo não edificável ou no seu entorno

> Art. 64. Promover construção em solo não edificável, ou no seu entorno, assim considerado em razão de seu valor paisagístico, ecológico, artístico, turístico, histórico, cultural, religioso, arqueológico, etnográfico ou monumental, sem autorização da autoridade competente ou em desacordo com a concedida:
> Pena – detenção, de 6 (seis) meses a 1 (um) ano, e multa.

Tipo objetivo

O fato punível transcrito é integrado pelo verbo "promover", cujo sentido étimo é causar, pôr em execução, provocar.

Elementos do tipo

A conduta do agente no sentido de promover se volta à construção em solo, em lugar onde não é permitida edificação, ou em seu entorno, assim entendido o lugar que o circunda, que o rodeia. Trata-se de norma penal em branco, que deve ser preenchida por dispositivo normativo indicando qual ou onde o solo ou seu entorno não podem ser objeto de edificação.

Diante disso, não se autoriza a promoção de construção em lugar de valor paisagístico, ecológico, turístico, artístico, histórico, cultural, religioso, arqueológico, etnográfico ou monumental.

Os mencionados elementos do tipo enumerados são os mesmos que servem de conteúdo ao art. 63 e que já foram alvo de considerações doutrinárias, oportunidade em que foram feitas considerações detalhadas em relação às inteligências que os cercam, não sendo recomendável, até mesmo por questão de razoabilidade, que se torne a repeti-las neste ponto.

Da mesma forma como ocorreu com o precitado comando normativo, o legislador no preceito estudado também fez a seguinte ressalva: "sem autorização da autoridade competente ou em desacordo com a concedida" (elemento normativo do tipo).

Diante disso, a teor do que lá restou sustentado, é forçoso convir que se houver permissão de qualquer autoridade administrativa no campo ambiental para que o agente faça a alteração que, como regra, é tida como infração ambiental em nível criminal, estará ele agindo como a lei lhe permite, motivo pelo qual sua conduta será atípica, não podendo, por conseguinte, haver adequação no dispositivo sancionatório examinado.

Tutela penal

O amparo legal buscado pelo legislador é o meio ambiente, notadamente de caráter urbano, artificial e cultural, incidindo de forma especial no solo e no seu entorno não edificável.

Sujeito ativo

O crime analisado não exige, para sua configuração, sujeito especial, motivo pelo qual pode ser praticado por qualquer pessoa, quer se trate de física, quer se cuide de jurídica.

Sujeito passivo

Tendo em linha de consideração que o fato punível esquadrinhado diz respeito ao meio ambiente que se revele de interesse geral, a passividade delitiva incide sobre toda a sociedade.

Também, pode ser vítima do fato típico em espécie, pelo menos de forma secundária, o proprietário do local ou do entorno onde foi promovida a construção proibida.

Elemento subjetivo

A conduta contrária ao Direito é punida unicamente a título de dolo eventual: vontade livre e consciente da realização de construção em local não edificável ou em seu entorno.

Consumação e tentativa

O núcleo do tipo "promover" é indicativo de crime material, ou seja, daquele que deixa vestígios. Logo, para caracterizá-lo, há necessidade da produção de um resultado naturalístico, físico.

A tentativa se mostra viável. Assim, uma vez iniciado o *iter criminis*, o sujeito ativo não consegue promover a construção almejada por circunstâncias alheias à sua vontade, uma vez que sua conduta, ao ser interrompida, não permite que ele conclua sua ação.

> **Jurisprudência:** 1. Agente absolvido da prática do delito previsto no art. 64 da Lei n. 9.605/98, fundamentando-se na ausência de qualquer prova de que tenha sido o réu o autor da construção de uma residência em área de preservação permanente (APP), localizada às margens do Rio Picoli, Loteamento [...], no Município de Eusébio/CE do imóvel. 2. O Ibama, em seu laudo técnico n. 080/09 NLA/Supes/Ibama-CE, atestou a impossibilidade de precisar a autoria da degradação ambiental e em que período ela teria ocorrido. 3. Para a condenação do réu, deve haver

provas, ainda que mínimas, capazes de levar à condenação do acusado, devidamente respeitado o contraditório, devendo, em caso de dúvidas entre as provas existentes no processo, prevalecer aquela que beneficia o réu, em homenagem ao princípio do *in dubio pro reo*, segundo o qual na dúvida, a decisão deve ser a mais benéfica para o réu. 4. Havendo o apelante negado a autoria do ilícito e o laudo do Ibama atestou a impossibilidade de identificar a autoria e a época do dano ambiental, sem qualquer outra prova em desfavor do acusado, não se pode considerar existirem nos autos elementos de convicção seguros a respeito de o apelado ter praticado o delito, de forma que deve ele ser absolvido, com base no disposto no art. 386, VII, do Código de Processo Penal. 5. Apelação improvida. (TRF-5ª Região, Ap. Crim. n. 8.350, 3ª T., rel. Des. Fed. Rubens de Mendonça Canuto, *DJe* 16.12.2013)

4.4. Pichação, conspurcação em edificação ou monumento urbano

> Art. 65. Pichar ou por outro meio conspurcar edificação ou monumento urbano:
> Pena – detenção, de 3 (três) meses a 1 (um) ano, e multa.
> § 1º Se o ato for realizado em monumento ou coisa tombada em virtude do seu valor artístico, arqueológico ou histórico, a pena é de 6 (seis) meses a 1 (um) ano de detenção e multa.
> § 2º Não constitui crime a prática de grafite realizada com o objetivo de valorizar o patrimônio público ou privado mediante manifestação artística, desde que consentida pelo proprietário e, quando couber, pelo locatário ou arrendatário do bem privado e, no caso de bem público, com a autorização do órgão competente e a observância das posturas municipais e das normas editadas pelos órgãos governamentais responsáveis pela preservação e conservação do patrimônio histórico e artístico nacional.

Tipo objetivo

Dois são os verbos que compõem a estrutura do crime ecológico analisado: "pichar" e "conspurcar".

Pichar é o ato de escrever ou rabiscar, enquanto conspurcar é sujar, manchar, enodoar, termo esse empregado no texto legal de maneira genérica. Logo, a sujeira pode ser causada por qualquer meio de manifestação capaz de desvirtuar o ambiente visual.

No amplo campo da conspurcação, pode ser incluída a denominada grafitação, que se traduz em escrever, rabiscar ou pintar, cujas mensagens normalmente são de conteúdo inconformista, político, crítico da sociedade, muitas vezes de cunho ofensivo, pornográfico, embora também possam ser autênticas manifestações de cunho artístico, cuja conduta pode ser permitida, conforme considerações que serão tecidas quando da abordagem do § 2º deste tipo penal.

A forma como a ação proibida é concretizada pouco importa para os efeitos de ordem criminal. Porém, diante do que se pode observar, o agente faz uso de tinta em *spray* aerossol, estêncil ou mesmo rolo de tinta.

Elementos do tipo

As condutas punidas recaem sobre edificação, que em sentido geral é denotativa de construção, que pode ser pública ou privada, posto que o tipo penal de regência não distingue nem especifica qual seja sua natureza.

O monumento urbano, público ou privado, que se constitui estrutura construída por motivos simbólicos e/ou comemorativos, normalmente expressa por grandes obras do ponto de vista arquitetônico, também pode ser alvo da ação criminosa praticada pelo agente.

De maneira bastante geral, a pichação ou conspurcação pode ser feita em casas, muros, paredes, edifícios, viadutos, estátuas, bustos.

Tutela penal

A proteção legal incide sobre o meio ambiente e, de modo particularizado, sobre a manutenção da limpeza das edificações e monumentos urbanos, oferecendo-lhes uma visão ideal que seja apta a proporcionar o bem-estar das pessoas de modo geral.

De forma indubitável, a sujeira e a poluição encontradas no meio ambiente, local em que os seres vivos encontram seu *habitat*, produzem mal-estar, o que se revela inaceitável.

Sujeito ativo

A figura incriminadora não exige sujeito especial, podendo, dessa maneira, ser transgredida por qualquer pessoa física.

Nada impede, embora isso seja raro, que também figure ativamente a pessoa jurídica, na hipótese em que a pichação ou conspurcação seja por ela determinada.

Sujeito passivo

Por se cuidar de delito contra o meio ambiente, a vítima é toda a sociedade, porquanto a manutenção e preservação do ambiente visual a todos interessa.

O proprietário do edifício ou do monumento que foi objeto de pichação ou conspurcação também figura na parte passiva do delito, porquanto sofreu dano em virtude da ação delituosa do autor do fato punível. Esse proprietário poderá ser o particular ou o poder público (União, estado ou município).

Elemento subjetivo

Subjetivamente, o delito se compõe por intermédio do dolo genérico: vontade livre e consciente de pichar ou conspurcar os bens legalmente protegidos.

Consumação e tentativa

A ações de pichar e conspurcar fazem emergir uma situação de dano ou prejuízo. Diante disso, perpetrada a ação vedada, o delito se consuma.

A tentativa não se revela possível, uma vez que pichar ou conspurcar é ato que não pode ser fracionado. Trata-se de comportamento unitário, o que é próprio de crime unissubsistente. Assim, ou o agente picha ou não picha; conspurca ou não conspurca. É ação que, portanto, não pode ser interrompida, uma vez que não há caminho a ser seguido.

Crime qualificado

O § 1º do dispositivo sancionatório comentado prevê uma qualificadora especial. Diante disso, a punição será mais severa quando o ato de pichar ou de conspurcar for realizado sobre monumento ou coisa tombada em virtude de seu valor artístico, arqueológico ou histórico.

Nunca é demais tornar a assentar que o tombamento se constitui o ato de reconhecimento do valor cultural de um bem, que o transforma em patrimônio oficial e institui regime jurídico especial de propriedade, levando-se em conta sua função social. Um bem cultural é "tombado" quando passa a figurar na relação de bens culturais que tiveram sua importância histórica, artística ou cultural reconhecida por algum órgão que tem essa atribuição.

De outro lado, é interessante tornar patenteado que o instituto do tombamento coloca sob a tutela pública os bens móveis e imóveis, públicos ou privados que, por suas características históricas, artísticas, estéticas, arquitetônicas, arqueológicas, documentais ou ambientais, integram-se ao patrimônio cultural de uma localidade, nação, estado ou município.

Sob outra ótica analítica, agora a título de juízo valorativo, andou bem o legislador ao instituir a qualificadora comentada, porquanto os bens jurídicos protegidos são de alto valor, de importância significativa para a própria história e cultura nacionais.

Sem o menor resquício de dúvida, não se pode nivelar a conduta do agente que casou dano em edificação ou monumento até então não reconhecido como de expressão nacional com o comportamento que se projeta sobre bens públicos ou particulares que se transformaram em patrimônio oficial.

Atipicidade de conduta

No § 2º do preceito incriminador discorrido, o legislador, de maneira expressa, estabelece algumas situações em que, segundo a norma de regência, "não constitui crime a prática de grafite".

Essa expressão conduz ao juízo de que o agente, nas circunstâncias indicadas no regramento legal, tem sua conduta amparada em lei, motivo pelo qual ela não pode ser punida, revelando-se atípica.

No que concerne à grafitação, já foram precedentemente externadas considerações a respeito, o que dispensa nova incursão nesta matéria.

O emprego do grafite é permitido desde que o trabalho dele resultante, a título de manifestação artística, determine a valorização do patrimônio público ou privado que dele é objeto.

Observa-se que a singular circunstância de pichar ou grafitar edificação ou monumento urbano, nos termos do *caput* desse regramento legal, é indicativo de prejuízo, de dano, de diminuição do valor patrimonial do bem público ou privado, enquanto a ação permitida tende a aumentar esse valor. Todavia, não obstante o que está sendo considerado, à luz da realidade, tendo em vista o direito de propriedade garantido constitucionalmente, a conduta do agente não será tida como delituosa se houver autorização do proprietário, locatário ou arrendatário, se for o caso, do bem imóvel. Para ser mais claro, preciso e objetivo, se não houver a permissão prevista legalmente, a conduta do agente será típica, independentemente de se verificar a ocorrência do valor do bem, em defluência do trabalho artístico efetuado.

De outro lado, no que diz respeito à grafitação em edificação ou monumento público, também realizada a título de obra artística, somente não terá caráter criminoso se houver autorização de órgão competente e a observância das posturas municipais (em sentido estrito é o conjunto de regras de conduta dos munícipes de uma cidade visando ao bem-estar da coletividade) e das normas editadas pelos órgãos governamentais responsáveis pela preservação e conservação do patrimônio histórico e cultural.

Como é de evidentíssima constatação, o legislador deixou a cargo dos mencionados órgãos estabelecer normas para que haja o uso do grafite em prédios públicos, na eventualidade de haver interesse nessa atividade quando ela estiver voltada ao enriquecimento do meio artificial ou urbano. Trata-se de medida discricionária.

Entende-se perfeitamente a postura gizada pelo legislador, uma vez que o grafite se integra nos espaços urbanos das principais cidades do mundo, formando-se um elemento de cultura e arte, posto que tem sido legitimado e reconhecido como autêntica manifestação de caráter artístico. Por intermédio dele têm-se criado verdadeiras obras de arte de iniciativa popular, rompendo com padrões convencionais sobre a arte.

O grafite representa arte urbana, que deixou de ser marginalizada, principalmente pela reação de alguns artistas consagrados que passaram a fazer inserção de suas obras grafitadas em vários centros culturais, mostras e museus.

Em circunstâncias desse matiz, o uso do grafite para a produção de arte, de obras artísticas, que não só embelezam e dão vida a espaços públicos e privados, mas também acrescentam seu valor patrimonial, passa a fazer parte integrante da cultura popular, tornando o meio ambiente mais agradável em termos de visão, motivo pelo qual sua adoção deve ser prestigiada.

5. Dos crimes contra a administração ambiental

O legislador entendeu por oportuno estabelecer, ao lado dos delitos ambientais ou ecológicos, algumas figuras delitivas que envolvem a administração ambiental.

Verificando-se o conteúdo dos dispositivos sancionatórios que serão objeto de exame, alguns deles guardam certa pertinência com o delito de falsidade ideológica, previsto no art. 299 do Código Penal, ou de prevaricação, consubstanciado no art. 319 do mencionado Diploma.

Independentemente de se indagar se algumas das condutas típicas dessa natureza poderiam ser encartadas em qualquer dispositivo do Código Penal, a verdade é que, do ponto de vista criminal, é mais conveniente, inclusive por serem delitos próprios, que sejam tratadas na Lei Ambiental, posto que se mostram complementares aos fatos delituosos precipuamente de caráter ecológico.

Em sentido lato, a administração ambiental tem como núcleo o Sistema Nacional do Meio Ambiente (Sisnama), que é constituído pelos órgãos e entidades da União, dos estados, do Distrito Federal, dos municípios e também pelas fundações instituídas pelo poder público, responsáveis pela proteção e melhoria da qualidade ambiental, e tem a seguinte estrutura:

- órgão superior: Conselho de Governo; órgão consultivo e deliberativo: Conselho Nacional do Meio Ambiente (Conama); orgão central: Ministério do Meio Ambiente (MMA); órgão executor: Instituto Brasileiro do Meio Ambiente e dos Recursos Naturais Renováveis (Ibama);
- órgãos seccionais: órgãos ou entidades estaduais responsáveis pela execução de programas, projetos e pelo controle e fiscalização de atividades capazes de provocar a degradação ambiental; órgãos locais: órgãos ou entidades municipais, responsáveis pelo controle e pela fiscalização dessas atividades, nas suas respectivas jurisdições.

Os crimes previstos nos arts. 66 *usque* 69-A, que passarão a ser esquadrinhados, são praticados em oposição à administração ambiental.

5.1. Afirmação falsa, enganosa, omissão e sonegação de informações por funcionário público

> Art. 66. Fazer o funcionário público afirmação falsa ou enganosa, omitir a verdade, sonegar informações ou dados técnico-científicos em procedimentos de autorização ou de licenciamento ambiental:
> Pena – reclusão, de 1 (um) a 3 (três) anos, e multa.

Tipo objetivo

O fato típico discorrido é composto por vários núcleos, representando várias condutas quer positivas (comissivas), quer negativas (omissivas).

Conforme a ordem disposta no preceito punitivo, há a ação de "fazer", cujo sentido é implicativo de realizar, "afirmação falsa", como sendo aquela que não corresponde à verdade, ou "enganosa", que é capaz de induzir a erro, de ludibriar a pessoa que dela é objeto. O fato envolvendo as condutas vedadas deve ser de relevância.

Na esteira do assinalado por Roberto Delmanto et al.:

> Trata-se de conduta comissiva em que o agente fornece uma informação não verdadeira ou que, apesar de verdadeira, foi dada de tal forma (com ardil) que se tornou apta a ludibriar ou induzir a erro a pessoa destinatária (superior hierárquico, por exemplo).[61]

A conduta de "omitir" significa que o funcionário público ligado à atividade de meio ambiente escondeu aquilo que é verdadeiro, quando na verdade teria de revelar, expor.

A outra conduta omissiva punida é a de "sonegar", que tem a acepção semântica de ocultar, *in casu*, informações, ou seja, deixar de comunicar, quando na verdade o funcionário público tem o dever de ofício de passar as informações ou dados técnico-científicos.

A primeira parte de figura penal, "afirmação falsa ou enganosa", é indicativa de tipo misto alternativo. Logo, se o agente tiver realizado as duas condutas, responderá somente por uma infração criminal.

Elementos do tipo

As condutas vedadas dizem respeito aos procedimentos de autorização ou de licenciamento ambiental.

Na oportunidade em que foi comentado o art. 60, já se teceram considerações em torno de autorização ou licenciamento, afirmando-se, em linhas gerais, que há uma tênue diferença entre um e outro ato administrativo. Enquanto na licença o ato é vinculado, na autorização ele é discricionário. Todavia, na prática ambos os atos são de natureza precária.

Outrossim, quando do esquadrinhamento do supradito dispositivo sancionatório, restou dissertado que, no caso específico das obras ou serviços potencialmente poluidores que são tratados pelo regramento legal comentado, a previsão é de concessão de licenciamento, cujo assunto jurídico vem regula-

---

61 *Leis penais especiais comentadas*, p. 663.

do pelo Decreto n. 99.274, de 6 de junho de 1990, que regulamenta a Lei n. 6.902, de 27 de abril de 1981, e Lei n. 6.938, de 31 de agosto de 1981, que dispõem, respectivamente, sobre a criação de estações ecológicas e áreas de proteção ambiental e sobre a Política Nacional do Meio Ambiente.

O regramento de interesse ao texto legal comentado é aquele que se encontra inserido no art. 17 do referido Decreto, cujo teor é o seguinte:

> A construção, instalação, ampliação e funcionamento de estabelecimento de atividades utilizadoras de recursos ambientais, consideradas efetiva ou potencialmente poluidoras, bem assim os empreendimentos capazes, sob qualquer forma, de causar degradação ambiental, dependerão de prévio licenciamento do órgão estadual competente integrante do Sisnama, sem prejuízo de outras licenças legalmente exigíveis. § 1º Caberá ao Conama fixar os critérios básicos, segundo os quais serão exigidos estudos de impacto ambiental para fins de licenciamento, contendo, entre outros, os seguintes itens: *a)* diagnóstico ambiental da área; *b)* descrição da ação proposta e suas alternativas; e *c)* identificação, análise e previsão dos impactos significativos, positivos e negativos. § 2º O estudo de impacto ambiental será realizado por técnicos habilitados e constituirá o Relatório de Impacto Ambiental – Rima, correndo as despesas à conta do proponente do projeto. § 3º Respeitada a matéria de sigilo industrial, assim expressamente caracterizada a pedido do interessado, o Rima, devidamente fundamentado, será acessível ao público. § 4º Resguardado o sigilo industrial, os pedidos de licenciamento, em qualquer das suas modalidades, sua renovação e a respectiva concessão da licença serão objeto de publicação resumida, paga pelo interessado, no jornal oficial do Estado e em um periódico de grande circulação, regional ou local, conforme modelo aprovado pelo Conama.

Sob outro enfoque, agora a título de complementação visando mais de perto o tipo penal discorrido, o licenciamento ambiental sob comento deve ser feito por intermédio de procedimento administrativo específico, que na ótica de Celso Antônio Pacheco Fiorillo,

> é o complexo de etapas que compõe o procedimento administrativo, o qual objetiva a concessão de licença ambiental. Dessa forma, não é possível identificar isoladamente a licença ambiental, porquanto esta é uma das fases do procedimento. O licenciamento ambiental é dividido em três fases: a) licença prévia (LP); licença de instalação (LI); e c) licença de fundamento (LF). Durante essas fases podemos encontrar a elaboração de estudo prévio de impacto ambiental

e o seu respectivo relatório (EIA/Rima), bem como a realização de audiência pública, em que se permite a efetiva participação da sociedade civil.[62]

Aumentando ainda mais o contexto do que está sendo dissertado, o licenciamento ambiental é uma obrigação legal prévia à instalação de qualquer empreendimento ou atividade potencialmente poluidora ou degradadora do meio ambiente e possui como uma de suas mais expressivas características a participação social na tomada de decisão, por meio da realização de audiências públicas. Como visto, o licenciamento ambiental faz parte do procedimento administrativo em espécie.

Essa obrigação é compartilhada pelos órgãos estaduais do meio ambiente e pelo Ibama, como partes integrantes do Sisnama. O Ibama atua, principalmente, no licenciamento de grandes projetos de infraestrutura que envolvam impactos em mais de um estado e nas atividades do setor de petróleo e gás na plataforma continental.

Ampliando ainda mais o que já foi discursado, em face do tipo penal comentado, as principais diretrizes para a execução do licenciamento ambiental estão expressas na Lei n. 6.938/81 e nas Resoluções Conama ns. 1/86 e 237/97. Além dessas, há a Lei Complementar n. 140/2011, que discorre sobre as competências estadual e federal para o licenciamento, tendo como fundamento a localização do empreendimento.

A Diretoria de Licenciamento Ambiental é o órgão do Ibama responsável pela execução do licenciamento em nível federal. A Diretoria vem realizando esforços na qualificação, organização e automação dos procedimentos de licenciamento ambiental e, para tanto, disponibiliza aos empreendedores módulos eletrônicos de trabalho e, ao público em geral, inúmeras informações sobre as características dos empreendimentos, bem como a situação do andamento do processo.

Portanto, no âmbito do contexto que foi externado a título procedimental é que o funcionário vinculado ao meio ambiente pode cometer alguma das condutas delituosas inseridas no tipo penal de regência.

Tutela penal

Tendo por norte que o fato punível objeto de considerações diz respeito à administração ambiental e não ao meio ambiente, a proteção do legislador

---

62 *Curso de direito ambiental brasileiro*, p. 91-2.

incide sobre a correção no procedimento de licenciamento ambiental, que deve ser realizado com a maior lisura possível.

Sujeito ativo

Por se tratar de crime próprio, o delito somente pode ser perpetrado pelo funcionário público no exercício de sua função.

O conceito de funcionário público deve ser aquele contido no art. 327 do Código Penal:

> Considera-se funcionário público, para os efeitos penais, quem, embora transitoriamente ou sem remuneração, exerce cargo, emprego ou função pública. § 1º Equipara-se a funcionário público quem exerce cargo, emprego ou função em entidade paraestatal, e quem trabalha para empresa prestadora de serviço contratada ou conveniada para a execução de atividade típica da Administração Pública.

Sujeito passivo

A passividade delitiva incide sobre a administração ambiental, que pode ser em nível de União, estado, Distrito Federal ou município ou qualquer outro órgão estatal que tenha essa incumbência, a exemplo de autarquia ou fundação pública.

Elemento subjetivo

O crime em questão é informado pelo dolo genérico: vontade livre e consciente de praticar a conduta proibida.

Consumação e tentativa

Tratando-se de crime formal, assim entendido aquele cuja consumação se opera com a simples prática da ação típica, não se cogita de eventual produção de resultado, como decorrência do comportamento comissivo ou omisso do sujeito ativo.

A tentativa, em hipótese alguma, pode ser cogitada, uma vez que não existe nenhuma ação e, menos ainda, omissão, cuja realização possa ser interrompida, posto que não existe caminho a ser seguido.

5.2. Concessão, por funcionário público, de licença, autorização ou permissão em desacordo com as normas ambientais para atividades, obras ou serviços

> Art. 67. Conceder o funcionário público licença, autorização ou permissão em desacordo com as normas ambientais, para as atividades, obras ou serviços cuja realização depende de ato autorizativo do Poder Público:
> Pena – detenção, de 1 (um) a 3 (três) anos, e multa.
> Parágrafo único. Se o crime é culposo, a pena é de 3 (três) meses a 1 (um) ano de detenção, sem prejuízo da multa.

Tipo objetivo

O preceito incriminador contém em seu bojo uma única conduta vedada, que está representada pelo verbo "conceder", cujo sentido étimo é tornar disponível, dar, outorgar.

Elementos do tipo

Esse comportamento comissivo se refere à licença, autorização ou permissão.

Reiterando o que foi exposto quando dos comentários do tipo penal anterior, na licença o ato administrativo é vinculado; na autorização, ele é discricionário; na permissão, ele é unilateral, discricionário e precário. No fundo, a permissão é indicativa de consentimento, autorização ou licença. Todavia, na prática esses atos administrativos são de natureza precária.

Essa concessão levada a efeito pelo funcionário público contraria as normas ambientais, motivo pelo qual sua conduta se torna delituosa. Trata-se, portanto, de ato administrativo ambiental ilegal. Enfim, é dever do agente atuar de acordo com aquilo que a legislação do meio ambiente lhe permite.

Deve-se ter cuidado muito especial na interpretação da expressão "normas ambientais", como sendo o instrumento legal que regula a qualidade ambiental por meio do controle da poluição, dos processos de fabrico ou da presença de contaminantes no produto final. Trata-se, portanto, de assunto jurídico de natureza material.

Para ser mais claro e específico, essas normas não guardam nenhuma relação com o procedimento administrativo por meio do qual é concedida a autorização ou licenciamento ambiental.

As normas ambientais em apreço estão relacionadas com as atividades, obras ou serviços cuja realização somente pode ser levada a efeito quando houver outorga do poder público.

Tutela penal

O legislador procura resguardar a administração pública ambiental, impondo que o funcionário público no exercício de sua atividade cumpra norma relativa ao meio ambiente, o que concorre, de forma efetiva, para sua conservação e proteção.

Sujeito ativo

Por se tratar de crime próprio, a transgressão típica somente poderá ser concretizada por servidor público no exercício de sua função normalmente vinculada ao meio ambiente.

Sobre o conceito de funcionário público, aplica-se o conteúdo normativo do art. 327 do Código Penal, que foi trasladado quando dos comentários ao art. 66 desta Lei Ambiental.

Outrossim, na hipótese específica do preceito incriminador examinado, nada impede que pessoa estranha (*extraneus*) à administração ambiental concorra para que seja concedida a outorga se opondo às normas ambientais de regência.

Sujeito passivo

É vítima da ação delitiva do funcionário público a administração ambiental, que pode ser em nível de União, estados, Distrito Federal ou município ou qualquer outro órgão estatal que tenha essa incumbência, a exemplo de autarquia ou fundação pública.

De outro lado, pelo menos de forma indireta, a coletividade também pode figurar passivamente, uma vez que a quebra de norma ambiental sempre coloca em risco a integridade do meio ambiente.

Elemento subjetivo

O tipo penal em espécie pressupõe, para sua adequação, o dolo genérico: vontade livre e consciente de conceder licença, autorização ou permissão prevista no dispositivo incriminador sabendo que ela se opõe aos regramentos legais atinentes ao meio ambiente.

O legislador também previu a punição do funcionário público a título de culpa, consistente na negligência (falta de cuidado, desatenção), "que por desleixo, deixa de examinar adequadamente as normas existentes e, por sua desídia, acaba influenciando na concessão de licença, autorização ou permissão".[63]

Consumação e tentativa

O crime se consuma no momento da concessão proibida. Trata-se de crime formal.

De acordo com Mossin e Mossin,

> a tentativa é a realização incompleta da conduta típica, que não se completa por circunstâncias alheias à vontade do agente [...] porque surge alguma interferência humana ou natural na cadeia causal, completamente estranha à sua vontade ou controle, que não permite que tal fato seja alcançado em sua inteireza.[64]

Partindo-se dessa premissa, o *conatus* não pode ser concebido na matéria em análise posto que nessa modalidade delitiva não há *iter criminis* a ser percorrido.

> **Jurisprudência:** Conflito negativo de competência. Crimes contra a administração ambiental. Arts. 66 e 67 da Lei n. 9.605/98. Concessão de autorização ilegal de desmatamento de vegetação nativa da Mata Atlântica. Fundação do Meio Ambiente do Estado de Santa Catarina – FATMA. Interesse da União na apuração dos fatos delituosos. Desmatamento de área destinada ao Parque Nacional das Araucárias. Unidade de Conservação criada por decreto federal. *Perpetuatio jurisdictionis*. Não ocorrência. Competência absoluta em razão da matéria. Aplicação do art. 87 do CPC. Precedentes. Preservação do meio ambiente é matéria de competência comum da União, dos estados, do Distrito Federal e dos municípios, nos termos do art. 23, VI e VII, da Constituição Federal. A Justiça Federal somente será competente para processar e julgar crimes ambientais quando caracterizada lesão a bens, serviços ou interesses da União, de suas autarquias ou empresas públicas, em conformidade com o art. 109, IV, da Carta Magna. Constatada que a

---

63   FREITAS, Vladimir Passos de; FREITAS, Gilberto Passos de. *Crimes contra a natureza*, p. 285.
64   MOSSIN, Heráclito Antônio; MOSSIN, Júlio César O. G. *Comentários ao Código Penal*: à luz da doutrina e jurisprudência – doutrina comparada, p. 105.

área desmatada ilegalmente foi transformada no Parque Nacional das Araucárias, criado pela União, cuja administração coube ao Ibama (art. 3°, Decreto de 19 de outubro de 2005), evidencia-se o interesse federal na manutenção e preservação da região, sendo certo que, tratando-se de competência absoluta em razão da matéria, não há que se falar em *perpetuatio jurisdictionis*, a teor do que dispõe o art. 87 do Código de Processo Civil. Precedentes. Conflito conhecido para declarar a competência do Juízo Federal da Vara de Joaçaba-SJ/SC, o suscitado. (STJ, CC n. 104.942/SC, 3ª Seção, rel. Min. Marco Aurélio Bellizze, *DJe* 22.11.2012)

5.3. Não cumprimento de obrigação relevante de interesse ambiental

Art. 68. Deixar, aquele que tiver o dever legal ou contratual de fazê-lo, de cumprir obrigação de relevante interesse ambiental:
Pena – detenção, de 1 (um) a 3 (três) anos, e multa.
Parágrafo único. Se o crime é culposo, a pena é de 3 (três) meses a 1 (um) ano, sem prejuízo da multa.

Tipo objetivo

O comportamento punido é de natureza omissiva, posto que o núcleo do tipo que lhe é inerente é determinado pelo verbo "deixar", ou seja, omitir-se, não fazer.

Elementos do tipo

A conduta omissiva imprópria punida diz respeito ao cumprimento de obrigação de relevante interesse ambiental. Trata-se de elemento aberto, porquanto o legislador não aponta no que consiste essa importância ao ecossistema.

Embora, em princípio, a função do hermeneuta seja interpretar o texto legal, há momentos em que ele deve fazer um juízo crítico em torno dos elementos que o compõem.

Qualquer regra legal deve ser confeccionada de maneira clara e objetiva, para que seu destinatário saiba qual é o comportamento vedado pelo legislador, bem como para orientar a persecução criminal e a decisão que dela resultará em caso de promoção da ação penal.

Diante disso, em suma, não existe nenhuma baliza capaz de definir o que deve ser entendido por "relevante interesse ambiental", mesmo porque isso implica entender que há situações que não ostentam essa importância e, isso acontecendo, indubitavelmente a conduta do agente será atípica.

Essa maneira viciada de compor o fato punível, pelo menos de maneira indireta, ofende o princípio da legalidade, porquanto deflui dele que a conduta vedada deve ser descrita de maneira precisa, que pode ser entendida e deduzida por qualquer pessoa. Cumpria ao legislador, diante de tais circunstâncias, definir o que se deve entender por relevante interesse ambiental, uma vez que, há de se convir, não se trata de norma penal em branco.

O que está sendo alvo de crítica negativa não passou despercebido por Vladimir Passos de Freitas e Gilberto Passos de Freitas:

> Trata-se de tipo penal aberto, ou seja, cuja abrangência alcança uma grande quantidade de situações fáticas. Esse fato, que é inquestionável, exige prudência do Ministério Público e do Judiciário. [...] Se não houver discernimento na apreciação dos fatos, as mais variadas atividades poderão, sob o critério subjetivo do autor da denúncia, configurar esse crime, em tese.[65]

Não obstante isso, para efeito de paradigma, pinçando inclusive exemplo dado pela doutrina, aponta-se a omissão do policial ambiental que nada faz para impedir o corte delituoso de árvores centenárias. Também podem ser citados como exemplos o fiscal do Ibama que não impede a causação de poluição e o guarda florestal que não evita a transformação de madeira de lei para fins energéticos, feita em desacordo com as normas legais.

Somente responde a título criminal pela conduta omissiva própria o indivíduo que tem o dever legal – ou seja, aquele que provém da lei, como acontece com servidores que exercem função pública no âmbito do meio ambiente, que têm o dever de zelar pelo meio ambiente – de protegê-lo.

Na hipótese do dever contratual mencionado no tipo penal, pressupõe-se que houve a celebração de ajuste entre o poder público vinculado ao meio ambiente e o particular, assumindo este último a obrigação de zelar pelo ambiente.

Tutela penal

O agasalho posto pelo legislador visa a proteger o meio ambiente, posto que a ação omissiva do agente pode colocá-lo em risco, bem como o desem-

---

65   *Crimes contra a natureza*, p. 288.

penho correto da função ambiental em termos de fiscalização a cargo do sujeito ativo.

Sujeito ativo

Cuida-se de crime próprio. Isso significa que o tipo *incriminar* exige, para sua concreção, a conduta omissiva de agente especial, que é o funcionário público.

Por outro lado, o delito também poderá ser impróprio ou comum, o que implica afirmar que pode ser cometido por qualquer pessoa, quer se trate de física, quer se cuide de jurídica.

Sujeito passivo

É vítima do crime discursado a sociedade, uma vez que o meio ambiente é de interesse coletivo, assim como a própria administração ambiental.

Elemento subjetivo

Do ponto de vista subjetivo, o delito *sub examine* exige, para sua composição, o dolo genérico: vontade livre e consciente de realizar a conduta omissiva própria punida.

De outro lado, o legislador também previu a conduta culposa, implicativa de negligência do sujeito que tem o dever de fiscalização de alcance ambiental.

Consumação e tentativa

O núcleo do tipo da figura delituosa implica conduta omissiva de natureza formal, motivo pelo qual a consumação ocorre com a mera omissão, ou seja, quando o agente deixa de cumprir aquilo que lhe foi imposto por lei ou em decorrência de contrato administrativo. Assim sendo, não há a exigência de nenhum resultado naturalístico. Em outros termos, não há necessidade da ocorrência de prejuízo de natureza ecológica, que, se vier a acontecer, será simplesmente exaurido do comportamento *contra legis*.

5.4. Obstrução, dificultação na ação fiscalizadora do poder público

Art. 69. Obstar ou dificultar a ação fiscalizadora do Poder Público no trato de questões ambientais:
Pena – detenção, de 1 (um) a 3 (três) anos, e multa.

Tipo objetivo

A infração criminal de regência pressupõe, na sua construção típica, dois núcleos do tipo: "obstar", que do ponto de vista étimo significa impedir, criar embaraço, e "dificultar", que é tornar difícil ou trabalhoso.

Como ocorre de maneira constante nos delitos ambientais, no preceito esquadrinhado o legislador também utiliza a conjunção alternativa "ou", que é indicativa de tipo misto alternativo. Assim, se o agente cometer as duas condutas, ele responderá por uma única infração delitiva.

Elementos do tipo

Obstar ou dificultar se dirige à ação fiscalizadora no campo ambiental a cargo do poder público, ou melhor, de regra, aos órgãos que compõem o meio ambiente, mais precisamente aos agentes que os integram, que podem ser em nível de União, estado ou município.

Nas cercanias do que está sendo analisado, assiste razão a Roberto Delmanto et al. ao afirmarem que: "Note-se que ambas as condutas podem ser praticadas tanto por condutas comissivas (por exemplo, não permitir o ingresso de agentes na área a ser fiscalizada, estando eles agindo legalmente) quanto omissivas".[66]

Proveitoso também, no aspecto abordado, o magistério de Vladimir Passos de Freitas e Gilberto Passos de Freitas:

> No âmbito da fiscalização ambiental, isso poderá suceder das mais várias formas. Por exemplo, negando informações, proibindo explícita ou implicitamente a entrada dos agentes da fiscalização, destruindo documentos, inutilizando provas e outros tantos. Todavia, há de se ter cautela na análise de tais atos ou omissões. Não se pode exigir do cidadão que faça prova contra si mesmo ou que vá além do que a lei exige.[67]

---

66 *Leis penais especiais comentadas*, p. 671.
67 *Crimes contra a natureza*, p. 293.

A obstrução ou dificultação do exame pertinente, desde que ela se revele legal, pode ser efetivada de qualquer meio, de qualquer modo, desde que seja eficiente para caracterizar o comportamento contrário ao Direito. Não há, dessa maneira, fórmula predeterminada para a realização da ação do agente. Basta que ela seja eficiente, eficaz para impedir ou causar dificuldade ao agente do meio ambiente em exercer sua função fiscalizatória.

De outro lado, para efeito da caracterização da tipicidade, é imprescindível que o agente do meio ambiente tenha legitimidade para fiscalizar, ou seja, que a realização do ato de inspeção seja atributo de seu cargo.

Tutela penal

A proteção legal incide sobre o meio ambiente, uma vez que a atividade fiscalizatória tem por meta sua proteção e conservação, o que não pode ser obstado ou dificultado pelo agente.

Incriminando as condutas previstas no tipo penal, o legislador procura conservar mecanismo eficaz para o combate de eventuais transgressões às normas atinentes ao meio ambiente.

Sujeito ativo

Tratando-se de crime comum, a figura delituosa pode ser praticada por qualquer pessoa, quer seja física, quer se trate de jurídica.

Sujeito passivo

É vítima do delito em questão a administração ambiental e, também, a coletividade, tendo em vista a probabilidade de risco ao meio ambiente.

Elemento subjetivo

A conduta do agente é sancionada a título de dolo genérico: vontade livre e consciente de obstar ou dificultar a ação fiscalizadora dos órgãos ambientais.

Consumação e tentativa

Cuidando-se de crime formal, o fato punível se consuma com a realização da conduta vedada, que, como visto precedentemente, pode ser omissiva ou comissiva.

No que tange ao comportamento positivo de obstar a tentativa, mostra-se possível, uma vez que o agente não consegue impedir que a inspeção seja concretizada por circunstâncias alheias à sua vontade.

Quanto à ação de dificultar, por ser instantânea, não permite o *conatus*: o agente dificulta ou não dificulta o trabalho do funcionário público ambiental.

5.5. Elaboração, apresentação de estudo, laudo, relatório ambiental falso ou enganoso

> Art. 69-A. Elaborar ou apresentar, no licenciamento, concessão florestal ou qualquer outro procedimento administrativo, estudo, laudo ou relatório ambiental total ou parcialmente falso ou enganoso, inclusive por omissão:
> Pena – reclusão, de 3 (três) a 6 (seis) anos, e multa.
> § 1º Se o crime é culposo:
> Pena – detenção, de 1 (um) a 3 (três) anos.
> § 2º A pena é aumentada de 1/3 (um terço) a 2/3 (dois terços), se há dano significativo ao meio ambiente, em decorrência do uso da informação falsa, incompleta ou enganosa.

Tipo objetivo

A figura delitiva objeto de esquadrinhamento é informada por dois verbos: "elaborar", que, do ponto de vista semântico é implicativo de realizar, e "apresentar", que tem o significado de exibir, entregar.

As condutas são alternativas, em função da conjunção "ou". Diante disso, se o agente praticar ambos os comportamentos vedados, responderá por uma única infração delitiva. É proibido o *bis in idem* em termos de tipicidade.

Elementos do tipo

A conduta de elaborar ou apresentar diz respeito ao licenciamento (permissão ou autorização) ou concessão (em sentido amplo compreende outorga, autorização, licença ou permissão) florestal e, genericamente, a qualquer outro procedimento administrativo, porém desde que esteja no âmbito florestal. Isso porque, conforme será considerado oportunamente, o preceito penal enfocado teve origem em legislação de cunho florestal.

Outrossim, a ação do agente converge ao estudo, laudo ou relatório ambiental total ou parcialmente falso ou enganoso.

Esclarecendo melhor o conteúdo normativo do dispositivo penal analisado, o agente, no procedimento ou processo de licenciamento ou concessão em espécie, realiza ou faz uso de análise, parecer ou relatório de perito ou de cunho ambiental, que não corresponde à verdade, de maneira parcial ou total, ou capaz de induzir a erro a administração ambiental.

A conduta também é punida quando o agente se omite na apresentação de dados verdadeiros, autênticos, que se mostram necessários ao regular procedimento administrativo.

Portanto, verte do preceito inspecionado que a falsidade pode acontecer por intermédio de comportamento positivo, já que o agente insere no documento dados falsos ou enganosos; ou por meio de conduta negativa, tendo em vista que ele deixa de apresentar dados verdadeiros.

Em princípio, tendo em vista as letras que integram o tipo penal comentado, a previsão criminosa envolve a falsidade ideológica, em que o vício incide na própria formação do documento, nas declarações ou ideias que nele se mostram expressas. Originariamente, o documento contém uma inverdade. Logo, do ponto de vista material, externo, o documento é plenamente verdadeiro; a falsidade, a ausência da verdade está situada na ideia que ele contém, no seu conteúdo, intrinsicamente.

Entretanto, de maneira ampla, na espécie penal esquadrinhada também é possível ocorrer a falsidade material, assim entendida aquela que incide sobre a parte exterior do documento, extrinsicamente, cuja alteração acontece por meio de emendas, rasuras, substituição de palavras, letras e números.

Extrai-se do que está sendo discorrido que nas duas situações, o documento tem a potencialidade de enganar, de induzir em erro a administração ambiental responsável pela licença ou concessão prevista no tipo penal.

Visando a proporcionar melhor entendimento e compreensão sobre o tema que está sendo objeto de considerações doutrinárias, o dispositivo legal em exame foi introduzido na Lei dos Crimes Ambientais por força do art. 84 da Lei n. 11.284, de 2 de março de 2006.

O procedimento de licenciamento ambiental se encontra previsto no art. 18 da mencionada lei:

> A licença prévia para uso sustentável da unidade de manejo será requerida pelo órgão gestor, mediante a apresentação de relatório ambiental preliminar ao órgão ambiental competente integrante do Sistema Nacional do Meio Ambiente – Sisnama. § 1º Nos casos potencialmente causadores de significativa degradação do meio ambiente, assim considerados, entre outros aspectos, em função da escala e da intensidade do manejo florestal e da peculiaridade dos recursos ambientais, será exigido estudo prévio de impacto ambiental – EIA para a concessão da licença prévia. § 2º O órgão ambiental licenciador poderá optar pela realização de relatório ambiental preliminar e EIA que abranjam diferentes unidades de manejo integrantes de um mesmo lote de concessão florestal, desde que as unidades se situem no mesmo ecossistema e no mesmo Estado. § 3º Os custos do relatório ambiental preliminar e do EIA serão ressarcidos pelo concessionário ganhador da licitação, na forma do art. 24 desta Lei. § 4º A licença prévia autoriza a elaboração do PMFS e, no caso de unidade de manejo inserida no Paof, a licitação para a concessão florestal. § 5º O início das atividades florestais na unidade de manejo somente poderá ser efetivado com a aprovação do respectivo PMFS pelo órgão competente do Sisnama e a consequente obtenção da licença de operação pelo concessionário. § 6º O processo de licenciamento ambiental para uso sustentável da unidade de manejo compreende a licença prévia e a licença de operação, não se lhe aplicando a exigência de licença de instalação. § 7º Os conteúdos mínimos do relatório ambiental preliminar e do EIA relativos ao manejo florestal serão definidos em ato normativo específico. § 8º A aprovação do plano de manejo da unidade de conservação referida no inciso I do art. 4º desta Lei, nos termos da Lei n. 9.985, de 18 de julho de 2000, substitui a licença prévia prevista no *caput* deste artigo, sem prejuízo da elaboração de EIA nos casos previstos no § 1º deste artigo e da observância de outros requisitos do licenciamento ambiental.

De outro lado, somente a título de destaque, conforme dispõe o art. 19 da precitada lei, que cuida da habilitação no procedimento abordado:

> Além de outros requisitos previstos na Lei n. 8.666, de 21 de junho de 1993, exige-se para habilitação nas licitações de concessão florestal a comprovação de ausência de: I – débitos inscritos na dívida ativa relativos a infração ambiental nos órgãos competentes integrantes do Sisnama; II – decisões condenatórias, com trânsito em julgado, em ações penais relativas a crime contra o meio ambiente ou a ordem tributária ou a crime previdenciário, observada a reabilitação de que trata o art. 93 do Decreto-lei n. 2.848 de 7 de dezembro de 1940 – Código Penal. § 1º Somente poderão ser habilitadas nas licitações para concessão flo-

restal empresas ou outras pessoas jurídicas constituídas sob as leis brasileiras e que tenham sede e administração no País. § 2º Os órgãos do Sisnama organizarão sistema de informações unificado, tendo em vista assegurar a emissão do comprovante requerido no inciso I do *caput* deste artigo.

Tendo em vista a origem do dispositivo sancionatório encravado no art. 69-A objeto de exame, a conclusão que se chega é que a falsidade por ele punida diz respeito ao procedimento precitado ou qualquer outro, desde que seja de natureza florestal.

Tutela penal

O interesse da administração ambiental no que tange à realização de procedimento de licenciamento ou concessão de maneira correta na área florestal, ou qualquer outro procedimento desde que também se refira ao âmbito florestal, contendo elementos verdadeiros e autênticos.

Sem dúvida, é dever do poder público fazer uso de legislação diversa, incluindo a penal, para cominar sanção àquele que procura fraudar o procedimento cuidado pelo tipo incriminador, tendo em vista, inclusive, a probabilidade de dano ao meio ambiente, ao ecossistema.

Sujeito ativo

Pode ser qualquer pessoa, quer seja física, quer se trate de jurídica. O crime em questão não exige, para sua configuração, agente especial.

Sujeito passivo

A vítima da prática criminosa é a administração ambiental, que pode se manifestar em termos de União, estado ou município.

De forma indireta, a conduta do agente pode também percutir sobre aquele que, tendo interesse em licenciamento ou concessão florestal, ou qualquer outro interesse nessa área, venha a sofrer gravame em decorrência do comportamento fraudulento do sujeito ativo.

Elemento subjetivo

O fato punível pode ser levado a efeito por intermédio do dolo ou da culpa.

O dolo é o genérico: vontade livre e consciente de realizar a conduta falsa ou enganosa, de forma comissiva ou omissiva.

Na seara culposa, a conduta falsa ou enganosa pode ser efetivada por intermédio da negligência, imprudência ou imperícia. Assim é que o agente não tem os cuidados devidos (negligência), ou lhe falta capacidade técnica ou de habilitação (imperícia), ou atua sem os cuidados recomendados (imprudência), ao elaborar o estudo, laudo ou relatório ambiental, provocando o surgimento de um documento não verdadeiro, capaz de induzir a erro a administração ambiental.

Em circunstâncias desse matiz, se o agente atuou com previsibilidade (elemento normativo da culpabilidade), responderá por crime culposo. Assim, se o fato consistente no mencionado erro for previsível, existirá a culpa, caso contrário ela deixa de se configurar.

No particular enfocado, insta observar a crítica negativa lançada por Roberto Delmanto et al.:

> Não obstante, o legislador, no § 1º deste art. 69-A, busca punir, inclusive, a conduta daquele que elabora ou apresenta estudo, laudo ou relatório ambiental total ou parcialmente falso ou enganoso por culpa, isto é, em razão de imperícia, imprudência ou negligência, o que é um contrassenso. Desse modo, e considerando que a mera elaboração de um laudo ou estudo que não venha a ser utilizado, a nosso ver, é simples ato preparatório. Não vemos como poderá a figura culposa do § 1º ter alguma efetividade. Trata-se de tipo penal muito mal redigido, e que se choca não só com a Parte Geral do Código Penal, mas também com questões conceituais da teoria do delito. Ainda que o laudo ou relatório, elaborado pelo técnico com negligência ou imperícia, seja efetivamente apresentado pelo proprietário às autoridades, não vemos como tal conduta possa ser incriminada, mesmo porque cabe à fiscalização, como o próprio nome diz, checar se tudo o que for solicitado foi juntado, sob pena de indeferimento do pedido.[68]

---

68 *Leis penais especiais comentadas*, p. 675.

Consumação e tentativa

No que concerne à consumação da prática delitiva, há de se ter especial atenção às condutas previstas pelo legislador.

No que concerne ao verbo "elaborar", a consumação não pode acontecer com o simples fato de o agente promover estudo, laudo ou relatório ambiental total ou parcialmente falso ou enganoso. Há necessidade de haver o efetivo uso dos documentos falsos ou enganosos.

Quanto ao verbo "apresentar", a consumação se estabelece no ato em que tais documentos são apresentados na repartição pública, independentemente de sua juntada aos autos do procedimento administrativo.

No que guarda pertinência com a tentativa, partindo-se da premissa de que em crime formal ela se mostra plausível, os documentos tidos como falsos, uma vez iniciada a ação vedada, somente não são entregues na repartição ambiental por circunstâncias alheias à vontade do agente.

Na conduta omissiva, não é admitido o *conatus*, uma vez que ele é praticado por intermédio de um único ato, não podendo, por conseguinte, ser fracionado.

Aumento especial da pena

No § 2º do tipo penal esquadrinhado, o legislador previu acréscimo de 1/3 a 2/3, se há dano significativo ao meio ambiente, em decorrência do uso da informação, incompleta ou enganosa.

O aumento da *sanctio legis* determinado pelo dispositivo examinado decorre de um desdobramento da conduta do agente; de uma situação superveniente que, a rigor, não pode ser tida como do exaurimento do delito.

É pressuposto objetivo, para tornar mais volumosa a pena, que tenha havido dano significativo, ou seja, importante em termos de meio ambiente. Essa verificação, independentemente de ser tecida qualquer crítica negativa à construção da norma de regência, deve ser aferida por intermédio de perícia, cujo laudo deverá, de forma circunstanciada, expor o *quantum* de prejuízo gerado ao meio ecológico.

> **Jurisprudência:** 1. Ao que tudo indica, o servidor da Fepam expediu AuC em desacordo com as normas ambientais, utilizando-se, dentre outros documentos, de Parecer Técnico por ele firmado anteriormente, bem como de Inventário Florestal entregue pelo empreendedor, os quais continham informações divergentes de

laudo elaborado pelo Ibama. Tendo em conta que o contexto fático aponta indícios de conluio entre os funcionários do órgão ambiental estadual e os representantes das empresas beneficiadas, mostra-se imprescindível instaurar a ação penal para examinar a conduta do servidor, em tese enquadrada nos arts. 69-A e 67 da Lei n. 9.605/98, bem como da pessoa jurídica, de seu responsável legal e dos profissionais técnicos que elaboraram o estudo ambiental, pela suposta prática do crime previsto no art. 69-A da Lei n. 9.605/98. 2. Considerando que a licença ambiental prévia foi concedida pelo gerente da regional da Fepam com base em documentação de caráter questionável e, diante dos vestígios da existência de ardil, conclui-se que a prova coligida é apta a suscitar juízo de dúvida, razão pela qual deve ser recebida a denúncia para apurar a prática do crime previsto no art. 67, em tese cometido pelo referido servidor. 3. Não se mostra plausível perquirir a responsabilidade criminal do servidor que expediu a licença ambiental de instalação, pois além de tal conduta não ter ofendido o termo de embargo ou o auto de infração lavrados, não há qualquer apontamento sobre a ausência de condicionantes técnicas para sua concessão. Mantida, assim, a rejeição da denúncia pela imputação do art. 69 da Lei n. 9.605/98, atribuída ao funcionário que expediu a LAI. 4. Ao se utilizarem de documentação incompleta para suprimir vegetação da área e, ainda, ao tentarem burlar a fiscalização ambiental, apresentando numeração da LAI antes mesmo dela ser oficialmente expedida, a pessoa jurídica e seus responsáveis, em tese, dificultaram a ação fiscalizadora no trato de questões ambientais. Havendo suficientes elementos acerca da empreitada criminosa relativamente ao art. 69 da Lei n. 9.605/98, impõe-se o recebimento da denúncia. 5. O parecer jurídico elaborado por funcionário da Fepam não induz a erro sobre a realidade fática dos projetos, mas apenas expõe a opinião técnica do agente, de maneira razoável, fundamentada e, até mesmo, cautelosa. Logo, falta justa causa para o exercício da ação penal relativamente ao crime do art. 69-A da Lei n. 9.605/98, imputado ao servidor. 6. O agente ministerial deixou de apontar, concretamente, a irregularidade perpetrada pelo empreendedor, ao solicitar dois licenciamentos ambientais. Ao que tudo indica, tratava-se de obras com certo grau de independência e, além disso, o Ibama chancelou a forma de tramitação dos processos, não se verificando, assim, qualquer ilícito. No ponto, mantida a rejeição da denúncia pela atribuição do delito do art. 69 da Lei n. 9.605/98. 7. Recurso a que se dá parcial provimento. (TRF-4ª Região, RSE n. 50071272620134047201, 7ª T., rel. Des. Fed. Salise Monteiro Sanchotene, *DE* 12.03.2014)

Referências bibliográficas

ANTOLISEI, Francesco. *Manual de derecho penal*: Parte General. 8.ed. Colômbia, Temis, 1988, p. 321.
COSTA JR., Paulo José da. *Curso de direito penal*. 9.ed. São Paulo, Saraiva, 2008.
COSTA JR., Paulo José da; COSTA, Fernando José da. *Código Penal comentado*. 10.ed. São Paulo, Saraiva, 2011.
COSTA JR., Paulo José da; COSTA, Fernando José da; MILARÉ, Édis. *Direito penal ambiental*. 2.ed. São Paulo, Revista dos Tribunais, 2013.
DANTAS, Paulo Roberto de Figueiredo. *Curso de direito constitucional*. 2.ed. São Paulo, Atlas, 2013.
DELMANTO, Celso; DELMANTO, Roberto; DELMANTO JUNIOR, Roberto; DELMANTO, Fábio M. de Almeida. *Código Penal comentado*. 8.ed. São Paulo, Saraiva, 2010.
DELMANTO, Roberto; DELMANTO JUNIOR, Roberto; DELMANTO, Fábio M. de Almeida. *Leis penais especiais comentadas*. 2.ed. São Paulo, Renovar, 2014.
DI PIETRO, Maria Sylvia Zanella. *Direito administrativo*. 26.ed. São Paulo, Atlas, 2013.
ESPÍNOLA FILHO, Eduardo. *Código de Processo Penal brasileiro anotado*. São Paulo, Freitas Bastos, 1942.
FIORILLO, Celso Antonio Pacheco. *Curso de direito ambiental brasileiro*. São Paulo, Saraiva, 2008.
FRAGOSO, Heleno Cláudio. *Lições de direito penal*: Parte Geral. 15.ed. Rio de Janeiro, Forense, 1995.
FREITAS, Vladimir Passos de; FREITAS, Gilberto Passos de. *Crimes contra a natureza*. 9.ed. São Paulo, Revista dos Tribunais, 2012.
JUSTEN FILHO, Marçal. *Curso de direito administrativo*. 9.ed. São Paulo, Revista dos Tribunais, 2013.
LEIRIA, Antônio José Fabrício. *Autoria e participação criminal*. São Joaquim da Barra, Davidip, 1974.
LISZT, Franz von. *Tratado de direito penal alemão*. Rio de Janeiro, F. Briguiet e C. Editores, 1899.
LOPES, Jair Leonardo. *Curso de direito penal*. São Paulo, Revista dos Tribunais, 1993.

MACIEL, Silvio. *Legislação criminal especial*: ciências criminais. São Paulo, Revista dos Tribunais, 2009, v. 6.

MAURACH, Reinhart. *Tratado de derecho penal*. Barcelona, Ariel, 1962.

MEZGER, Edmundo. *Derecho penal*: Parte General. 2.ed. México, Cardenas, 1990.

MIRABETE, Julio Fabbrini. *Código Penal interpretado*. 5.ed. São Paulo, Atlas, 2005.

MORAES, Alexandre de. *Constituição do Brasil interpretada*. 7.ed. São Paulo, Atlas, 2007.

MOSSIN, Heráclito Antônio. *Comentários ao Código de Processo Penal*: à luz da doutrina e da jurisprudência – doutrina comparada. 3.ed. Barueri, Manole, 2013.

_____. *Habeas corpus*. 9.ed. Barueri, Manole, 2013.

_____. *Comentários ao Código Penal*: à luz da doutrina e da jurisprudência – doutrina comparada. Leme, JHMizuno, 2013.

_____; MOSSIN, Júlio César O. G. *Exame da OAB 2ª Fase*: penal. Leme, JHMizuno, 2014.

_____. *Prescrição em matéria criminal*. Leme, JHMizuno, 2010.

NORONHA, E. Magalhães. *Direito penal*. 38.ed. São Paulo, Rideel, 2009.

NUCCI, Guilherme de Souza. *Código Penal comentado*. 8.ed. São Paulo, Revista dos Tribunais, 2008.

_____. *Leis penais e processuais penais comentadas*. 3.ed. São Paulo, Revista dos Tribunais, 2008.

SILVA, José Afonso da. *Comentário contextual à Constituição*. 8.ed. Rio de Janeiro, Malheiros, 2012.

SIQUEIRA, Galdino. *Tratado de direito penal*: Parte Geral. 2.ed. Rio de Janeiro, José Konfino, 1950.

SODRÉ, Antônio de Azevedo. *Novo Código Florestal comentado*: Lei n. 12.651/2012. Leme, JHMizuno, 2013.

TOLEDO, Francisco de Assis. *Princípios básicos de direito penal*. 2.ed. São Paulo, Saraiva, 1986.

Índice alfabético-remissivo

A
Abuso de animais 105
  consumação e
    tentativa 107
  elementos do tipo 105
  elemento subjetivo 106
  sujeito ativo 106
  sujeito passivo 106
  tipo objetivo 105
  tutela penal 106
Ação fiscalizadora do poder público, dificultação ou obstrução 268
  consumação e
    tentativa 270
  elementos do tipo 268
  elemento subjetivo 269
  sujeito ativo 269
  sujeito passivo 269
  tipo objetivo 268
  tutela penal 269
Ação penal,
  modalidades 72
  privada 72
  pública 72
    incondicionada e condicionada 72
Afirmação falsa, enganosa, de informações por funcionário público 257
  consumação e
    tentativa 261

  elementos do tipo 258
  elemento subjetivo 261
  sujeito ativo 261
  sujeito passivo 261
  tipo objetivo 257
  tutela penal 260
Agravantes 16
Alteração do aspecto ou estrutura de edificação ou local especialmente protegido 246
  consumação e
    tentativa 249
  elementos do tipo 247
  elemento subjetivo 249
  jurisprudência 249
  sujeito ativo 248
  sujeito passivo 248
  tipo objetivo 247
  tutela penal 248
Ambiente ideal 5
Ampliação, construção, reforma, instalação ou funcionamento de obras ou serviços poluidores ilegalmente 231
  consumação e
    tentativa 234
  elementos do tipo 231
  elemento subjetivo 234
  jurisprudência 234
  sujeito ativo 234

  sujeito passivo 234
  tipo objetivo 231
  tutela penal 233
Anfíbios 99
  exportação de pele e couro 99
  confronto analítico de tipos penais 101
  consumação e
    tentativa 101
  elementos do tipo 99
  elemento subjetivo 101
  sujeito ativo 100
  sujeito passivo 100
  tipo objetivo 99
  tutela penal 99
Animais terrestres e aquáticos 95
Apanhar, caçar, perseguir, matar, utilizar espécime da fauna silvestre 85
  causa de aumento da pena 97
  circunstância agravante 97
  consumação e
    tentativa 89
  elementos do tipo 86
  elemento subjetivo 89
  jurisprudência 98
  sujeito ativo 88
  sujeito passivo 89

tipo objetivo 86
tutela penal 88
Aplicação da pena 15
Apreensão dos produtos 69
  de origem animal 71
  finalidade 69
  jurisprudência 84
  produtos perecíveis 71
  providências
    posteriores 70
  titularidade 69
Apresentação, elaboração,
  de estudo, laudo, relatório
  ambiental falso ou
  enganoso 270
  aumento especial da
    pena 275
  consumação e
    tentativa 275
  elementos do tipo 270
  elemento subjetivo 274
  jurisprudência 275
  sujeito ativo 273
  sujeito passivo 273
  tipo objetivo 270
  tutela penal 273
Área rural 202
Áreas de proteção
  ambiental 156
Áreas de relevante interesse
  ecológico 156
Areia, pedra, cal ou qualquer
  espécie mineral exportado
  sem autorização 163
  consumação e
    tentativa 166
  elementos do tipo 164
  elemento subjetivo 165
  sujeito ativo 166
  sujeito passivo 166
  tipo objetivo 164
  tutela penal 165
Arrependimento do
  infrator 30
Árvore, corte 146
  consumação e
    tentativa 147

elementos do tipo 146
elemento subjetivo 147
jurisprudência 147
tipo objetivo 146
tutela penal 147
Árvores de manguezal 183
Atenuantes 16
Atividades de mineração
  195
Aumento da pena nos
  crimes
  contra a flora 193
  dolosos 229
Autor 8
Autoria 9
  colateral 9
  mediata, intelectual ou
    ficta 9
Autorização ou permissão,
  por funcionário público,
  em desacordo com as
  normas ambientais para
  atividades, obras ou
  serviços 262
  consumação e
    tentativa 264
  elementos do tipo 262
  elemento subjetivo 263
  jurisprudência 264
  sujeito ativo 263
  sujeito passivo 263
  tipo objetivo 262
  tutela penal 263

B
Balões, soltar, fabricar,
  vender ou
  transportar 161
  consumação e
    tentativa 163
  elementos do tipo 162
  elemento subjetivo 163
  sujeito ativo 163
  sujeito passivo 163
  tipo objetivo 161
  tutela penal 162
Biótopo 4

C
Caçar, perseguir, matar,
  apanhar, utilizar espécime
  da fauna silvestre 85
  causa de aumento da
    pena 97
  circunstância
    agravante 97
  consumação e
    tentativa 89
  elementos do tipo 86
  elemento subjetivo 89
  jurisprudência 98
  sujeito ativo 88
  sujeito passivo 89
  tipo objetivo 86
  tutela penal 88
Cal, pedra, areia, ou
  qualquer espécie mineral
  exportado sem
  autorização 163
  consumação e
    tentativa 166
  elementos do tipo 164
  elemento subjetivo 165
  sujeito ativo 166
  sujeito passivo 166
  tipo objetivo 164
  tutela penal 165
Cálculo da pena de
  multa 41
  proporcionalidade 42
  reprovabilidade 42
Carvão, compra ilegal 170
  elementos do tipo 170
  elemento subjetivo 173
  jurisprudência 175
  sujeito ativo 173
  sujeito passivo 174
  tipo objetivo 170
  tutela penal 173
Carvão de madeira de lei,
  corte ou transformação
  infringindo normas
  legais 166
  consumação e
    tentativa 169

elementos do tipo 167
elemento subjetivo 168
jurisprudência 169
sujeito ativo 168
sujeito passivo 168
tipo objetivo 166
tutela penal 167
Causalidade omissiva 10
Causar poluição de qualquer
  natureza 196
  consumação e
    tentativa 205
  elementos do tipo 198
  elemento subjetivo 202,
    205
  jurisprudência 206
  sujeito ativo 201, 205
  sujeito passivo 202
  tipo objetivo 198
  tutela penal 201, 205
Certame licitatório 21
Chorume 204
Circunstâncias
  agravantes 31
  atenuantes 28
Coação moral ou física 35
Coautor 8, 9
Coautoria 8, 9
Comercialização ou
  utilização de
  motosserra 187
  consumação e
    tentativa 189
  elementos do tipo 187
  elemento subjetivo 189
  sujeito ativo 189
  sujeito passivo 189
  tipo objetivo 187
  tutela penal 189
Compra ilegal de madeira,
  lenha, carvão e outros
  produtos de origem
  vegetal 170
  elementos do tipo 170
  elemento subjetivo 173
  jurisprudência 175
  sujeito ativo 173
  sujeito passivo 174

tipo objetivo 170
tutela penal 173
Concessão, por funcionário
  público, de licença,
  autorização ou permissão
  em desacordo com
  as normas ambientais para
  atividades, obras ou
  serviços 262
  consumação e
    tentativa 264
  elementos do tipo 262
  elemento subjetivo 263
  jurisprudência 264
  sujeito ativo 263
  sujeito passivo 263
  tipo objetivo 262
  tutela penal 263
Condenado,
  culpabilidade 18
Conselho Nacional do Meio
  Ambiente (Conama) 142
Conspurcação, pichação em
  edificação ou monumento
  urbano 252
  atipicidade de
    conduta 255
  consumação e
    tentativa 254
  crime qualificado 254
  elementos do tipo 253
  elemento subjetivo 254
  sujeito ativo 253
  sujeito passivo 254
  tipo objetivo 252
  tutela penal 253
Construção, reforma,
  ampliação, instalação
  ou funcionamento de
  obras ou serviços
  poluidores
  ilegalmente 231
  consumação e
    tentativa 234
  elementos do tipo 231
  elemento subjetivo 234
  jurisprudência 234
  sujeito ativo 234

sujeito passivo 234
tipo objetivo 231
tutela penal 233
Corte de árvore 146
  consumação e
    tentativa 147
  elementos do tipo 146
  elemento subjetivo 147
  jurisprudência 147
  tipo objetivo 146
  tutela penal 147
Corte ou transformação em
  carvão de madeira de lei
  infringindo normas
  legais 166
  consumação e
    tentativa 169
  elementos do tipo 167
  elemento subjetivo 168
  jurisprudência 169
  sujeito ativo 168
  sujeito passivo 168
  tipo objetivo 166
  tutela penal 167
Couro e pele de anfíbios e
  répteis, exportação 99
  confronto analítico de
    tipos penais 101
  consumação e
    tentativa 101
  elementos do tipo 99
  elemento subjetivo 101
  sujeito ativo 100
  sujeito passivo 100
  tipo objetivo 99
  tutela penal 99
Crime(s)
  ambientais 6
  imprescritibilidade 58
  contra a administração
    ambiental 256
  contra a fauna 85
  contra a flora 132
  contra o ordenamento
    urbano e o patrimônio
    cultural 237
  formais ou de simples
    atividade 57

instântaneo 57
  contagem geral 57
  materiais 57
  permanente 57
Culpabilidade do
  condenado 18

D

Danificação ou destruição
  de florestas 132
  consumação e
    tentativa 137
  elementos do tipo 133
  elemento subjetivo 136
  jurisprudência 137
  sujeito ativo 136
  sujeito passivo 136
  tipo objetivo 133
  tutela penal 136
Danificação ou destruição
  de vegetação 141
  consumação e
    tentativa 145
  elementos do tipo 142
  elemento subjetivo 145
  jurisprudência 145
  sujeito ativo 144
  sujeito passivo 144
  tipo objetivo 141
  tutela penal 144
Dano, destruição ou lesão
  de plantas
  ornamentais 178
  elementos do tipo 179
  elemento subjetivo 180
  objetividade jurídica 179
  sujeito ativo 179
  sujeito passivo 180
  tipo objetivo 178
Dano direto ou indireto às
  Unidades de
  Conservação 148
  consumação e
    tentativa 150
  elementos do tipo 148
  elemento subjetivo 150
  jurisprudência 153
  sujeito ativo 150

sujeito passivo 150
tipo objetivo 148
tutela penal 150
Dano ou destruição às
  florestas nativas ou
  plantadas ou à
  vegetação 180
  consumação e
    tentativa 184
  elementos do tipo 181
  elemento subjetivo 184
  sujeito ativo 183
  sujeito passivo 183
  tipo objetivo 180
  tutela penal 182
Degradação, desmatamento
  ou exploração de
  floresta 184
  consumação e
    tentativa 186
  elementos do tipo 185
  elemento subjetivo 186
  estado de necessidade 186
  sujeito ativo 185
  sujeito passivo 185
  tipo objetivo 184
  tutela penal 185
Desapropriação 242
Desmatamento, exploração
  ou degradação de
  floresta 184
  consumação e
    tentativa 186
  elementos do tipo 185
  elemento subjetivo 186
  estado de necessidade 186
  sujeito ativo 185
  sujeito passivo 185
  tipo objetivo 184
  tutela penal 185
Destruição, dano ou lesão
  de plantas
  ornamentais 178
  elementos do tipo 179
  elemento subjetivo 180
  objetividade jurídica 179
  sujeito ativo 179
  sujeito passivo 180

tipo objetivo 178
Destruição, inutilização,
  deterioração do
  patrimônio cultural 237
  considerações
    propedêuticas 237
  consumação e
    tentativa 246
  elementos do tipo 241
  elemento subjetivo 246
  sujeito ativo 245
  sujeito passivo 245
  tipo objetivo 241
  tutela penal 245
Destruição ou danificação
  de florestas 132
  consumação e
    tentativa 137
  elementos do tipo 133
  elemento subjetivo 136
  jurisprudência 137
  sujeito ativo 136
  sujeito passivo 136
  tipo objetivo 133
  tutela penal 136
Destruição ou danificação
  de vegetação 141
  consumação e
    tentativa 145
  elementos do tipo 142
  elemento subjetivo 145
  jurisprudência 145
  sujeito ativo 144
  sujeito passivo 144
  tipo objetivo 141
  tutela penal 144
Destruição ou dano às
  florestas nativas ou
  plantadas ou à
  vegetação 180
  consumação e
    tentativa 184
  elementos do tipo 181
  elemento subjetivo 184
  sujeito ativo 183
  sujeito passivo 183
  tipo objetivo 180
  tutela penal 182

Deterioração, destruição,
  inutilização do
  patrimônio cultural 237
  considerações
    propedêuticas 237
  consumação e
    tentativa 246
  elementos do tipo 241
  elemento subjetivo 246
  sujeito ativo 245
  sujeito passivo 245
  tipo objetivo 241
  tutela penal 245
Dificultação, obstrução na
  ação fiscalizadora do
  poder público 268
  consumação e
    tentativa 270
  elementos do tipo 268
  elemento subjetivo 269
  sujeito ativo 269
  sujeito passivo 269
  tipo objetivo 268
  tutela penal 269
Dificultar ou impedir a
  regeneração de floresta e
  demais formas de
  vegetação 175
  consumação e
    tentativa 177
  elementos do tipo 176
  elemento subjetivo 177
  jurisprudência 178
  sujeito ativo 177
  sujeito passivo 177
  tipo objetivo 175
  tutela penal 177
Direito penal 6
Diretoria de Licenciamento
  Ambiental 260
Disseminação de doença,
  praga ou espécies 235
  consumação e
    tentativa 237
  elementos do tipo 235
  elemento subjetivo 237
  sujeito ativo 236
  sujeito passivo 236

tipo objetivo 235
tutela penal 236
DNPM (Departamento
  Nacional de Produção
  Mineral) 165
Doença, praga ou espécies,
  disseminação de 235
  consumação e
    tentativa 237
  elementos do tipo 235
  elemento subjetivo 237
  sujeito ativo 236
  sujeito passivo 236
  tipo objetivo 235
  tutela penal 236
Duna 181

E
Ecossistema 4
Edificação ou monumento
  urbano, conspurcação ou
  pichação 252
  atipicidade de conduta 255
  consumação e
    tentativa 254
  crime qualificado 254
  elementos do tipo 253
  elemento subjetivo 254
  sujeito ativo 253
  sujeito passivo 254
  tipo objetivo 252
  tutela penal 253
Elaboração, apresentação de
  estudo, laudo, relatório
  ambiental falso ou
  enganoso 270
  aumento especial da
    pena 275
  consumação e
    tentativa 275
  elementos do tipo 270
  elemento subjetivo 274
  jurisprudência 275
  sujeito ativo 273
  sujeito passivo 273
  tipo objetivo 270
  tutela penal 273
Erro

de eficácia 65
de proibição escusável ou
  desculpável 65
de proibição escusável ou
  inevitável 64
de proibição indireto 65
de punibilidade 65
de subsunção 66
de vigência 65
inescusável ou evitável 65
sobre a ilicitude do
  fato 62
Espécie(s)
  ameaçadas de
    extinção 196
  disseminação de doença,
    praga ou espécies 235
  consumação e
    tentativa 237
  elementos do tipo 235
  elemento subjetivo 237
  sujeito ativo 236
  sujeito passivo 236
  tipo objetivo 235
  tutela penal 236
migratórias 94
mineral exportado sem
  autorização 163
  consumação e
    tentativa 166
  elementos do tipo 164
  elemento subjetivo 165
  sujeito ativo 166
  sujeito passivo 166
  tipo objetivo 164
  tutela penal 165
nativa ou silvestre 94
raras 196
Espécime da fauna silvestre,
  utilizar, apanhar, caçar,
  perseguir, matar 85
  causa de aumento da
    pena 97
  circunstância
    agravante 97
  consumação e
    tentativa 89
  elementos do tipo 86

elemento subjetivo 89
jurisprudência 98
sujeito ativo 88
sujeito passivo 89
tipo objetivo 86
tutela penal 88
Espécimes da fauna
  aquática, provocação de
  perecimento 109
  consumação e
    tentativa 112
  elementos do tipo 110
  elemento subjetivo 112
  objetividade jurídica 111
  sujeito ativo 111
  sujeito passivo 112
  tipo objetivo 110
Estatuto das Cidades 238
Estudo, laudo, relatório
  ambiental falso ou
  enganoso, elaboração ou
  apresentação 270
  aumento especial da
    pena 275
  consumação e
    tentativa 275
  elementos do tipo 270
  elemento subjetivo 274
  jurisprudência 275
  sujeito ativo 273
  sujeito passivo 273
  tipo objetivo 270
  tutela penal 273
Execução de pesquisa, lavra
  ou extração de recursos
  minerais sem
  autorização 210
  consumação e
    tentativa 215
  elementos do tipo 211
  elemento subjetivo 214
  jurisprudência 216
  núcleo do tipo 211
  sujeito ativo 214
  sujeito passivo 214
  tutela penal 214
Exploração, desmatamento
  ou degradação de
  floresta 184

consumação e
  tentativa 186
elementos do tipo 185
elemento subjetivo 186
estado de necessidade 186
sujeito ativo 185
sujeito passivo 185
tipo objetivo 184
tutela penal 185
Exportação de pele e couro
  de anfíbios e répteis 99
  confronto analítico de
    tipos penais 101
  consumação e
    tentativa 101
  elementos do tipo 99
  elemento subjetivo 101
  sujeito ativo 100
  sujeito passivo 100
  tipo objetivo 99
  tutela penal 99
Extinção da
  punibilidade 56, 59
  prescrição 57
Extração de pedra, areia, cal
  ou qualquer espécie
  mineral sem
  autorização 163
  consumação e
    tentativa 166
  elementos do tipo 164
  elemento subjetivo 165
  sujeito ativo 166
  sujeito passivo 166
  tipo objetivo 164
  tutela penal 165
Extração ou lavra de
  recursos minerais e
  execução de pesquisa sem
  autorização 210
  consumação e
    tentativa 215
  elementos do tipo 211
  elemento subjetivo 214
  jurisprudência 216
  núcleo do tipo 211
  sujeito ativo 214
  sujeito passivo 214
  tutela penal 214

F
Fabricar, vender, transportar
  ou soltar balões 161
  consumação e
    tentativa 163
  elementos do tipo 162
  elemento subjetivo 163
  sujeito ativo 163
  sujeito passivo 163
  tipo objetivo 161
  tutela penal 162
Faltas graves 25
Fatores bióticos 4
Fauna 94
  aquática 95
  terrestre 95
Fixação do prejuízo 42
Floresta, desmatamento,
  exploração ou
  degradação 184
  consumação e
    tentativa 186
  elementos do tipo 185
  elemento subjetivo 186
  estado de necessidade 186
  sujeito ativo 185
  sujeito passivo 185
  tipo objetivo 184
  tutela penal 185
Floresta de preservação
  permanente 164
Floresta nacional 156
Floresta nativa 181
  destruição ou dano 180
  consumação e
    tentativa 184
  elementos do tipo 181
  elemento subjetivo 184
  sujeito ativo 183
  sujeito passivo 183
  tipo objetivo 180
  tutela penal 182
Florestas, destruição ou
  danificação 132
  consumação e
    tentativa 137
  elementos do tipo 133
  elemento subjetivo 136
  jurisprudência 137

ÍNDICE ALFABÉTICO-REMISSIVO 285

sujeito ativo 136
sujeito passivo 136
tipo objetivo 133
tutela penal 136
Florestas plantadas 181
  destruição ou dano 180
    consumação e
      tentativa 184
    elementos do tipo 181
    elemento subjetivo 184
    sujeito ativo 183
    sujeito passivo 183
    tipo objetivo 180
    tutela penal 182
Funcionamento, construção,
  reforma, ampliação ou
  instalação de obras ou
  serviços poluidores
  ilegalmente 231
    consumação e tentativa
      234
    elementos do tipo 231
    elemento subjetivo 234
    jurisprudência 234
    sujeito ativo 234
    sujeito passivo 234
    tipo objetivo 231
    tutela penal 233
Funcionário público
  concessão de licença,
    autorização ou
    permissão em desacordo
    com as normas
    ambientais para
    atividades, obras ou
    serviços 262
      consumação e
        tentativa 264
      elementos do tipo 262
      elemento subjetivo
        263
      jurisprudência 264
      sujeito ativo 263
      sujeito passivo 263
      tipo objetivo 262
      tutela penal 263
  omissão de
    informações 257

consumação e
  tentativa 261
elementos do tipo 258
elemento subjetivo
  261
sujeito ativo 261
sujeito passivo 261
tipo objetivo 257
tutela penal 260

I
Impedir ou dificultar a
  regeneração de floresta e
  demais formas de
  vegetação 175
    consumação e
      tentativa 177
    elementos do tipo 176
    elemento subjetivo 177
    jurisprudência 178
    sujeito ativo 177
    sujeito passivo 177
    tipo objetivo 175
    tutela penal 177
Incêndio em mata ou
  floresta, provocação 158
    consumação e
      tentativa 159
    elementos do tipo 158
    elemento subjetivo 158
    incêndio no código
      penal 160
    jurisprudência 160
    sujeito ativo 159
    sujeito passivo 159
    tipo objetivo 158
    tutela penal 158
Instalação, construção,
  reforma, ampliação ou
  funcionamento de obras
  ou serviços poluidores
  ilegalmente 231
    consumação e
      tentativa 234
    elementos do tipo 231
    elemento subjetivo 234
    jurisprudência 234
    sujeito ativo 234

sujeito passivo 234
tipo objetivo 231
tutela penal 233
Instituto do Meio Ambiente
  e dos Recursos Naturais
  Renováveis (Ibama) 165
Instrumentos do crime 69
Interesse ambiental, não
  cumprimento de
  obrigação relevante 265
    consumação e
      tentativa 267
    elementos do tipo 265
    elemento subjetivo 267
    sujeito ativo 267
    sujeito passivo 267
    tipo objetivo 265
    tutela penal 266
Introdução de espécimes
  animais no País 102
    consumação e
      tentativa 104
    elementos do tipo 102
    elemento subjetivo 104
    jurisprudência 104
    sujeito ativo 103
    sujeito passivo 103
    tipo objetivo 102
    tutela penal 102
Inutilização, destruição,
  deterioração do
  patrimônio cultural 237
    considerações
      propedêuticas 237
    consumação e
      tentativa 246
    elementos do tipo 241
    elemento subjetivo 246
    sujeito ativo 245
    sujeito passivo 245
    tipo objetivo 241
    tutela penal 245

J
Juizado Especial
  Criminal 76
    procedimento
      sumaríssimo 76

L

Laudo, estudo, relatório ambiental falso ou enganoso, elaboração ou apresentação 270
  aumento especial da pena 275
  consumação e tentativa 275
  elementos do tipo 270
  elemento subjetivo 274
  jurisprudência 275
  sujeito ativo 273
  sujeito passivo 273
  tipo objetivo 270
  tutela penal 273
Lavra ou extração de recursos minerais e execução de pesquisa sem autorização, 210
  consumação e tentativa 215
  elementos do tipo 211
  elemento subjetivo 214
  jurisprudência 216
  núcleo do tipo 211
  sujeito ativo 214
  sujeito passivo 214
  tutela penal 214
Lei do Juizado Especial Criminal 78
Lenha, compra ilegal 170
  elementos do tipo 170
  elemento subjetivo 173
  jurisprudência 175
  sujeito ativo 173
  sujeito passivo 174
  tipo objetivo 170
  tutela penal 173
Lesão, dano ou destruição de plantas ornamentais 178
  elementos do tipo 179
  elemento subjetivo 180
  objetividade jurídica 179
  sujeito ativo 179
  sujeito passivo 180
  tipo objetivo 178

Liquidação forçada da pessoa jurídica 54

M

Madeira, compra ilegal 170
  elementos do tipo 170
  elemento subjetivo 173
  jurisprudência 175
  sujeito ativo 173
  sujeito passivo 174
  tipo objetivo 170
  tutela penal 173
Manguezal 181
Matar, perseguir, caçar, apanhar, utilizar espécime da fauna silvestre 85
  causa de aumento da pena 97
  circunstância agravante 97
  consumação e tentativa 89
  elementos do tipo 86
  elemento subjetivo 89
  jurisprudência 98
  sujeito ativo 88
  sujeito passivo 89
  tipo objetivo 86
  tutela penal 88
Maus-tratos de animais 105
  consumação e tentativa 107
  elementos do tipo 105
  elemento subjetivo 106
  sujeito ativo 106
  sujeito passivo 106
  tipo objetivo 105
  tutela penal 106
Meio ambiente, 2
  artificial 5
  conceito 3
  cultural 5
  do trabalho 5, 6
  ecologicamente equilibrado 5
  natural 5, 6
Meios proibidos de pesca 127

consumação e tentativa 128
  elementos do tipo 127
  elemento subjetivo 128
  sujeito ativo 128
  sujeito passivo 128
  tipo objetivo 127
  tutela penal 127
Modalidade de ação penal 72
  privada 72
  pública 72
  incondicionada e condicionada 72
Monumento urbano ou edificação, conspurcação ou pichação 252
  atipicidade de conduta 255
  consumação e tentativa 254
  crime qualificado 254
  elementos do tipo 253
  elemento subjetivo 254
  sujeito ativo 253
  sujeito passivo 254
  tipo objetivo 252
  tutela penal 253
Motosserra, comercialização ou utilização 187
  consumação e tentativa 189
  elementos do tipo 187
  elemento subjetivo 189
  sujeito ativo 189
  sujeito passivo 189
  tipo objetivo 187
  tutela penal 189
Mutilação de animais 105
  consumação e tentativa 107
  elementos do tipo 105
  elemento subjetivo 106
  sujeito ativo 106
  sujeito passivo 106
  tipo objetivo 105
  tutela penal 106

N

Não cumprimento de
  obrigação relevante de
  interesse ambiental 265
  consumação e
    tentativa 267
  elementos do tipo 265
  elemento subjetivo 267
  sujeito ativo 267
  sujeito passivo 267
  tipo objetivo 265
  tutela penal 266
Normas ambientais para
  atividades, obras ou
  serviços
  nas concessão, por
    funcionário público, de
    licença, autorização ou
    permissão em
    desacordo 262
    consumação e
      tentativa 264
    elementos do tipo 262
    elemento subjetivo
      263
    jurisprudência 264
    sujeito ativo 263
    sujeito passivo 263
    tipo objetivo 262
    tutela penal 263
Normas legais, infração no
  corte ou transformação de
  carvão de madeira de
  lei 166
  consumação e
    tentativa 169
  elementos do tipo 167
  elemento subjetivo 168
  jurisprudência 169
  sujeito ativo 168
  sujeito passivo 168
  tipo objetivo 166
  tutela penal 167

O

Obras ou serviços
  poluidores
  ilegalmente 231
  construção, reforma,
    ampliação, instalação ou
    funcionamento de
    consumação e
      tentativa 234
    elementos do tipo 231
    elemento subjetivo 234
    jurisprudência 234
    sujeito ativo 234
    sujeito passivo 234
    tipo objetivo 231
    tutela penal 233
  Obstrução, dificultação na
    ação fiscalizadora do
    poder público 268
    consumação e
      tentativa 270
    elementos do tipo 268
    elemento subjetivo 269
    sujeito ativo 269
    sujeito passivo 269
    tipo objetivo 268
    tutela penal 269
  Omissão de informações
    por funcionário
    público 257
    consumação e tentativa 261
    elementos do tipo 258
    elemento subjetivo 261
    sujeito ativo 261
    sujeito passivo 261
    tipo objetivo 257
    tutela penal 260

P

Participação 9
Partícipe 9
Patrimônio 240
  cultural 239, 240
  destruição, inutilização,
    deterioração 237
    considerações
      propedêuticas 237
    consumação e
      tentativa 246
    elementos do tipo 241
    elemento subjetivo 246
    sujeito ativo 245
    sujeito passivo 245
    tipo objetivo 241
    tutela penal 245
  histórico e artístico
    nacional 240
Pedra, areia, cal ou qualquer
  espécie mineral exportado
  sem autorização 163
  consumação e
    tentativa 166
  elementos do tipo 164
  elemento subjetivo 165
  sujeito ativo 166
  sujeito passivo 166
  tipo objetivo 164
  tutela penal 165
Pele e couro de anfíbios e
  répteis, exportação 99
  confronto analítico de
    tipos penais 101
  consumação e
    tentativa 101
  elementos do tipo 99
  elemento subjetivo 101
  sujeito ativo 100
  sujeito passivo 100
  tipo objetivo 99
  tutela penal 99
Pena-base 16
Pena privativa de
  liberdade 17
Penas aplicáveis às pessoas
  jurídicas 48
  contribuições a entidades
    ambientais ou culturais
    públicas 53
  interdição 50
  manutenção de espaços
    públicos 53
  pena de multa 49
  penas restritivas de
    direitos 49
  prestação de serviços à
    comunidade 52
  proibição de contratar
    com o Poder Público 52
  sanção restritiva 49
  suspensão 50

Penas de interdição
   temporária de direitos 20
Penas restritivas de
   direitos 18
   autônomas 18
   interdição temporária de
      direitos 26
   modalidades 19
   prestação de serviços à
      comunidade 24
   privativas de liberdade 18
   recolhimento
      domiciliar 23
Penetração em unidade de
   conservação conduzindo
   substâncias ou
   instrumentos sem
   autorização 190
   consumação e
      tentativa 193
   elementos do tipo 190
   elemento subjetivo 193
   sujeito ativo 192
   sujeito passivo 192
   tipo objetivo 190
   tutela penal 192
Perecimento de espécimes
   da fauna aquática,
   provocação 109
   consumação e
      tentativa 112
   elementos do tipo 110
   elemento subjetivo 112
   objetividade jurídica 111
   sujeito ativo 111
   sujeito passivo 112
   tipo objetivo 110
Perícia 44
   ação civil 44
   do dano ambiental 42
   inquérito civil 44
Permissão
   de abate de animais 129
   ou autorização, por
      funcionário público, em
      desacordo com as
      normas ambientais para
      atividades, obras ou
      serviços 262

consumação e
   tentativa 264
elementos do tipo 262
elemento subjetivo 263
jurisprudência 264
sujeito ativo 263
sujeito passivo 263
tipo objetivo 262
tutela penal 263
Perseguir, matar, caçar,
   apanhar, utilizar espécime
   da fauna silvestre 85
   causa de aumento da
      pena 97
   circunstância
      agravante 97
   consumação e
      tentativa 89
   elementos do tipo 86
   elemento subjetivo 89
   jurisprudência 98
   sujeito ativo 88
   sujeito passivo 89
   tipo objetivo 86
   tutela penal 88
Pesca
   definição jurídica 128
   em período proibido 114
      consumação e
         tentativa 117
      elementos do tipo 115
      elemento subjetivo 116
      jurisprudência 119
      objetividade
         jurídica 115
      sujeito ativo 116
      sujeito passivo 116
      tipo objetivo 114
   meios proibidos 127
      consumação e
         tentativa 128
      elementos do tipo 127
      elemento subjetivo 128
      sujeito ativo 128
      sujeito passivo 128
      tipo objetivo 127
      tutela penal 127
Pessoas jurídicas 11
   responsabilidade penal 13

Pichação, conspurcação em
   edificação ou monumento
   urbano 252
   atipicidade de
      conduta 255
   consumação e
      tentativa 254
   crime qualificado 254
   elementos do tipo 253
   elemento subjetivo 254
   sujeito ativo 253
   sujeito passivo 254
   tipo objetivo 252
   tutela penal 253
Plano diretor 238
Plantas ornamentais,
   destruição, dano ou
   lesão 178
   elementos do tipo 179
   elemento subjetivo 180
   objetividade jurídica 179
   sujeito ativo 179
   sujeito passivo 180
   tipo objetivo 178
Poder público 20, 167, 242
   dificultação ou obstrução
      da ação
      fiscalizadora, 268
      consumação e
         tentativa 270
      elementos do tipo 268
      elemento subjetivo 269
      sujeito ativo 269
      sujeito passivo 269
      tipo objetivo 268
      tutela penal 269
Poluição
   atmosférica 203
   de qualquer natureza 196
      consumação e
         tentativa 205
      elementos do tipo 198
      elemento subjetivo 202,
         205
      jurisprudência 206
      sujeito ativo 201, 205
      sujeito passivo 202
      tipo objetivo 198
      tutela penal 201, 205

ÍNDICE ALFABÉTICO-REMISSIVO   289

outros crimes
  ambientais 196
Praga 235
  disseminação de 235
  consumação e
    tentativa 237
  elementos do tipo 235
  elemento subjetivo 237
  sujeito ativo 236
  sujeito passivo 236
  tipo objetivo 235
  tutela penal 236
Princípio da
  insignificância 59
Procedimento ordinário 79
  afastamento liminar 79
  alegações finais por
    escrito 81
  audiência judicial 81
  citação válida 80
  debates 81
  decisão 81
  e sumário 79
  peça postulatória 80
Procedimentos afetos aos
  crimes ambientais 76
Procedimento
  sumaríssimo 78
  audiência de instrução 78
  audiência inicial 78
  debates 79
  defesa prévia 78
  etapa procedimental 78
  interrogatório do
    acusado 78
  oitiva da vítima 78
  sentença de mérito 79
  testemunhas 78
Processo penal 73
  competência 73
Produtos de origem vegetal,
  compra ilegal 170
  elementos do tipo 170
  elemento subjetivo 173
  jurisprudência 175
  sujeito ativo 173
  sujeito passivo 174
  tipo objetivo 170

tutela penal 173
Produto ou substância
  nuclear 228
  radioativa 228
Promoção de construção em
  solo não edificável ou no
  seu entorno 249
  consumação e
    tentativa 251
  elementos do tipo 250
  elemento subjetivo 251
  jurisprudência 251
  sujeito ativo 251
  sujeito passivo 251
  tipo objetivo 250
  tutela penal 250
Prova emprestada 44
Provocação de incêndio em
  mata ou floresta 158
  consumação e
    tentativa 159
  elementos do tipo 158
  elemento subjetivo 158
  incêndio no código
    penal 160
  jurisprudência 160
  sujeito ativo 159
  sujeito passivo 159
  tipo objetivo 158
  tutela penal 158
Provocação de perecimento
  de espécimes da fauna
  aquática 109
  consumação e
    tentativa 112
  elementos do tipo 110
  elemento subjetivo 112
  objetividade jurídica 111
  sujeito ativo 111
  sujeito passivo 112
  tipo objetivo 110

R

Reforma, construção,
  ampliação, instalação ou
  funcionamento de obras
  ou serviços poluidores
  ilegalmente 231

consumação e
  tentativa 234
elementos do tipo 231
elemento subjetivo 234
jurisprudência 234
sujeito ativo 234
sujeito passivo 234
tipo objetivo 231
tutela penal 233
Regeneração de floresta e
  demais formas de
  vegetação, dificultar ou
  impedir 175
  consumação e tentativa 177
  elementos do tipo 176
  elemento subjetivo 177
  jurisprudência 178
  sujeito ativo 177
  sujeito passivo 177
  tipo objetivo 175
  tutela penal 177
Relatório, estudo ou laudo
  ambiental falso ou
  enganoso, elaboração ou
  apresentação 270
  aumento especial da
    pena 275
  consumação e
    tentativa 275
  elementos do tipo 270
  elemento subjetivo 274
  jurisprudência 275
  sujeito ativo 273
  sujeito passivo 273
  tipo objetivo 270
  tutela penal 273
Reparação de dano
  ambiental 40
Reprovabilidade social 18
Répteis 99
  exportação de pele e
    couro 99
  confronto analítico de
    tipos penais 101
  consumação e
    tentativa 101
  elementos do tipo 99
  elemento subjetivo 101

sujeito ativo 100
sujeito passivo 100
tipo objetivo 99
tutela penal 99
Reserva
  de desenvolvimento
    sustentável 157
  de fauna 157
  extrativa 157
  particular do patrimônio
    natural 157
Resíduo 204
  gasosos 204
  líquidos 204
  sólidos 204
Responsabilidade das
  pessoas jurídicas 11
  penal 13

S

Sanção penal 30
Serviços ou obras
  poluidores
    ilegalmente 231
    construção, reforma,
      ampliação, instalação ou
      funcionamento de
    consumação e
      tentativa 234
    elementos do tipo 231
    elemento subjetivo 234
    jurisprudência 234
    sujeito ativo 234
    sujeito passivo 234
    tipo objetivo 231
    tutela penal 233
Sistema Nacional do Meio
  Ambiente (Sisnama) 257
  órgãos seccionais 257
  órgão superior 257
Solo não edificável ou no
  seu entorno, promoção de
  construção 249
  consumação e
    tentativa 251
  elementos do tipo 250
  elemento subjetivo 251
  jurisprudência 251

sujeito ativo 251
sujeito passivo 251
tipo objetivo 250
tutela penal 250
Soltar, fabricar, vender ou
  transportar balões 161
  consumação e
    tentativa 163
  elementos do tipo 162
  elemento subjetivo 163
  sujeito ativo 163
  sujeito passivo 163
  tipo objetivo 161
  tutela penal 162
Sonegação de informações
  por funcionário
  público 257
  consumação e
    tentativa 261
  elementos do tipo 258
  elemento subjetivo 261
  sujeito ativo 261
  sujeito passivo 261
  tipo objetivo 257
  tutela penal 260
Substância tóxica, perigosa
  ou nociva 221
  consumação e
    tentativa 225
  elementos do tipo 222
  elemento subjetivo 224
  jurisprudência 228
  objetividade jurídica 224
  sujeito ativo 224
  sujeito passivo 224
  tipo objetivo 222
Supremo Tribunal Federal
  (STF) 77
Sursis
  especial 40
  processual 82
  requisitos 83
Suspensão condicional
  da pena 38
  do processo 82
  condições 83
  prazo 83
  prescrição 83

prorrogação 83

T

Tipo do crime 18
  culposo e doloso 18
Tipo penal 34
  vantagem econômica 34
Tombamento 243
Transformação ou corte em
  carvão de madeira de lei
  infringindo normas
  legais 166
  consumação e
    tentativa 169
  elementos do tipo 167
  elemento subjetivo 168
  jurisprudência 169
  sujeito ativo 168
  sujeito passivo 168
  tipo objetivo 166
  tutela penal 167
Transportar, fabricar, vender
  ou soltar balões 161
  consumação e
    tentativa 163
  elementos do tipo 162
  elemento subjetivo 163
  sujeito ativo 163
  sujeito passivo 163
  tipo objetivo 161
  tutela penal 162

U

Unidades de conservação, 20
  dano direto ou
    indireto 148
  consumação e
    tentativa 150
  elementos do tipo 148
  elemento subjetivo 150
  jurisprudência 153
  sujeito ativo 150
  sujeito passivo 150
  tipo objetivo 148
  tutela penal 150
  de uso sustentável 156
  penetração conduzindo
    substâncias ou

ÍNDICE ALFABÉTICO-REMISSIVO

instrumentos sem
  autorização 190
  consumação e
    tentativa 193
  elementos do tipo 190
  elemento subjetivo 193
  sujeito ativo 192
  sujeito passivo 192
  tipo objetivo 190
  tutela penal 192
Utilização ou
  comercialização de
  motosserra 187
  consumação e
    tentativa 189
  elementos do tipo 187
  elemento subjetivo 189
  sujeito ativo 189
  sujeito passivo 189
  tipo objetivo 187
  tutela penal 189
Utilizar, apanhar, caçar,
  perseguir, matar espécime
  da fauna silvestre 85
  causa de aumento da
    pena 97
  circunstância
    agravante 97

consumação e
  tentativa 89
elementos do tipo 86
elemento subjetivo 89
jurisprudência 98
sujeito ativo 88
sujeito passivo 89
tipo objetivo 86
tutela penal 88

V
Valor mínimo para
  reparação do dano 46
Vegetação
  destruição ou
    danificação 141
  consumação e
    tentativa 145
  elementos do tipo 142
  elemento subjetivo 145
  jurisprudência 145
  sujeito ativo 144
  sujeito passivo 144
  tipo objetivo 141
  tutela penal 144
destruição ou dano 180
  consumação e
    tentativa 184

elementos do tipo 181
elemento subjetivo 184
sujeito ativo 183
sujeito passivo 183
tipo objetivo 180
tutela penal 182
dificultar ou impedir a
  regeneração 175
  consumação e
    tentativa 177
  elementos do tipo 176
  elemento subjetivo 177
  jurisprudência 178
  sujeito ativo 177
  sujeito passivo 177
  tipo objetivo 175
  tutela penal 177
Vender, fabricar,
  transportar ou soltar
  balões 161
  consumação e
    tentativa 163
  elementos do tipo 162
  elemento subjetivo 163
  sujeito ativo 163
  sujeito passivo 163
  tipo objetivo 161
  tutela penal 162